NOUVEL EXPOSÉ

# D'ÉCONOMIE POLITIQUE

ET DE

AF458276

# PHYSIOLOGIE SOCIALE

PAR

**Adolphe COSTE**

Membre de l'Institut international de Statistique
de la Société d'Économie politique et de la Société de Statistique de Paris
Lauréat du concours Pereire (1882)
Secrétaire général du Congrès monétaire international de 1889

PARIS

Librairie GUILLAUMIN & Cie
ÉDITEURS DES PRINCIPAUX ÉCONOMISTES
14, Rue Richelieu, 14

Librairie FÉLIX ALCAN
SUCCr DE GERMER BAILLIÈRE ET Cie
Boulevard Saint-Germain, 108

1889

NOUVEL EXPOSÉ

# D'ÉCONOMIE POLITIQUE

ET DE

# PHYSIOLOGIE SOCIALE

2002

8°R
9279

## DU MÊME AUTEUR :

***Les conditions sociales du bonheur et de la force,*** 1re édition en 1877, 3e édition avec préface en 1885. Vol. in-18 de la *Bibliothèque de Philosophie contemporaine* (Librairie F. Alcan) .............. 2 fr. 50

***Dieu et l'âme; essai d'idéalisme expérimental.*** 1880. Vol. in-18 (Librairie C. Reinwald)................ 2 fr. 50

***Hygiène sociale contre le paupérisme;*** ouvrage couronné au concours Pereire. 1882. Vol. in-8° (Librairie F. Alcan).................................. 6 fr. »»

***Une lacune dans l'organisatton du crédit; le crédit industriel à long terme.*** 1884. Brochure in-8° (Librairie Guillaumin) ........................... 1 fr. 50

***Les questions sociales contemporaines;*** comptes rendus du concours Pereire et études nouvelles sur le paupérisme, la prévoyance, l'impôt, le crédit, les monopoles, l'enseignement (avec la collaboration de MM. Burdeau et Arréat). 1886. Vol. in-8° (Librairies Alcan et Guillaumin) ................................ 10 fr. »»

***Etude d'économie sociale. Une ferme de 100 hectares,*** d'après les données moyennes de l'enquête agricole de 1882. — 1888. Brochure in-8° (Librairie Guillaumin)....................................... 1 fr. »»

***La question monétaire en 1889*** ; Discours prononcé au Congrès monétaire de 1889; Compte rendu critique du Congrès; Rapport sur les « Materialien » du docteur Ad. Soetbeer. (Publication des *Annales économiques*. Librairie Rongier et Ce)........... 3 fr. 50

NOUVEL EXPOSÉ

# D'ÉCONOMIE POLITIQUE

ET DE

# PHYSIOLOGIE SOCIALE

PAR

**Adolphe COSTE**

Membre de l'Institut international de Statistique
de la Société d'Économie politique et de la Société de Statistique de Paris
Lauréat du concours Pereire (1882)
Secrétaire général du Congrès monétaire international de 1889

DÉPOT LÉGAL
Seine

PARIS

Librairie GUILLAUMIN & Cie
ÉDITEURS DES PRINCIPAUX ÉCONOMISTES
Rue Richelieu, 14

Librairie FÉLIX ALCAN
SUCCr DE GERMER BAILLIÈRE ET Cie
Boulevard Saint-Germain, 108

1889

# PRÉFACE

J'aurais à m'excuser grandement de venir faire, après tant de maîtres, un nouvel exposé d'économie politique, si je ne pouvais invoquer pour ma défense une très bonne intention (que certains trouveront peut-être détestable).

Mon but a été de réconcilier ensemble deux sœurs ennemies, deux doctrines, qu'il importerait, suivant moi, de réunir dans une communauté de vues et d'efforts : je veux parler de la Science économique et de la Philosophie positive.

On sait que la philosophie positive, dont les ancêtres, d'après Littré, sont Turgot, Kant, Condorcet, Saint-Simon, et qui est née, en somme, du progrès des sciences, a été exposée pour la première fois en un corps de doctrine par Auguste Comte, en 1825, dans son « Cours de philosophie positive »[1]. Auguste Comte pro-

---

[1] Le *Cours de philosophie positive* a été publié en six volumes, de 1830 à 1842, et réimprimé en dernier lieu en 1876, chez J.-B. Baillière et fils. C'est un ouvrage capital, mais on peut reprocher à Auguste Comte d'être un écrivain verbeux. Rien qu'en supprimant les épithètes, les adverbes et les incidentes inutiles, M. Jules Rig a pu condenser l'ouvrage en deux volumes qui forment une excellente édition populaire, (la *Philosophie positive* par Auguste Comte, résumée par Jules Rig. Paris 1881, chez J.-B. Baillière et fils).

fessait que l'unité d'une doctrine philosophique réside moins dans l'unité de principe ou d'hypothèse que dans l'unité de méthode; il exposait que la méthode philosophique est, en définitive, puisée dans les sciences et illustrée par elles; il démontrait enfin que les sciences sont devenues positives en abandonnant la recherche des causes absolues ou des entités, lesquelles ne sont que des abstractions réalisées, et en s'attachant uniquement aux lois des phénomènes. Savoir *comment* les faits se produisent et les ramener au plus petit nombre possible de faits généraux : voilà le propre de la science positive. Chercher le *pourquoi* de ces faits ou vouloir leur assigner une cause indépendante et absolue : c'est affaire de religion ou de métaphysique.

Pour fonder une philosophie sur l'unité de méthode, poursuivie dans toutes les branches de la connaissance humaine, Auguste Comte a dressé une échelle encyclopédique des sciences les plus générales, qui gouvernent toutes les autres ; il les a classées dans un ordre progressif, permettant d'utiliser les conclusions des premières comme points de départ pour les subséquentes. C'est ainsi que les mathématiques, qui comprennent le calcul, la géométrie et la mécanique, servent de base à l'astronomie et à la physique; la physique fournit les données indispensables à la chimie; et la chimie rend le même service à la physiologie.

En même temps, la méthode s'enrichit progressivement de procédés d'investigation et de généralisation de plus en plus variés. Au raisonnement des sciences mathématiques, succèdent l'observation des sciences astronomique et physique, l'expérimentation des sciences physico-chimiques, et la méthode comparative des sciences physiologiques (sériation et classification).

Telles sont les cinq sciences, ou groupes de sciences, déjà constituées, auxquelles Auguste Comte s'adressait tout d'abord pour établir sa philosophie; mais il ne fut pas longtemps sans reconnaître que l'édifice encyclopédique n'aurait pas de clef de voûte, tant que les faits sociaux ne seraient pas groupés en une science nouvelle, qu'il proposait d'appeler la physique sociale ou la sociologie, expressions vicieuses, auxquelles je subtituerais volontiers, pour ma part, celle de physiologie sociale.

La sociologie ou physiologie sociale est la science des phénomènes sociaux; elle est, par cela même, la science des phénomènes humains, puisque l'homme ne vit nulle part en dehors de la société, sa nourrice et son éducatrice. De cette science humaine et sociale, l'histoire en fournit la trame. Il faut, pour la constituer, dégager des faits historiques ce qui forme une filiation bien déterminée, et en exprimer la loi, autrement dit le conditionnement successif.

Dans cette donnée générale, que devient la science économique ? Une partie de la physiologie sociale, mais une partie seulement.

Auguste Comte, en dépit de ses rapports très intimes avec le grand économiste John Stuart Mill, a fait vertement la critique de l'économie politique. Il a blâmé cette doctrine de prétendre se suffire à elle-même, c'est-à-dire de vouloir s'émanciper des autres conditions sociales. Il lui a reproché ses conclusions absolues, son indifférence sociale, son laisser-faire et son laisser-passer qui équivalent, disait-il, dans la pratique, à un déni de justice presque continuel. Par contre, il a fait un grand éloge d'Adam Smith, « l'illustre et judicieux philosophe, qui, sans avoir la prétention de fonder une nouvelle science, s'est seulement proposé pour but, dans son immortel ouvrage, d'éclairer différents points essentiels de philosophie sociale, par ses lumineuses analyses de la division du travail, de l'office des monnaies, de l'action générale des banques, etc., et de tant d'autres parties principales du développement industriel de l'humanité [1] ».

Nul doute que John Stuart Mill, déjà converti à la philosophie positive, ne se soit inspiré du sentiment d'Auguste Comte, lorsqu'il écrivit, en 1848, la préface de ses *Principes d'Economie politique* : « La qualité vraiment distinctive de cet ouvrage, disait-il en parlant de son livre, celle par laquelle il diffère surtout de quelques autres qui l'ont égalé ou même surpassé comme simples expositions des principes généraux de la matière, c'est qu'il associe constamment les principes avec leurs applications. Ceci implique naturellement une série d'idées et de sujets de discussion bien plus étendue que celle que l'on comprend dans l'économie politique, lorsqu'on la considère comme branche de spéculation abstraite. *Dans ses applications, l'économie politique se lie d'une façon indissoluble à d'autres branches nombreuses de la philosophie sociale*. Si l'on en excepte les matières de simple détail, il n'existe peut-être aucune question pratique, même parmi celles qui ont le caractère le plus exclusivement

---

[1] Cours de Philosophie positive, 47e leçon, tome IV, p. 193.

économique, qui puisse être résolue uniquement par des arguments économiques. Et c'est parce que Adam Smith n'a jamais perdu de vue cette unité, parce que dans ses applications de l'économie politique il en a toujours référé à des considérations autres et plus larges que celles fournies par l'économie politique pure, que son livre donne au lecteur ce sentiment bien fondé de la pleine possession des principes applicables de son sujet, grâce auquel la *Richesse des nations*, seule parmi les traités d'économie politique, n'est pas devenue populaire seulement pour le commun des lecteurs, mais encore a laissé de profondes racines dans l'esprit des hommes du monde et des législateurs »[1].

D'Auguste Comte, je ne retiendrai que sa critique; j'abandonne toute sa politique positiviste, œuvre prématurée d'un penseur qui a souvent méconnu, dans l'application, les règles de sagesse et de réserve scientifique qu'il avait lui-même formulées. Auguste Comte, en signalant la lacune encyclopédique qui résulte de l'absence d'une science sociale, s'est flatté de la combler à lui tout seul. Il n'a pas vu tout le parti qu'il y avait à tirer d'une science ou d'une partie de science déjà aussi avancée que l'économie politique, qui fournit, en somme, l'expression très remarquable de la tendance sociale, telle qu'on peut la dégager des progrès déjà réalisés.

Pour faire rentrer l'économie politique dans la philo-

---

[1] *Principes d'Economie politique avec quelques-unes de leurs applications à l'économie sociale*, par John Stuart Mill, traduit par MM. H. Dussard et Courcelle-Seneuil. Guillaumin et Cie éditeurs.

sophie positive, il n'y a pas, ce me semble, de grands efforts de conversion à accomplir. Elle est tout à fait capable de se plier à la méthode relativiste; mais il lui faudrait modifier son orientation, en substituant au point de vue de l'intérêt individuel, qui l'occupe trop exclusivement, la considération de la nécessité sociale, ce qui, je m'empresse de le dire, ne conduit en aucune façon au socialisme.

Je m'explique.

L'homme est-il soumis à des lois inéluctables qui résultent de la vie même et du fonctionnement de la société dont il fait partie?

Ou bien les lois dites sociales ne sont-elles que l'œuvre volontaire des hommes? Ne constituent-elles qu'un contrat social entre les individus, un contrat que ceux-ci sont libres de reviser à leur gré?

Là est toute la question.

Si l'on est pour la première solution, il y a une science sociale distincte de la physiologie humaine. Si l'on est pour la seconde, si l'on n'admet pas qu'une société soit un organisme *sui generis*, dont les lois réelles s'imposent d'elles-mêmes aux individus, il n'y a pas, à proprement parler, de sociologie, il n'y a qu'une psycho-physiologie qui s'applique aux relations des hommes entre eux et leur dicte une sorte de morale, politique et économique.

Dans le premier cas, on est positiviste; dans le second cas, on est tantôt économiste orthodoxe et tantôt socialiste.

La méthode, en effet, est la même, chez les économistes absolus et chez les socialistes; c'est une méthode rationnaliste et *à priori*. Les uns et les autres partent de principes généraux ou de postulats, et en déduisent, avec rigueur, des conclusions qui se trouvent ordinairement en contradiction avec le fait actuel. Les uns et les autres n'hésitent pas alors à prétendre que ce fait actuel peut être et doit être immédiatement réformé. Ainsi, les économistes orthodoxes croiront possible d'obtenir à l'instant, par le seul accord des législateurs, et le libre échange entre les peuples, et la paix universelle entre les nations, et la suppression de l'ingérence de l'Etat entre les individus. Les socialistes, de leur côté, s'imagineront pouvoir décréter la protection industrielle et la réglementation du travail, l'abolition de la propriété, de l'hérédité, de la famille, et l'absorption de toutes les activités dans l'Etat.

Or, ces doctrines contradictoires partent souvent des mêmes principes (notamment que la richesse a sa source unique dans le travail), et invoquent les mêmes autorités (Adam Smith, Ricardo, etc.); des deux parts, on rencontre des hommes d'une grande conviction et d'un grand talent. Cela ne démontre-t-il pas que ces doctrines absolues ne consistent qu'en des raisonnements, édifiés sur une base expérimentale et historique insuffisante? Il n'y a que des raisonnements qui se contredisent sans cesse; sur le terrain des expériences, les observateurs finissent à la longue par se mettre d'accord.

En tout cas, ni la doctrine des économistes absolus, ni celle des socialistes non moins absolus, n'est de nature à satisfaire les esprits positifs, qui veulent s'en tenir à la méthode expérimentale. En interrogeant l'histoire, ceux-ci ne voient pas trace du fameux contrat social; ils acquièrent l'impression que les sociétés se sont formées et peu à peu accrues, presque sans aucune participation consciente des individus. Au contraire, ce sont les individus qui subissent, dans leur conscience et dans leur raison, la répercussion progressive du développement social. Les positivistes en concluent que la formation sociale n'a jamais eu, à aucun degré, à aucun moment, le caractère d'un contrat librement discuté. Cette formation et ce développement ont obéi à des lois que l'étude de l'histoire peut seule permettre de définir, et dont la complication d'ailleurs défie l'arbitraire du législateur [1].

Quand on vient à admettre, et la force des choses y pousse invinciblement, cette prépondérance du déterminisme social, la science économique, modifiée, prend, à la fois, et plus d'ampleur et plus de modestie. On reconnaît alors que les lois sont dans les faits avant d'être dans les idées. Une loi est la formule d'une série de faits constatés. Par conséquent, il n'y a pas de loi qui puisse se réaliser dans l'avenir si elle ne s'est déjà manifestée dans le passé. Tout ce qui est a sa raison d'être; il faut avant tout la trouver; ce n'est que quand on l'a comprise et quand on la possède, cette raison des choses présentes, qu'on est en état d'en faire sortir un développement nouveau qui constitue le progrès.

On apprend ainsi que le progrès n'est pas chose fa-

---

[1] C'est la complication des phénomènes physiques et chimiques dans les corps vivants qui exige l'institution d'une science spéciale : la physiologie. C'est de même la complication des phénomènes physiologiques ou psychologiques dans le corps social qui exige l'institution d'une science spéciale : la sociologie.

cile, mais qu'il n'est pas non plus chose limitée. Que sera l'avenir? Nous ne le savons guère; mais nous devrions savoir, en tout cas, qu'il y a dans le présent des phénomènes contre lesquels il est superflu de se révolter, parce qu'ils sont hors de notre portée.

Ce qui fait la résignation actuelle donne aussi le respect et l'indulgence pour le passé. Des auteurs du plus grand mérite, en parlant des origines récentes de l'économie politique, ont déploré que les anciens n'aient point été initiés à cette science, qui leur eût épargné bien des fautes et bien des ruines. Vain regret! Si les anciens avaient connu l'économie politique, elle leur eût été parfaitement inutile, car ils ne possédaient point l'ensemble des conditions sociales permettant la propriété individuelle, l'échange, le crédit, la division du travail, le large emploi des machines, etc. Les conditions sociales nécessaires à l'avènement de ces progrès économiques se sont peu à peu et lentement réalisées, depuis cinq cents ans, à partir des croisades, de la renaissance, des découvertes maritimes; la guerre et la religion, si décriées, y ont plus contribué peut-être que tous les perfectionnements de la science et de l'industrie; et ce n'est que quand une ébauche suffisante de l'économie politique a été réalisée dans les faits, que des penseurs comme Quesnay, Turgot et Adam Smith, ont pu en proposer la formule.

En revanche, les anciens ont parfaitement connu et formulé leur économie domestique et leur économie socialiste : Homère, Hésiode, Hérodote, Xénophon, Platon, Aristote, Caton, Polybe, Pline, Virgile, en font foi. Ils ne pouvaient discourir que de ce qu'ils pouvaient pratiquer, c'est-à-dire d'un régime économique sans échange, ou dont l'échange ne formait qu'un élément secondaire.

Cette opposition de l'économie domestique des anciens, qui reparut au moyen âge, et de l'économie politique des contemporains, en passant par le socialisme gréco-romain et le protectionnisme moderne, est un fait sur lequel j'insisterai fortement, parce qu'il permet, à ce qu'il me semble, de faire rentrer la science économique dans la méthode relativiste, en montrant l'évolution des phénomènes, à laquelle doit se conformer l'évolution des théories.

J'ajoute, en terminant, que cette méthode, que je voudrais voir introduire dans la science économique, aurait pour conséquence de la dégager d'une distinction subtile entre l'économie politique pure et l'économie politique appliquée. Ni Adam Smith, ni John Stuart Mill, je l'ai dit tout à l'heure, ne se sont conformés à une telle division, qui semble n'avoir été inventée que pour dissimuler l'impuissance de la science actuelle, et pour jeter beaucoup de trouble et beaucoup d'ennui dans l'esprit des étudiants. Aux jeunes gens laborieux qui veulent s'instruire des choses économiques, on enseigne une doctrine sans application possible, et on leur donne ensuite à entendre : Quand vous serez hommes d'Etat, administrateurs, négociants, industriels, agronomes, vous laisserez de côté la science pure, pure de compromission avec les faits, et vous agirez d'après d'autres considérations, en vous inspirant des circonstances.

Je crois qu'en opérant ainsi on commet une erreur,

fondée sur la plus fausse des analogies. Sans doute, dans les sciences positives, il y a cette distinction de la doctrine et de l'application, mais l'expression de « science appliquée » ne signifie pas qu'il faille oublier les principes et les lois qu'il s'agit d'utiliser.

Quand on fait de l'arpentage, on ne cesse pas de faire de la géométrie. Il ne faudrait pas non plus que, dans l'ordre social, quand on fait de la législation, de l'administration, de la fiscalité, on cessât de faire de l'économie politique positive.

C'est la règle que, bien imparfaitement sans doute, je me suis efforcé de suivre dans l'exposé qu'on va lire.

AD. COSTE.

*Août 1889.*

# NOUVEL EXPOSÉ
# D'ÉCONOMIE POLITIQUE
ET DE
# PHYSIOLOGIE SOCIALE

## CHAPITRE PREMIER

### LA PHYSIOLOGIE SOCIALE

LA SÉRIE DES LOIS NATURELLES — L'ÊTRE SOCIAL ET SES FONCTIONS

#### § 1er — La série des lois naturelles

Il y a des faits accidentels et des faits constants.

On attribue les uns au hasard, c'est-à-dire à des rencontres de circonstances tellement complexes qu'elles échappent à toute prévision.

Les autres se ramènent à des *lois*, c'est-à-dire à un ordre de succession ou de simultanéité qui est invariable. Tout fait de ce genre est précédé ou accompagné de conditions, toujours les mêmes, et, ces conditions étant réunies, il faut que le fait se produise.

Ainsi, nous savons que, dans une proportion de quatre nombres, le produit des extrêmes est égal au produit des moyens; que, dans un triangle, la somme des angles est égale à deux angles droits; que, dans un triangle rectangle, le carré construit sur l'hypothénuse est équivalent à la somme des carrés construits sur les deux côtés de l'angle droit : voilà des exemples de lois mathématiques.

Nous savons que toute planète trace une ellipse autour du soleil, situé à l'un des foyers, et que les rayons vecteurs décrivent des aires égales dans des temps égaux. De cette loi de Kepler, Newton a pu induire que chaque molécule attire toutes les autres en raison directe de sa masse et en raison inverse du carré de la distance : cette grande loi astronomique et physique est la plus belle peut-être de toutes les généralisations scientifiques.

Nous savons que tous les corps solides homogènes deviennent liquides et même fluides sous l'influence de la chaleur, et nous connaissons le degré thermométrique auquel le phénomène se produit constamment pour chaque substance. Nous savons aussi que ces changements d'état ne modifient pas la nature des corps simples ou composés, et que les corps composés offrent toujours la même proportion d'éléments simples. Nous pouvons prévoir, par exemple, qu'en versant de l'acide sulfurique sur de la craie, il se formera un nouveau corps appelé « sulfate de chaux », identique au plâtre, et que, durant l'opération, il se dégagera par effervescence du gaz acide carbonique en quantité facile à déterminer à l'avance. La physique et la chimie ont trouvé ces lois.

Nous savons enfin qu'un homme ou un animal quelconque ne peut vivre sans manger ni respirer, et qu'en lui faisant respirer certaines vapeurs ou certains gaz, en lui faisant absorber certaines substances, nous agissons sur des organes particuliers, tels que le cœur ou les globules du sang, le cerveau, les nerfs ou les muscles, les reins, les glandes ou la peau, de façon à introduire dans le fonctionnement total du corps, une modification qui, suivant les doses, tantôt servira au rétablissement de la santé, et tantôt pourra causer la mort du sujet. Ce sont là des exemples de lois physiologiques.

Il y a donc dans l'ordre mathématique, astronomique, physique, chimique, physiologique, des faits reconnus constants et des lois qui les formulent.

En est-il de même dans l'ordre social ?

Pouvons-nous dire que les phénomènes principaux de la vie d'une nation sont en rapport exact avec telles ou telles conditions sociales ? Et pouvons-nous prévoir que, l'une ou l'autre de ces conditions venant à se modifier, il se produirait telle ou telle conséquence déterminée ?

Les penseurs du dix-huitième et du dix-neuvième siècle ont répondu affirmativement. Ils ont cherché à démontrer par l'histoire qu'il y a des lois sociales indépendantes de toute formulation écrite, supérieures aux règles arbitraires que l'homme imagine et prescrit ; des lois sociales dont la transgression amène des crises, des révolutions, des catastrophes, et dont l'accomplissement régulier détermine la prospérité, le développement, la civilisation d'un peuple.

Cependant ces lois qui régissent naturellement les sociétés, ont été, jusqu'à notre siècle, plutôt pressenties que reconnues d'une manière précise.

Les uns les ont admises seulement en matière économique, mais point en politique ni en religion. D'autres, en constituant l'école historique du droit, ont compris que l'histoire obéissait à des lois, par conséquent que la politique suivait un cours déterminé et échappait en partie au hasard des événements ou au caprice des hommes. De nos jours, on a appliqué les mêmes vues à l'histoire des religions et des philosophies. Mais il s'en faut que l'on soit d'accord sur tous ces points.

En matière économique même, l'unanimité ne s'est point faite. Il y a encore beaucoup de gens, presque tous les socialistes, par exemple, qui pensent que les lois économiques sont, comme certaines lois politiques, de pure convention. Il y a des publicistes éminents, tels que John Stuart Mill et M. Emile de Laveleye, qui reconnaissent que les lois de la production sont hors de toute convention, mais qui pensent que les lois de la répartition sont modifiables au gré des nations. Enfin, les économistes les plus orthodoxes, ceux qui devraient être le plus fermement convaincus de l'objectivité des lois économiques, prêchent sans scrupule le renversement des législations actuelles, lorsqu'ils les trouvent contraires aux principes généraux de la science; et ils ne s'aperçoivent pas que ce qui est contradictoire à toute science, c'est de vouloir changer les lois positives d'un peuple sans avoir préalablement modifié les conditions sociales qui ont déterminé ces lois. Toute utopie dément la science.

Pour se faire une idée juste de la constitution des sociétés, il faut éliminer ces débris d'absolu, et considérer franchement toute nation comme un être organisé, soumis à des lois sociologiques, à peu près comme l'animal est soumis aux lois physiologiques.

## § 2 — L'être social et ses fonctions

Il n'y a pas identité, entendons-le bien, entre un animal et une nation, entre le fait vital et le fait social, mais il y a grande analogie. Si l'on comprenait bien le fait vital, on serait préparé à comprendre le fait social.

Claude Bernard a montré que le corps humain est un composé de myriades d'infusoires, les uns libres comme les globules du sang, les autres groupés en tissus dont la combinaison forme les organes, tous vivant de leur vie propre, se nourrissant, s'entretenant, se multipliant et concourant, tant que l'équilibre subsiste entre les fonctions, à cette vaste résultante qu'on nomme la *vie* [1].

Eh bien, il en est de même du corps social. Il se compose de myriades d'individus, plus ou moins libres, plus ou moins groupés en familles, en ateliers, en corporations, en associations régionales, tous vivant de leur existence personnelle, se nourrissant, s'entretenant, se multipliant et concourant, tant que l'équilibre subsiste entre les fonctions, à cette vaste résultante qu'on nomme la *civilisation*.

Ainsi, nous sommes les infusoires du géant social. Le mystère de la physiologie humaine tient à ce que nous voyons l'extérieur du corps sans assister à son fonctionnement intérieur, sans connaître l'élément minuscule qui est la base de toute l'activité animale. Le mystère de la sociologie est tout autre : il tient à ce que nous ne connaissons que l'intérieur du corps social. l'atome individuel, sans apercevoir clairement la totalité du fonctionnement général.

Si nous en jugeons cependant par le nombre des éléments premiers, les animaux représentent dans l'ordre physiologique une combinaison plus avancée, plus compliquée, que les nations modernes dans l'ordre sociologique. Les plus grandes nations civilisées de l'Europe ne dépassent guère 40 ou 50 millions d'individus. Un homme représente un groupement de plu-

[1] *La Science expérimentale*, p. 265.

sieurs millions de milliards de cellules. L'organisme animal est donc beaucoup plus compliqué que l'organisme social; mais, par contre, l'élément social, qui est l'homme, est infiniment plus riche en aptitudes fonctionnelles, plus capable d'activité spontanée, que l'élément animal, qui est la cellule.

Ce qui trouble en grande partie l'idée que nous nous faisons de l'être social, c'est précisément l'importance déjà très grande de l'individu : nous ne distinguons pas suffisamment, dans l'activité qui se déroule sous nos yeux, la part de l'homme individuel de la part de la collectivité.

L'homme individuel peut déjà suffire à ses besoins animaux : il peut se nourrir et se reproduire; il peut aimer, il peut penser; il semble donc indépendant de la société. C'est une illusion; car ni le sentiment ni la raison ne se seraient développés en lui sans le concours et la stimulation de la collectivité.

Il y a en l'homme des instincts suffisants pour donner naissance à la société. Les fonctions sociales sont toutes en germe dans la famille, qui n'est qu'un prolongement de l'individu. Mais la société, à son tour, crée la raison humaine, et lui fournit les moyens de se développer au delà même des limites sociales. La raison humaine prend quelquefois, en effet, un caractère original et personnel, tant elle diffère de l'esprit social et tant elle le surpasse : c'est qu'elle correspond, en réalité, à cette société intellectuelle, plus vaste que les sociétés nationales, que nous décorons des noms de civilisation, de chrétienté, d'humanité. Il semble, de notre temps, que, les nations diverses étant destinées à se fusionner, la fusion commence par les idées et se continue par les échanges, avant de s'achever par la politique.

Entre ces deux termes extrêmes : l'Instinct primaire et la Raison finale, se place tout le développement de la société, c'est-à-dire toute l'évolution des fonctions propres à l'être social.

Quelles sont-elles, ces fonctions? Il me semble qu'elles se ramènent à quatre ordres d'activité :

1° Les fonctions que j'appellerai *tutoriales :* famille et mutualité;

2° Les fonctions *économiques :* économie domestique et économie politique;

3° Les fonctions *civiques :* militarisme et droit;

4° Les fonctions *doctrinales :* religion et science.

On voit, dans cette énumération, que j'assigne à chaque fonction une double forme : l'une est propre aux sociétés primitives; l'autre appartient aux sociétés civilisées. Le passage de l'une à l'autre constitue l'évolution ou du moins la croissance sociale.

Ce système des fonctions sociales, qui sera complété ultérieurement par l'intercalation des fonctions intermédiaires, se résume dans le schéma suivant :

**Évolution des fonctions sociales**

| Fonctions primaires | | Fonctions ultimes |
|---|---|---|
| FAMILLE .................. | → | MUTUALITÉ. |
| ÉCONOMIE DOMESTIQUE .... | → | ÉCONOMIE POLITIQUE. |
| MILITARISME .............. | → | DROIT. |
| RELIGION ................. | → | SCIENCE. |

Cette esquisse nous montre les sociétés primitives reposant sur quatre assises :

1° La famille, qui constitue l'autorité paternelle, le respect filial, le sentiment fraternel;

2° L'économie domestique, qui exige le travail et l'épargne;

3° L'organisation militaire, qui produit le courage et la discipline;

4° La religion, dont les vertus essentielles se résument dans la formule théologale : foi, espérance, charité (envers les coreligionnaires).

L'évolution sociale s'exerce sur chacune de ces fonctions en particulier, non pour les abolir, mais pour en diminuer la trop grande importance et y superposer d'autres fonctions complémentaires.

Ainsi, jamais la famille ne sera détruite, mais elle ne pourra plus exercer la prépondérance qu'elle avait dans les temps anciens. Nous sommes bien loin du régime patriarcal; les familles nombreuses sont de plus en plus rares, l'efficacité de la fraternité diminue, l'autorité paternelle s'amoindrit; mais, en même temps, surgissent des combinaisons mutualistes, qu'il faut soigneusement favoriser, et qui ajoutent à la fraternité la solidarité, et à la protection paternelle une tutelle élective.

L'économie domestique, qui enseignait à la famille à se suffire à elle-même, ne disparaît pas entièrement, mais elle se subordonne de plus en plus à l'économie politique, laquelle introduit dans le travail le point de vue dominant de l'échange, et dans l'épargne celui du crédit.

L'organisation militaire, qui à elle seule constituait jadis la cité ou la fédération, a fait place à l'organisation politique, administrative et judiciaire. Ce complément a introduit dans l'ordre des fonctions civiques l'idée de justice et de légalité. La fonction militaire n'a pourtant pas disparu et ne disparaîtra probablement pas, car elle semble aussi essentielle que la famille au bon ordre des sociétés, mais elle restera dorénavant subordonnée à la fonction juridique. Chaque fois du moins qu'elle reprendra la prépondérance aux dépens de l'élément civil, ce sera le signe d'une rétrogradation politique.

La religion, enfin, n'a plus cette importance exclusive qu'elle exerçait autrefois dans l'ordre doctrinal. Elle a diminué en étendue et en puissance, à mesure que se développait le système de la philosophie, des sciences et des arts.

Est-ce à dire qu'elle sombrera totalement? Je ne le crois pas davantage que je ne crois à la disparition de la famille, de l'économie domestique et de l'action militaire. Les fonctions supérieures les plus perfectionnées de la société ont besoin de s'appuyer sur ces fonctions primitives. Si on les supprimait, elles reparaîtraient sous une autre forme. Il est fort douteux, par exemple, que les enfants, les femmes, le peuple, puissent se passer d'un symbolisme concret et en venir aux abstractions pures; il leur faut la foi, l'espérance, la charité, que la science corrige sans cesse par le doute, la résignation, la prévoyance, vertus pénibles qui ne suscitent pas l'enthousiasme. Faute de religion ou de symbolisme, il serait à craindre que ce fussent les abstractions mêmes et les hommes qui les professent qui devinssent l'objet d'un culte irréfléchi; on retomberait dans la superstition et la dictature.

A l'heure présente, la France n'est que partiellement catholique, et si on laisse de côté les classes serviles ou corrompues qui sont dépourvues d'idéalité et qui croupissent dans de basses préoccupations matérielles, on reconnaîtra peut-être que c'est la foi en la République (la République de droit divin comme on l'a nommée) et une certaine espérance socialiste très intense qui constituent l'équivalent d'une religion pour le peuple, c'est-à-dire son symbolisme anticipant sur la science, et le prédisposant à l'entraînement pour certains hommes et pour certains rites.

Voilà donc sommairement défini, par ses fonctions primordiales, ce géant social dont je parlais tout à l'heure.

Comme ce sont les fonctions d'un être organisé, d'une unité collective, il faut bien comprendre qu'elles sont dans une étroite *interdépendance* les unes des autres, et que leur combinaison ou leur degré d'évolution dépend tout à fait du tempérament particulier, si je puis dire, de chaque nation.

Ainsi, l'économie d'un pays sera plus ou moins domestique ou politique, suivant que la famille ou la mutualité, le militarisme ou le droit, la religion ou la science, seront plus ou moins développés.

Cette transition d'un ordre statique à un autre ordre statique, d'une fonction primitive à une fonction ultime, se fait sous l'empire de certains phénomènes sociaux qui peuvent être considérés comme les moteurs du progrès, comme les agents de la dynamique sociale.

C'est l'esprit de solidarité ou l'*association* qui, en se développant, soit par l'esprit de race, soit par l'esprit religieux, soit par la communauté d'intérêt, fait monter de la famille à la mutualité.

C'est l'*échange* qui, en se généralisant, nous fait sortir de l'économie domestique pour entrer dans l'économie politique.

C'est l'*égalité*, de plus en plus réalisée par le développement de la richesse, par l'association, par la fédération, qui engendre l'arbitrage et qui nous fait passer de l'autorité militaire à la liberté civile, politique internationale, autrement dit au droit.

C'est enfin le progrès de l'*abstraction*, respectée

comme telle, à l'aide des signes et du langage, et la notion croissante des lois relatives et impersonnelles, qui nous fait peu à peu quitter les lisières du symbolisme pour les vérités de la science positive, en passant par la phase intermédiaire de l'ontologie métaphysique.

Toute modification dans l'une des fonctions réagit sur toutes les autres, et, pour modifier sûrement l'une d'elles, il faudrait pouvoir modifier simultanément toutes les autres, ce qui dépasserait vraisemblablement notre pouvoir et notre savoir.

Il faut bien reconnaître que, la plupart du temps, la modification primitive est due à un fait inopiné, dont les conséquences sont d'abord inaperçues Par exemple, dans l'ordre industriel : l'impulsion au commerce et à l'industrie donnée par le mouvement des croisades et les guerres d'Italie à la fin du quinzième siècle; par l'usage de la boussole et les découvertes d'outre-mer ; par les applications de la vapeur et les chemins de fer, etc.

Toute innovation de ce genre, à mesure qu'elle entre dans l'application, fait le tour des fonctions sociales et exerce, on peut le dire, ses ravages ou ses répercussions sur tous les organes. Elle exige une nouvelle adaptation, qui se fait fatalement, avec ou sans violence, suivant que nous savons nous y prêter plus ou moins habilement.

Le sociologiste qui connaîtra les lois sociales sera toujours impuissant à réformer arbitrairement la société; mais, en présence d'un élément nouveau introduit dans les conditions d'existence d'un peuple, il pourra, jusqu'à un certain point, en prévoir et en adoucir la répercussion sur l'organisme tout entier.

C'est là un rôle qui n'est pas sans importance, mais

qui exige de la part de l'homme d'Etat appelé à le remplir, qu'il ne se soit pas renfermé dans l'étude exclusive d'une seule fonction érigée en science absolue, et qu'il ait surtout rejeté loin de lui la prétention de croire à la possibilité de changer radicalement le fonctionnement économique ou politique d'une nation.

Mais je n'anticiperai pas davantage sur ce qui doit former la conclusion finale de mon travail. J'ai voulu seulement présenter un tableau très sommaire de l'organisme social; nous allons maintenant étudier avec le soin qu'ils comportent les principaux phénomènes de la consommation, de la production, de l'échange et de la répartition des richesses, sans oublier que cette activité économique se rattache étroitement à l'ensemble des autres fonctions.

# CHAPITRE II

## LA CONSOMMATION

### CONSOMMATION IMPRODUCTIVE, ÉPARGNE ET PROGÉNITURE

#### § 1er — Les matières consommables et la consommation

Tout être vivant a deux ordres de fonctions : les fonctions de nutrition et celles de relation. De même pour ce géant social, comme j'ai qualifié la vaste unité collective des hommes appartenant à un même corps de nation. Les fonctions économiques sont les fonctions de nutrition du corps social.

Quand on étudie ce phénomène physiologique chez un animal, on découvre tout un ensemble d'opérations compliquées (trituration des aliments, digestion, absorption, respiration, circulation, assimilation, secrétions, excrétions) qui constituent un travail considérable. Il y faut des appareils nombreux, disposant de forces mécaniques et chimiques préalablement accumulées, qui sont mises au service de la collectivité organique pour élaborer les aliments et en extraire les parties utilisables. Dans des proportions beaucoup plus vastes, un phénomène analogue se produit pour la nutrition d'une nation, mais ici le chyme, le chyle et le sang ont pour nom commun : la richesse.

Ce sang du géant social contient des éléments très divers, mais dont les principaux sont relativement peu nombreux. Ils peuvent se répartir en quatre groupes :

1° Les matières de l'alimentation et de la stimulation : céréales et farineux alimentaires, viande, poisson, lait et ses dérivés, boissons alcooliques, sel, sucre, denrées coloniales, tabac, etc.;

2° Les matières du vêtement et de la tapisserie : laine, coton, lin, chanvre, jute, soie, peaux et fourrures;

3° Les matières du chauffage, de l'éclairage, du blanchissage : combustibles minéraux, bois et charbons, matières grasses et oléagineuses, savons, résines, etc.;

4° Les matières du logement, du mobilier et de l'outillage : matériaux de construction, bois d'œuvre, métaux, poterie, céramique, papier et carton, cuir, etc. [1].

Ces matières se prêtent rarement à une utilisation directe; elles doivent subir des transformations multiples : le blé devient de la farine, puis du pain ; le lait se fait beurre et fromage ; la laine, le coton, le lin ou la soie, se transforment en fils, en tissus, puis en vêtements; le minerai passe à l'état de fonte, puis d'acier, puis d'ou-

---

1. Voici quelques chiffres approximatifs de la consommation de ces matières en France, empruntés à l'excellent ouvrage de M. de Foville: la *France économique*, à l'Enquête agricole de 1882, à l'*Annuaire statistique de la France* et au *Tableau décennal du commerce de la France*.

I. Matières de l'alimentation et de la stimulation : — froment, seigle, méteil (semence déduite), 114 millions de quintaux ; — pommes de terre (en partie pour bestiaux), 110 ; — féculents alimentaires, 4 à 5; — viande, 12.5 ; — poisson, 2 ; — lait consommé en nature (millions d'hectolitres), 33; — fromage et beurre (millions de quintaux), 1.8 ; — vin (millions d'hectolitres), 37 ; — cidre 12; — bière 8; — alcool pur 1.5 ; — sucre (millions de quintaux), 3.8; — sel, 3.4 ; — Tabac, 0.36.

II. Matières du vêtement et de la tapisserie: — laine (millions de quintaux), 1.9 ; — coton, 1 ; — lin, 1; — chanvre, 0.6; — jute, 0.4 ; — soie, 0.07.

III. Matières du chauffage, de l'éclairage, du blanchissage : — houille (millions de quintaux), 310 ; — bois de feu, 160 ; — bougies, 0.4 ; — savon, 1.6.

IV. Matières du logement, du mobilier, de l'outillage : — bois d'œuvre (millions de quintaux), 50; — fonte, 20.6 ; — fer, 8.9; — acier, 5 ; — plomb, 0.6; — zinc, 0.5 ; — cuivre, 0.2; — étain, 0.06; — papier et carton, 1.7; — cuir (au moins), 1.

tils, etc. Il y a ainsi toute une série d'opérations qui ressemblent aux élaborations successives des aliments par la bouche, l'estomac, l'intestin et le poumon de l'animal.

Ce travail se fait différemment dans les sociétés primitives et dans les sociétés civilisées.

Dans les premières, c'est chaque famille qui élabore les produits qu'elle consomme : la digestion n'a pour ainsi dire pas d'organe spécial. On observe là l'analogue d'un animal informe dont les parties, liées entre elles, mais indépendantes, pourvoient séparément à leur nourriture. C'est le régime de l'économie domestique.

Dans les sociétés civilisées, au contraire, chaque groupe s'occupe d'élaborer une catégorie de matières à l'usage de l'ensemble de la nation. Chaque partie du géant est estomac l'une à l'autre. Il en résulte la nécessité d'un échange réciproque. C'est le régime de l'économie politique.

Nos sociétés modernes sont encore sous le double régime de l'économie domestique et politique. Une grande partie des aliments, des substances textiles, des matériaux, des combustibles, est recueillie, préparée, consommée sur place, et sans échange ni transport, par ceux-là mêmes qui les utilisent [1].

Ce fait, qui a son influence sur le caractère de la production, de l'échange et de la répartition, en a beaucoup moins sur la consommation. De tous les phénomènes économiques, c'est ainsi la consommation qui est le plus général. On peut donc l'étudier avant tout autre.

M. Le Play et ses disciples, la Société industrielle de Mulhouse et divers statisticiens ont dressé les monographies d'un assez grand nombre de familles de différents

[1] On pourrait mesurer l'avancement du pays dans l'économie politique en rapprochant les chiffres du transport des chiffres de la consommation totale.

pays. En observant leurs budgets, on remarque : d'une part, des chiffres proportionnels de dépense assez constants pour une même classe de consommateurs; d'autre part, en passant d'une classe pauvre à une autre plus aisée, des modifications progressives caractéristiques.

Je prends pour exemples (voir le tableau ci-dessous) sept budgets ou groupes de budgets de famille, offrant des degres divers de pauvreté ou d'aisance [1].

**Tableau de la proportionnalité des dépenses**

| | Ouvriers d'Alsace 1er groupe | Ouvriers d'Alsace 2e groupe | Artisan à Paris (serrurier) | Artisans à Halle moyenne | Rentier à Halle | Industriel à Halle | Fonctionn. supér. à Halle |
|---|---|---|---|---|---|---|---|
| | — | — | — | — | — | — | — |
| Montant de la dépense.. Fr. | *a* 1.473 | *b* 2.181 | *c* 2.412 | *d* 1.310 | *e* 3.800 | *f* 9.900 | *g* 22.700 |
| | 0/0 | 0/0 | 0/0 | 0/0 | 0/0 | 0/0 | 0/0 |
| Pain et farine. | 19 | 21 | 18.2 | | | | |
| Viande, lard, poisson ..... | 8 ½ | 5 | 17 » | | | | |
| Lait, œufs, fromage ....... | 9 | 11 | 6 » | | | | |
| Café, sucre, sel, épicerie..... | 19 ½ | 8 ½ | 3.4 | | | | |
| Légumes, boissons, divers. | 11 | 9 ½ | 11.9 | | | | |
| Nourriture ... | 67 | 55 | 56.5 | 52.9 | 40.9 | 28 » | 16 » |
| Logement .... | 17 ½ | 14 ½ | 16.4 | 13.4 | 18.1 | 15.5 | 22.3 |
| Vêtement..... | 10 | 21 ½ | 12.6 | 15.8 | 10.3 | 10.5 | 8.5 |
| Chauffage, éclairage, blanchissage | 6 | 9 | 7.6 | 7.8 | 4 » | 6.5 | 10 » |
| Impôts, santé, instruction, plaisirs et divers ........ | mém. | mém. | 6.9 | 10.1 | 24.3 | 33.8 | 28.5 |
| Domesticité... | » | » | » | » | 2.4 | 5.7 | 14.7 |
| | 100 | 100 | 100 | 100 | 100 | 100 | 100 |

[1] J'ai dû emprunter les budgets bourgeois à un statisticien allemand, les monographies françaises ne m'ayant pas fourni d'exemples de ce genre.

*Nota.* — Les chiffres *a* et *b* sont empruntés à l'Enquête décennale de la Société industrielle de Mulhouse en 1878 (tableau comparatif de seize budgets ouvriers). Les chiffres *a* représentent la moyenne des cinq familles où la dépense de nourriture est la plus forte; les chiffres *b*, la moyenne des cinq familles où la dépense de nourriture est la plus faible et celle du vêtement la plus élevée. Les chiffres *c* sont empruntés au *Budget du foyer*, par H. Leneveux (Bibliothèque utile, de Félix Alcan). Les chiffres *d* à *g*, à un Mémoire du docteur Carlo Hampke, de Halle.

En faisant la moyenne approximative des trois premiers budgets (*a*, *b*, *c*), j'ai obtenu un certain type de budget ouvrier qu'il est intéressant de comparer à la moyenne des trois derniers budgets (*e*, *f*, *g*), prise comme exemple d'un certain type de budget bourgeois.

Voici la comparaison :

| Chapitres de consommation | Famille ouvrière (2,000 fr. de revenu) | | Famille bourgeoise (12,000 fr. de revenu) | |
|---|---|---|---|---|
| | Dépense absolue | Dépense proportionnelle | Dépense proportionnelle | Dépense absolue |
| Nourriture | 1.200 fr. | 60 % | 28 % | 3.360 fr. |
| Logement, mobilier | 320 | 16 | 19 | 2.280 |
| Vêtement | 280 | 14 | 10 | 1.200 |
| Chauffage, éclairage, blanchissage | 140 | 7 | 7 | 840 |
| Impôt, santé, instruction, plaisirs | 60 | 3 | 28 | 3.360 |
| Domesticité | » | » | 8 | 960 |
| Totaux | 2.000 fr. | 100 % | 100 % | 12.000 fr. |

On voit, par ce rapprochement, qu'avec la progression du revenu tous les chapitres de dépense augmentent en chiffres absolus, mais non pas tous en chiffres relatifs.

La proportion de la nourriture est beaucoup plus faible pour les gens aisés, qui se nourrissent pourtant très bien, que pour les pauvres gens, qui se nourrissent très mal. Notre bourgeois ne dépense pas pour sa table les trois dixièmes de son revenu, tandis que notre ouvrier est obligé d'y consacrer les six dixièmes de son salaire. Le chiffre relatif de la nourriture diminue donc de moitié; celui du vêtement, d'un tiers; le chauffage, éclairage, blanchissage, conserve à peu près la même proportion; quant à la dépense du logement et du mobilier, elle paraît augmenter à la fois absolument et relativement.

Les chapitres qui présentent l'accroissement le plus considérable sont ceux de l'impôt, de la santé, de l'instruction, des plaisirs et de la domesticité. Ce sont aussi parmi ces divers chefs de dépenses, qu'il faut deviner l'épargne, que l'insuffisance des documents n'a pas permis de mettre en relief. On peut juger, par l'étroitesse du budget ouvrier, que l'épargne est très faible chez les travailleurs, tandis qu'elle est élevée chez les bourgeois; elle est aussi assez notable chez les domestiques qui, défrayés de leurs principales nécessités, peuvent aisément mettre de côté une partie de leurs gages.

On aurait besoin d'observations multipliées pour arriver à des indications précises sur tous ces points si intéressants. Tout ce que l'on peut dire, d'une manière générale, c'est que les dépenses augmentent simultanément, quoique diversement, à mesure que les consommateurs passent de la simple satisfaction organique à la satisfaction voluptuaire, puis de la satisfaction isolée à la satisfaction collective, le plaisir devenant plus intense en raison du nombre des convives qui partagent le festin ou la récréation; puis enfin, à mesure que la dépense devient davantage une forme de l'ostentation et un moyen d'influence sociale.

La sensualité, la sociabilité, l'ambition, sont des multiplicateurs indéfinis de la dépense dans chaque groupe de consommation.

## § 2 — L'épargne et la progéniture

Il n'est pas jusqu'à l'épargne qui n'obéisse à ces différents mobiles. On s'imagine, en effet, quelquefois que l'épargne est une peine, qu'elle résulte de l'exercice héroïque d'une vertu très difficile. Non, l'épargne est un besoin de notre nature ; elle nous confère une satisfaction très grande, celle de la sécurité, qui réagit d'ailleurs sur toutes les autres satisfactions. Les animaux qui font des approvisionnements ne doivent pas eux-mêmes être ignorants de cette jouissance de la sécurité. Or, le même phénomène par lequel les divers chapitres de dépense s'accroissent avec la sensualité, avec la sociabilité, avec l'ostentation, fait aussi que le besoin d'épargne se multiplie en raison de ces différents mobiles ; car l'homme ne jouit pas seulement de la réalité, mais aussi de la possibilité, et non pas seulement de la possibilité pour lui-même, mais de la possibilité pour tous ceux avec lesquels il se trouve lié de sympathie.

Ceci nous amène à faire un pas de plus dans l'analyse des dépenses de consommation.

Il y a un motif de dépense qui passe tout à fait inaperçu dans ces relevés individuels que l'on nous présente ; ce motif, ce sont les enfants qu'on élève.

L'élevage des enfants ne figure pas séparément dans les budgets privés ; tout au plus y voit-on quelques dépenses d'instruction, qui disparaissent même lorsque l'enfant fréquente l'école gratuite. La raison de cette prétérition est bien simple. L'enfant prend sa part de tous les chapitres du budget, sa dépense y est confondue avec celle des parents ; néanmoins, il augmente la charge de la nourriture, il occasionne une extension du logement, des vêtements, des services divers, il exige même un surcroît d'épargne, car il faut songer à l'instruction, à l'apprentissage et à la dotation future.

Or, il importe extrêmement à l'économie sociale et politique de discerner, dans la dépense générale d'un peuple, d'une part, ce qui est le fait de la consommation des adultes, et, d'autre part, ce qui est le fait des épargnes ou de la consommation des enfants.

Consommation, population, épargne : voilà, en effet, les trois emplois de la richesse auxquels aboutit toute l'activité d'un pays. C'est de la proportion entre ces trois emplois que résulte la prospérité, la stabilité ou la décadence d'un peuple. C'est donc à ce triple point de vue qu'il faut étudier tout le fonctionnement économique et social.

Sans consommation, point de vie, point de santé, point de gaieté; le défaut de consommation est le signe d'un peuple esclave, inerte ou morose. Cependant la consommation a ses limites, car c'est un épuisement des ressources, soit qu'elles viennent de la nature, soit qu'elles viennent de l'industrie. Ce n'est pas une destruction de matière : on sait bien que la matière est indestructible. C'est la destruction d'une forme de la matière qui la rendait utile à l'homme : brûlez un morceau de charbon, son poids atomique se retrouvera dans le gaz acide carbonique, dans la vapeur d'eau, dans les cendres, qui résultent de la combustion; c'est la même matière sous une forme différente. Mais le changement de forme a détruit l'utilité du charbon qui consistait dans son pouvoir calorifique; on a consommé sans retour, par la combustion, la chaleur qu'il était possible d'en tirer.

Puisque la consommation épuise les ressources, il faut bien les renouveler; nous verrons, dans les chapitres suivants, que la création des utilités, que la production, en un mot, ne peut s'exercer sans capitaux, et que tous les capitaux ont leur source dans l'épargne; sans épargne donc, pas de progrès ultérieur, pas même de maintien de la situation acquise.

Sous ce nom d'épargne, il ne faut pas comprendre simplement la mise en réserve de denrées que l'on pouvait consommer: une épargne n'est pas toujours un approvisionnement; pour beaucoup de produits, d'ailleurs, l'approvisionnement serait impossible parce que les denrées se corrompraient, l'utilité s'en épuiserait sans profit pour personne. Par épargne, au sens le plus large du mot, il faut entendre une modification de la consommation, une abstention de consommer pour son plaisir, afin d'employer les denrées ou les services à la création d'autres utilités. C'est ainsi que les aliments que l'on ne mange pas soi-même ou que l'on ne fait pas manger à des domestiques de luxe, servent à entretenir les forces des ouvriers, et trouvent leur contre partie dans le produit du travail de ces ouvriers; c'est ainsi que le charbon que nous ne brûlons pas pour nous chauffer ou pour nous éclairer est consommé par un foyer d'industrie, et sert à créer une force motrice à l'aide de laquelle on obtiendra une foule d'autres utilités diverses : des outils, des meubles, des tissus, etc.

Qui dit épargne suppose donc, dans le langage économique, un emploi productif substitué à une consommation de pure satisfaction. Dans ce sens, on comprend bien que sans épargne il n'y a point de multiplication des capitaux, il n'y a nul progrès possible dans la création de la richesse.

Les mêmes considérations s'appliquent au développement de la population. Les enfants sont une épargne vivante, ils sont la création d'un capital personnel, ils représentent l'accumulation d'une valeur qu'on dépose en leurs personnes, d'abord en pourvoyant à leur entretien durant le temps où ils sont incapables de travailler, ensuite en les instruisant et en leur apprenant un métier.

A première vue, l'on pourrait croire que le développement de la population et celui de l'épargne sont en antagonisme l'un avec l'autre ; ce serait une erreur. Ils sont, au contraire, le plus souvent corrélatifs, au moins dans une certaine mesure. L'homme qui a une femme et des enfants est plus disposé à l'épargne que le célibataire. Pour deux motifs : en premier lieu, il est détourné des consommations superflues ou nuisibles, qui constituent une véritable déperdition de forces ; et ici je suis loin de parler en ascète ; je considère comme utile tout ce qui augmente le plaisir de vivre et l'ardeur au travail; j'admets donc un luxe modéré, des plaisirs honnêtes, mais ce luxe et ces plaisirs, partagés avec une femme et des enfants, sont mille fois plus agréables que des plaisirs raffinés et coûteux goûtés dans l'isolement ; donc la famille relève le mérite de la consommation et, à égalité de jouissance, n'exige qu'une moindre dépense. En second lieu, la possession d'une famille donne plus de courage et plus de goût pour l'épargne, parce qu'aux mobiles égoïstes elle ajoute des motifs de sympathie et de dévouement qui en doublent la puissance.

Lorsqu'on diminue la population pour augmenter l'épargne, on peut obtenir, aux premières générations, un effet immédiat, mais on risque fort de tarir à la longue la source la plus féconde de cette épargne. On ne doit pas, bien entendu, prêcher aveuglément la multiplication de la progéniture, sans savoir si les ressources nécessaires existent pour l'élever convenablement; la prévoyance et la prudence s'imposent aux familles pauvres, dont nous avons vu les budgets si restreints; mais la réduction du nombre des enfants dans les familles aisées, qui seraient en état d'en élever plusieurs, est un grand inconvénient social.

Il serait fort utile, à cet égard, comme aussi à l'égard de l'épargne, d'avoir sous les yeux l'importance comparative donnée, dans les différentes nations concurrentes et dans les différentes classes de chaque nation, à la consommation proprement dite, à l'accroissement de la population et à l'épargne; malheureusement les documents certains font absolument défaut.

En France, où l'on évalue l'ensemble des revenus particuliers entre 20 et 25 milliards par an [1], on peut tenter l'estimation suivante :

| Motif de la dépense | Montant de la dépense annuelle (milliards) | Chiffres proportionnels |
|---|---|---|
| Consommation des adultes..... | 15.6 à 19.5 | 78 0/0 |
| Entretien de la population ou consommation des enfants... | 2.8 à 3.5 | 14 0/0 |
| Epargne ou accroissement des capitaux.................. | 1.6 à 2.0 | 8 0/0 |
| Totaux ......... ... | 20 » à 25 » | 100 0/0 |

*Nota* — En 1886, les enfants de 0 à 15 ans étaient au nombre de 10,226,586, par rapport à une population adulte de 27,693,799 (défalcation faite des recensés dont l'âge est resté inconnu). J'ai supposé que la consommation d'un enfant de 0 à 15 ans était moitié moindre que celle d'un adulte. J'ai admis, d'autre part, une épargne annuelle un peu supérieure à celle des placements nouveaux en valeurs mobilières, parce qu'il faut tenir compte de l'entretien et de l'accroissement des capitaux privés, agricoles, industriels et domestiques.

[1] Chiffre proposé par M. Alfred de Foville dans la *France économique*.

Cette proportion est-elle bonne ? Constitue-t-elle un état de santé sociale ? C'est un des principaux problèmes que doit se proposer l'économie politique.

En ce qui concerne l'épargne, la France est un des pays les plus féconds. Nulle part, si ce n'est en Angleterre, en Belgique, en Hollande, il n'y a de pays où les capitaux d'épargne soient plus abondants.

Mais cette épargne matérielle ne se réalise-t-elle pas au détriment du développement de la population ? Voilà un point qui reste douteux, si l'on examine la fécondité comparative des autres nations[1], et si l'on observe surtout la répartition des enfants par famille.

Le dénombrement de 1886 a permis, pour la première fois, de s'en rendre compte exactement dans notre pays. Sur un total de 10,425,321 familles,

2,073,205 n'ont point d'enfants;
2,542,611 en ont un ;
2,265,317 en ont deux ;
1,512,054 en ont trois ;
2,032,134 en ont quatre ou plus (10,001,593 enfants au total pour ce groupe).

Il en résulte que 46 centièmes de la population sont issus de familles de quatre enfants et au-dessus, qui offrent d'assez bonnes conditions d'éducation et d'aide mutuelle; que 21 centièmes sortent de familles de trois enfants dont on ne peut dire *a priori* ni bien ni mal ; et que 33 centièmes viennent de familles de un ou deux enfants, très défavorables à la bonne éducation.

L'observation semble démontrer, en effet, que les

---

[1] Nombre moyen d'enfants par mariage : France, 3.09; Angleterre et Belgique, 3.9; Autriche, 4; Prusse et Pays-Bas, 4.1; Suède et Norvège, 4.3 ; Espagne et Italie, 4.5; Russie, 4.7. (Voir la *France économique*.)

rejetons uniques, que les enfants *gâtés*, comme on dit, sont, en général, très inférieurs à leurs parents, et très peu aptes à faire valoir les capitaux que ceux-ci leur transmettent; une nation qui ne serait composée que de petites familles de un ou deux enfants, ne tarderait pas à dégénérer. Le succès d'une race dans le monde tient au succès particulier des familles, et une famille ne réussit que si, à chaque génération, elle a au moins un représentant capable qui en assure la prospérité et qui protège ou assiste, moralement sinon matériellement, tous les autres membres moins bien doués. Ce résultat n'a chance d'être obtenu qu'avec des unions bien choisies et une progéniture suffisamment multipliée. Dans une société démocratique, où le sentiment de l'égalité prend souvent une importance excessive, les vertus de discipline et d'abnégation, qui ne s'acquièrent que dans les familles nombreuses, sont plus nécessaires que dans toute autre société : la mutualité, la coopération, le civisme, indispensables à la réalisation de l'égalité, s'aheurtent chez nous trop souvent à l'indiscipline, à l'envie, à la suspicion, qui procèdent d'un individualisme outré ; autant de vices que je suis tenté d'imputer au trop grand nombre des petits ménages qui se bornent à un ou deux enfants. A cet égard, les célibataires ou les ménages sans enfants sont socialement moins redoutables que les ménages unipares.

Quoi qu'il en soit, on comprendra, par cette observation, que l'entretien des aptitudes sociales, qui est d'une si grande importance, est tout à fait indépendant de l'accroissement absolu de la population. Une nation comme la France pourrait encore réduire son taux d'accroissement, qui est pourtant bien faible, et cependant rester assurée d'un bon recrutement social, s'il se faisait par des familles suffisamment nombreuses.

Cette question se trouve liée à celles du crédit, de l'impôt, du service militaire. C'est donc un sujet qui s'éclaircira à mesure que nous entrerons plus avant dans notre étude.

Pour le moment, résumons ce chapitre en disant que la consommation est le phénomène économique le plus général; qu'il s'observe aussi bien sous le régime de l'économie domestique ou de la production naturelle, que sous le régime de l'économie politique ou de la production industrielle.

Répétons enfin que la santé sociale exige que la consommation se répartisse normalement entre les grandes catégories de dépenses : alimentation, habitation et accessoires, vêtement, services divers, etc.; et que la consommation proprement dite, c'est-à-dire la destruction définitive des utilités, doit rester dans un juste rapport avec l'entretien de la population et avec l'épargne, qui, en formant les capitaux personnels et matériels, constituent les avances nécessaires pour la production des utilités nouvelles.

# CHAPITRE III

## LA PRODUCTION

PRODUCTION NATURELLE ET PRODUCTION INDUSTRIELLE
DIVISION DU TRAVAIL

### § 1er — La production naturelle et la production industrielle

Le sang d'une nation, ai-je dit, c'est la richesse ; et la consommation est le phénomène d'assimilation qui s'opère dans les molécules humaines du corps social.

La consommation consiste, non dans une destruction de matière, mais dans un épuisement de l'utilité des choses. Où est la source première de ces utilités ? Où est le fonds sans cesse renouvelé auquel nous les empruntons ? Dans la nature ; soit dans la nature spontanée, soit dans la nature modifiée.

L'air que nous respirons, le soleil qui nous éclaire et nous échauffe, l'eau qui nous désaltère et nous purifie, sont des utilités de premier ordre, mais si abondantes et d'un emploi si simple qu'elles nous semblent gratuites ; elles ne rentrent pas dans la catégorie des richesses qu'il faut acquérir par force ou par adresse, par le travail ou par l'échange [1]. Mais il n'en est pas de même des matières du logement, du chauffage, du vêtement, de l'alimentation.

Nos premiers ancêtres ont trouvé des grottes profondes pour s'abriter, des arbres pour se faire des ca-

[1] L'eau dans les villes ou dans certaines contrées arides prend une valeur échangeable.

banes, des branchages pour se chauffer, du gibier, du poisson, des fruits pour se nourrir, des dépouilles d'animaux, de la laine, des filaments végétaux pour se vêtir, des pierres tranchantes, des os, des coquillages, des métaux natifs pour s'armer et s'outiller. De nos jours, il y a encore des populations qui vivent très près de la nature et qui se contentent presque exclusivement de ses dons : tels sont les Indiens chasseurs de l'Amérique, les pêcheurs de certaines côtes maritimes, les nomades du Sahara ou de la Sibérie, etc. Mais une telle existence, qui se présente à notre imagination d'hommes civilisés comme la plus heureuse et la plus rapprochée du paradis, n'est, en vérité, ni plantureuse ni exempte de graves soucis.

Les hommes ont, de tout temps, été fort avides des biens naturels, et, dès qu'un canton particulier en paraissait favorisé, il était aussitôt l'objet d'une compétition très active. La lutte pour la possession des avantages gratuits a excité à l'origine un état de guerre presque universel.

Il y a donc beaucoup de peine et de souci dans l'exploitation des richesses naturelles. En outre, ces richesses, au lieu de devenir de jour en jour plus abondantes et de se prêter ainsi au développement de la consommation et du bien-être, vont, au contraire, en se raréfiant ; l'homme qui en vit se voit condamné à une misère croissante, au prix d'efforts multipliés. Les Indiens d'Amérique ne trouvent plus dans la chasse les larges ressources qu'ils en obtenaient autrefois, et, néanmoins, ils ne se résignent pas encore à élever des troupeaux de bœufs à la place des bisons sauvages dont la race est presque disparue. Les nomades algériens, en livrant leurs maigres troupeaux à la vaine pâture, ont peu à peu dénudé les pentes des montagnes et amené la stérilité là où jadis il y avait des forêts, des sources et de la végétation.

Enfin, des populations misérables de pêcheurs s'obstinent toujours à chercher leur vie sur des côtes dépeuplées, tandis qu'au prix de dix fois moins de fatigues et de dangers, ils pourraient vivre plus largement d'un travail plus régulier.

Partout, en définitive, où la nature s'épuise et fait défaut, l'homme est contraint d'y suppléer par l'industrie.

Mais, entendons-nous sur ce mot. Que faut-il entendre par production industrielle, opposée à la production naturelle ?

Est-ce que l'humanité est capable de produire artificiellement ce que la nature crée spontanément ?

Non, à vrai dire, l'homme ne crée rien, et c'est toujours la nature qui produit ; seulement, l'homme dirige à son profit l'activité de la nature. Il y a, dans les séries infinies de causes et d'effets qui s'entrecroisent autour de nous, des points de rencontre et d'intersection où il suffit d'un minimum d'effort pour rompre ou rétablir l'équilibre, neutraliser des forces ou les déchaîner. Quand nous avons découvert ces moyens d'agir et quand nous sommes capables de ce minimum d'effort, cela nous suffit pour intervenir puissamment, non pas tant comme causes directes que comme causes occasionnelles.

Ainsi, nos ancêtres poursuivaient, dans les vastes plaines désertes, des troupeaux de chevaux sauvages, de bœufs, de moutons et de chèvres ; ils avaient à se défendre contre des bandes pillardes de chacals et de chiens. Ils se sont aperçus que toutes ces espèces vivaient en sociétés, c'est-à-dire qu'elles étaient mues par des instincts de discipline et d'imitation. Qui dit société naturelle, dit respect d'un chef de troupe. Qu'a fait l'homme ? Il s'est substitué au chef de troupe. Il a inspiré aux troupeaux d'animaux sauvages la crainte et l'affection qui les faisaient naguère obéir à l'un d'entre eux. L'homme s'est créé ainsi, moins par force que par adresse, de nombreux serviteurs et de précieux nourriciers. « Il ne change pas l'état naturel de ces animaux, nous dit M. Flourens après Frédéric Cuvier ; il profite, au contraire, de cet état naturel. Il avait trouvé les animaux sociables, il les rend domestiques ; et la domesticité n'est ainsi qu'un cas particulier, qu'une simple modification, qu'une conséquence déterminée de la sociabilité. »[1]

De même, nous avons pour ainsi dire domestiqué la terre, le jour où nous avons découvert que nous pouvions diriger sa fécondité sur telle ou telle production, en substituant la semence artificielle des bonnes plantes à la semence spontanée des plantes inutiles[2].

---

1. *De l'instinct et de l'intelligence des animaux.* Hachette, 1851, p. 101.

2 La découverte des espèces de plantes et d'animaux à la fois utiles et domesticables était peut-être l'œuvre la plus difficile du génie humain, et nous ne nous doutons pas des tâtonnements séculaires qu'elle a dû exiger. Il suffira pour s'en faire une idée de refléchir au très petit nombre des espèces domestiques, par rapport au grand nombre des espèces qui nous entourent. Dans le tableau des espèces végétales cultivées, qui sont au nombre de 247, il y en a 44 qui peuvent être considérées comme d'une culture extrêmement ancienne. Les plantes cultivées depuis moins de deux mille ans sont surtout des fourrages artificiels que les anciens connaissaient à peine. M. de Candolle estime qu'à la fin du dix-neuvième siècle les hommes cultiveront environ 300 espèces. « C'est, dit-il, une petite proportion des 120,000 ou 140,000 espèces du règne végétal ; mais, dans l'autre règne, la proportion des êtres soumis à l'homme est bien plus faible. Il n'y a peut-être pas plus de 200 espèces d'animaux domestiques ou simplement élevés pour notre usage, et le règne animal compte des millions d'espèces ». (*L'Origine des plantes cultivées.* Germer-Baillière, éditeur.)

Nous ne changeons rien d'abord à la puissance végétative du sol. Comme le remarque Adam Smith, « un champ couvert de ronces et de bruyères produit souvent une aussi grande quantité de végétaux que la vigne ou la pièce de blé la mieux cultivée. Le cultivateur qui plante et qui sème, excite souvent moins l'active fécondité de la nature qu'il ne la détermine vers un objet, et après qu'il a terminé tous ses travaux, c'est à elle que la plus grande partie de l'ouvrage reste à faire [1]. »

L'agriculteur, cependant, a été encore plus loin. Il ne s'est pas contenté de diriger la force végétative de la terre, il l'a entretenue par des engrais, des amendements, des labours, de manière à permettre à la couche arable de se réparer sous l'action de l'air et des réactions chimiques. Bien plus, il a reconnu que la terre ne travaille pas également et, par conséquent, ne s'épuise pas également dans toute son épaisseur. Les résultats de cette simple observation furent immenses ; et ç'a été une découverte comparable au doublement du territoire, le jour où l'on s'est avisé de cultiver alternativement sur le même sol des plantes dont les racines se nourrissent à des profondeurs différentes, comme par exemple, les graminées et les légumineuses, le froment et la luzerne. On a pu, dès lors, obtenir de la terre une production continue.

Il en résulte qu'il ne faut plus que deux hectares ou deux hectares et demi pour entretenir un homme adulte, tandis que, d'après Schoolcraft [2], un chasseur vivant du produit de sa chasse a besoin de plus de 200 kilo-

---

[1] *Richesse des nations*, tome II, p. 116.

[2] Cité par M. Yves Guyot dans sa *Science économique* p. 198 (C. Reinwald, éditeur).

mètres carrés. La domestication de la terre et des animaux a donc permis à l'homme de vivre mieux et plus sûrement sur la vingt millième partie de la surface qu'il était forcé de parcourir autrefois pour y glaner sa subsistance.

Il serait facile de multiplier les exemples dans le domaine de l'industrie.

Sans l'amadou, qui n'est qu'un champignon desséché et qui permet de recueillir l'étincelle jaillissant du choc d'un caillou ; sans le phosphore, qui nous permet d'obtenir du frottement d'une allumette une petite flamme communicative, nous ne saurions comment nous procurer du feu. La riche Angleterre mourrait de froid sur son sol de charbon.

C'est le feu qui, du minerai mêlé au calcaire et au charbon, fait couler la fonte ; c'est le feu qui amollit le métal et permet de le tailler et de le façonner sans effort. Et, d'autre part, c'est le feu qui, par la vaporisation, transforme un litre d'eau en douze cent quarante litres de vapeur, en développant ainsi une force élastique incomparable.

Ce sont ces découvertes combinées qui nous ont dotés de toutes les merveilleuses applications de la machine à vapeur, et qui ont renversé à jamais la fameuse théorie d'Aristote sur la nécessité de l'esclavage.

« Il demeure évident, disait Aristote, que, parmi les hommes, les uns sont des êtres libres par nature, et les autres des esclaves, pour qui il est utile et juste de demeurer dans la servitude. » Le grand publiciste grec fondait ainsi la justice de l'esclavage sur son utilité sociale ; il montrait que l'esclave serait un instrument nécessaire tant que les choses resteraient sans intelligence. « Si chaque outil, ajoutait-il, pouvait, lorsqu'on le commanderait, ou même en pressentant d'avance l'ordre, exécuter la tâche qui lui est propre, comme faisaient, dit-on, les statues de Dédale..., ni les architectes n'auraient besoin de manœuvres, ni les maîtres n'auraient besoin d'esclaves [1] ».

Le progrès économique a eu raison de l'ironie d'Aristote, qui semblait si triomphante. Nous avons peu à peu remplacé les esclaves, d'abord par des animaux domestiques, ensuite par des machines, infiniment plus puissantes, plus exactes et moins coûteuses que des hommes.

En 1885, on a constaté en France l'existence de 66,217 machines à vapeur, d'une force totale de 4,528,873 chevaux-vapeur, lesquels, suivant l'estimation la plus modérée, représentent environ 68 millions d'hommes de peine [2]. En outre, l'enquête industrielle de 1861-1865 avait révélé l'existence de moteurs à eau et à vent d'une force totale d'environ 340,000 chevaux représentant 5 millions d'hommes de peine. Enfin, l'effectif des bêtes de somme parait être actuellement équivalente à 20 millions d'hommes de peine [3].

---

[1] *Politique* d'Aristote. Liv. I, chap. II, § 4, 5, 8, 15. Trad. Thurot. Didot, éditeur.

[2] Pour le relevé des machines à vapeur, voir l'*Annuaire statistique de la France*, année 1888, p. 252. — On appelle cheval-vapeur une force de 75 kilogrammètres et on l'évalue fréquemment à 3 chevaux vivants ou à 21 hommes de peine : mais, dans la pratique, d'après M. S. Mony (*Etude sur le travail*, tome II, p. 47), le cheval-vapeur, avec un travail moyen de seize heures, équivaut à 3 1/3 chevaux vivants ou à 15 hommes travaillant, les uns et les autres, huit heures effectives. La force d'un cheval vivant doit être estimée, en moyenne, à 45 kilogrammètres, soit à quatre fois et demie celle d'un homme.

[3] D'après l'enquête agricole : de 1882 2,098,000 chevaux employés au travail agricole, 199,000 mulets, 347,000 ânes, 1,518,000 bœufs, non compris environ 1 million de chevaux de l'armée, de l'industrie, des transports et de luxe.

Tant en forces mécaniques qu'en forces animales, et en négligeant un certain nombre de moteurs à eau, à air ou à gaz, nous avons l'équivalent d'une armée de 93 millions d'esclaves, quinze à seize fois plus forte que notre population active d'ouvriers et de journaliers des deux sexes, qui, d'après le dénombrement de 1886, compte 4,193,000 hommes et 2,582,000 femmes.

Ajoutons, enfin, que notre puissance motrice s'augmente tous les ans de plus de 200,000 chevaux-vapeur, équivalant à 3 millions d'hommes de peine [1], alors que le chiffre de nos ouvriers reste à peu près stationnaire, et l'on aura l'idée de l'empire croissant que nous réussissons à prendre sur les forces inépuisables de la nature. Voilà les esclaves sur lesquels nous avons su fonder la liberté moderne !

Il est maintenant aisé de comprendre en quoi consiste la production de l'homme. Il n'a en propre que sa faculté d'observation et sa force musculaire, peu considérable, à l'aide desquelles il utilise à son profit des phénomènes spontanés et gratuits. Pour ce faire, il sépare ou rapproche, il déplace quelques éléments matériels. « Il ne peut, en effet, comme l'a remarqué M. James Mill, rien faire de plus que de produire du mouvement ; il peut mouvoir les choses pour les approcher ou les éloigner les unes des autres ; les propriétés de la matière font tout le reste [2]. »

Mais ce mouvement, bien entendu, implique une intelligence. Produire, c'est mouvoir ; soit, mais c'est mouvoir après avoir pensé. Or, là est le secret du goût

---

1. En 1878, 3,001,710 chevaux-vapeur ; en 1885, 4,528,873. La moyenne annuelle de l'augmentation, dans la période 1878-1885, a été de 218,166 chevaux-vapeur.

2. *Eléments d'Economie politique*, trad. par J.-T. Parisot, p. 7. Paris, 1823.

de l'homme pour l'activité volontaire et de son dégoût pour le travail automatique.

Dans l'exploitation des richesses naturelles immédiatement consommables, dans la chasse, dans la pêche, dans la cueillette, comme aussi dans la vie pastorale et dans la guerre, le mouvement et la pensée sont inséparables. C'est pourquoi il y a tant de charme dans cette vie primitive où les efforts sont parfois si grands et les résultats si précaires. Dans la production industrielle, au contraire, l'activité et la pensée sont ordinairement séparées. Quelqu'un a conçu et ordonné le mouvement ; d'autres l'exécutent en se conformant à une méthode invariable. Le mouvement méthodique, exempt le plus possible de pensée inventrice, constitue le travail industriel. Cette discipline, même dans l'inaction, est une des choses les plus pénibles à l'homme. Il ne craint pas l'effort, tout le démontre, et notamment la violence de certains jeux ; mais il redoute l'assujettissement à une tâche et la répétition des mêmes invariables efforts. Il le faut cependant pour l'efficacité du travail industriel.

C'est grâce à la discipline du travail que nous pouvons tirer parti de ressources naturelles très nombreuses, qui ne se trouvent pas à l'état d'utilités immédiates, mais qui sont à l'état d'utilités latentes. Par l'industrie et la culture, nous substituons la houille, le coke, le gaz au bois de la forêt, le tissu de lin et de coton à la fourrure et à la pelleterie des animaux sauvages, le métal caché dans le minerai à l'os et au caillou de silex, le pain et les légumes cultivés aux fruits spontanés, le sucre au miel, etc. Les produits naturels étaient limités et épuisables ; les produits industriels et agricoles sont indéfiniment extensibles; ils deviennent de plus en plus abondants à mesure que le travail est plus méthodique et mieux armé.

En quoi consiste donc cette méthode du travail industriel ? Elle consiste en ce qu'on nomme la division du travail ou la spécialisation des fonctions.

### § 2 — La division du travail

La division du travail, qu'Adam Smith a su particulièrement mettre en lumière, empêche que le même individu exécute successivement des opérations dissemblables; elle a pour objet de charger le même travailleur de toutes les opérations identiques ou analogues. A cet effet, il faut diviser toute œuvre complexe en autant de tâches que l'on peut établir de sous-opérations plus simples.

Une première application sommaire de la division du travail a été la séparation des métiers. Robinson Crusoé, vivant seul, était bien forcé d'être à la fois cultivateur, meunier, boulanger, cuisinier, maçon, menuisier, forgeron, tisseur, etc., mais il remplissait assez mal chacune de ces fonctions. Supposez plusieurs Robinsons réunis, entrant en communication les uns avec les autres et se répartissant les fonctions; ils feront, grâce à cette entente, dix fois plus de besogne utile sans plus de travail total. Ce progrès paraît bien simple à obtenir, il a été fort lent, et il s'en faut qu'il soit partout réalisé : les femmes arabes écrasent encore leur grain entre deux pierres plates; dans les campagnes de France, on fait en beaucoup d'endroits son pain soi-même; il n'y a pas si longtemps que les paysannes filaient ou tricotaient leur laine ou tissaient leur lin.

Une application beaucoup plus complète de la division du travail est la séparation des tâches dans l'exercice du même métier. Ainsi, dans une exploitation agricole bien conduite et suffisamment étendue, il y a des ouvriers pour labourer, d'autres pour semer, d'autres pour faucher, d'autres pour soigner les vaches, d'autres pour garder les moutons. Mais c'est dans l'industrie manufacturière que la division des opérations arrive à son maximum. Adam Smith en a donné un exemple qui est resté classique : la fabrication des épingles.

« L'important travail de faire une épingle est divisé, disait-il au siècle dernier, en dix-huit opérations distinctes ou environ, lesquelles, dans certaines fabriques sont remplies par autant de mains différentes, quoique dans d'autres le même ouvrier en remplisse deux ou trois. J'ai vu une petite manufacture de ce genre qui n'employait que dix ouvriers, et où par conséquent quelques-uns d'eux étaient chargés de deux ou trois opérations. Mais, quoique la fabrique fût fort pauvre et, par cette raison, mal outillée, cependant, quand ils se mettaient en train, ils venaient à bout de faire entre eux environ douze livres d'épingles par jour : or, chaque livre contient au delà de 4,000 épingles de taille moyenne. Ainsi ces dix ouvriers pouvaient faire entre eux plus de quarante-huit milliers d'épingles dans une journée ; donc chaque ouvrier, faisant une dizaine de ce produit, peut être considéré comme faisant dans sa journée 4,800 épingles. Mais, s'ils avaient tous travaillé à part et indépendamment les uns des autres, et s'ils n'avaient pas été façonnés à cette besogne particulière, chacun d'eux assurément n'eût pas fait vingt épingles, peut-être pas une seule, dans sa journée, c'est-à-dire pas, à coup sûr, la 240e partie, et pas peut-être la 4,800e partie de ce qu'ils sont maintenant en état de faire, en conséquence d'une division et d'une combinaison convenables de leurs différentes opérations. »

Les résultats extraordinaires de la division du travail tiennent à trois avantages :

1° On tire un meilleur parti des forces, des aptitudes et des ressources des travailleurs ;

2° On en développe de nouvelles ;

3° On substitue le travail des machines au travail des hommes.

On tire un meilleur parti des forces existantes :

*a*) Par l'économie du temps : la division du travail évite le temps perdu d'ordinaire à passer d'une fonction à une autre, et, comme on dit, à se mettre en train.

*b*) Par l'économie des efforts parallèles : la division du travail supprime les doubles emplois. Bon nombre de travaux préparatoires ou accessoires d'une opération principale s'imposent nécessairement à chaque ouvrier travaillant isolément ; avec la division du travail, un seul peut s'en charger pour tous.

*c*) Par l'économie des aptitudes : chacun peut remplir la tâche qui lui convient, où il est supérieur, où il est capable de produire davantage ; l'ouvrier fort est employé en raison de sa force, l'ouvrier adroit en raison de son adresse, l'ouvrier simplement attentif en raison de sa faculté d'attention ; « on limite l'emploi des agents habiles aux cas où cette habileté est nécessaire » (Stuart Mill).

*d*) Par l'économie des outillages : chaque tâche exige un outillage particulier qu'il faudrait multiplier autant de fois qu'il y aurait d'hommes occupés à des tâches identiques ; en les confiant toutes à un seul agent, il n'y a plus besoin que d'un seul outillage qui peut être d'autant plus parfait. Un domestique avec sa batterie de cuisine suffit à tous les membres d'une famille nombreuse, parfois même à toute la clientèle d'un traiteur; un industriel avec son usine suffit à un grand nombre de consommateurs; un négociant avec son magasin, à un grand nombre d'industriels; un transporteur avec son matériel, à un grand nombre de commerçants; un agent de sécurité avec son armement, à toute la série de ces différents personnages.

Le second avantage de la division consiste à favoriser le développement des facultés du travail.

Ce résultat tient à la répétition des actes simplifiés. Elle communique infailliblement à l'opérateur, et une plus grande vigueur particulière, et une plus grande habileté, autrement dit perfection et célérité. Ce n'est plus là uniquement une meilleure utilisation des aptitudes et des outillages existants; c'est un développement, une création des facultés. L'habitude introduit dans les actes une régularité d'effort et une sécurité d'exécution qu'on n'y possédait pas auparavant; elle réduit ou supprime l'attention, jusque-là nécessaire. Or, c'est la dépense d'attention qui est la principale cause de lassitude, de défaillance et de paresse. L'homme qui en est exonéré arrive presque à une aussi grande perfection d'action que les animaux obéissant à leur instinct, à cette sorte d'esprit inconscient que Darwin a comparé à une habitude héréditaire.

Cet avantage obtenu en amène un troisième, qui lui est corrélatif Il permet l'emploi des machines ayant pour effet de remplacer l'effort musculaire de l'homme par une force naturelle. Les forces de la nature, inconscientes ou mécaniques, ne sont capables que de fonctions simples et directes. Pour les faire travailler à la place de l'homme, il faut donc au préalable avoir divisé le travail et simplifié les fonctions. Il ne peut d'ailleurs y avoir de meilleure introduction à la découverte des procédés et applications mécaniques que la décomposition du travail en ses éléments constitutifs. N'est-ce pas suivre en réalité le précepte de Descartes : « Diviser chacune des difficultés à examiner en autant de parcelles qu'il se pourrait et qu'il serait requis pour les mieux résoudre. [1] » Adam Smith pensait que la longue répétition d'une même tâche est un procédé infaillible pour forcer à réfléchir sur cette tâche, et que l'ennui même qui l'accompagne peut devenir un stimulant pour chercher à s'en exonérer en en chargeant quelque serviteur irresponsable.

« Une grande partie, dit-il, des machines employées dans ces manufactures où le travail est le plus divisé, ont été originairement inventées par de simples ouvriers qui, naturellement, appliquaient toutes leurs pensées à trouver les moyens les plus courts et les plus aisés de remplir la tâche particulière qui faisait leur seule occupation [2] ».

Economie des efforts, perfectionnement des facultés, emploi des machines : telles sont donc les trois raisons principales pour lesquelles le travail divisé, simplifié, organisé, devient de plus en plus productif sans être plus intense, et permet, en conséquence, à l'homme d'augmenter incessamment sa puissance et son loisir, en même temps que son bien-être et sa postérité.

En présence des résultats si merveilleux d'une bonne organisation de l'activité humaine, on se demanderait volontiers pourquoi nous avons été si lents à nous avancer dans la conquête des forces de la nature, pourquoi nous ne sommes pas encore plus soulagés des durs travaux qui nous incombent ?

La réponse est malheureusement très catégorique.

---

[1] *Discours de la Méthode*, 2e partie.

[2] *Richesse des nations*, tome I, p. 101.

Le degré où nous pouvons pousser la division du travail ne dépend pas uniquement de notre volonté ; il est subordonné à deux conditions : d'une part, à l'état des richesses accumulées pouvant servir de capital ; d'autre part, à l'étendue du marché ou à la facilité de l'échange.

La division du travail exige des bâtiments, des outillages, des machines, disposées tout exprès pour une production spéciale, des ouvriers dressés pour un genre d'ouvrage particulier, des approvisionnements de fournitures et d'aliments pour les hommes, de combustibles pour les machines, de matières premières pour la mise en œuvre : toutes choses comprises dans ce seul mot, le capital ; ce qui signifie qu'il faut avoir beaucoup épargné pour être en mesure d'organiser efficacement le travail. Nous reviendrons, dans le chapitre suivant, sur cette corrélation nécessaire.

D'autre part, il ne suffit pas de produire beaucoup, il faut pouvoir écouler ses produits ; autrement, on n'aboutirait qu'à l'excès de production, c'est-à-dire que le producteur mourrait de faim sur ses marchandises, à peu de distance des gens très désireux de les consommer. Il est donc nécessaire que l'échange soit devenu facile et, par conséquent, étendu. Ce n'est ainsi encore qu'en raison des facilités de l'échange qu'on peut progresser dans la division du travail, dans le développement des aptitudes et dans la conquête du monde.

# CHAPITRE IV

## LA PRODUCTION (Suite)

### L'ÉTAT DIVISIONNAIRE DU TRAVAIL RÉVÉLÉ PAR LE DÉNOMBREMENT PROFESSIONNEL

Il serait fort intéressant de pouvoir mesurer le degré auquel une nation est parvenue dans la division du travail. Les indices certains manquent malheureusement sur ce point. Nous ne pouvons y suppléer, en ce qui concerne la multiplication des métiers, qu'à l'aide des dénombrements professionnels, mais il ne faut pas se dissimuler toutes les insuffisances de ces statistiques établies sur des déclarations volontaires.

### § 1er — Les professions

Le premier recensement direct de la population n'a eu lieu qu'en 1801; les premières indications relatives à la répartition professionnelle ne remontent qu'à 1851, et depuis lors elles n'ont pas fait de très grands progrès.

Le dénombrement effectué en 1886 nous donne les groupes suivants d'habitants des deux sexes et de tout âge que fait vivre chaque grande division professionnelle :

## Dénombrement professionnel en 1886

| | | Nombres absolus | 0/0 |
|---|---|---|---|
| | | — | — |
| Agriculture | | 17.698.402 | 47.82 |
| Industrie | | 9.289.206 | 25.17 |
| Commerce et banque | | 4.247.764 | 11.50 |
| Transports | | 1.020.721 | 2.76 |
| Propriétaires, capitalistes, rentiers, sans autre profession (6.21 0/0) | 2.295.966 | | |
| Administrations publiques, clergé séculier, instruction publique et magistrature (3 0/0)... | 1.107.854 | 4.101.226 | 11.09 |
| Professions religieuse, judiciaire, médicale, enseignement libre, sciences, lettres et arts (1.88 0/0) | 697.406 | | |
| **Force publique** | | 613.362 | 1.66 |
| Totaux | | 36.970.681 | 100 » |

*Observations.* — Le dénombrement de 1881 attribuait, sur 9,324,107 individus classés dans la population industrielle, 3,230,564 personnes (34.65 0/0) à la grande industrie, et 6,093,453 personnes (65.35 0/0) à la petite industrie.

J'ai réuni dans la même accolade les propriétaires et rentiers, les fonctionnaires et les membres des professions libérales, parce qu'il est rare que ces professions ne soient pas combinées ensemble; j'ai fait un groupe spécial de toutes les personnes qui sont rémunérées par l'État, le département ou la commune.

Le total ne comprend pas 960,078 individus sans profession ou sans aveu, non classés ou inconnus, la plupart improductifs, qui portent à 37,930,759 habitants la population totale de la France, sans l'Algérie ni les colonies.

On voit par ces résultats sommaires que la population de la France se divise en quatre groupes bien caractérisés : près de la moitié est agricole, un quart est industriel, un septième est commerçant ou transporteur, un dernier huitième comprend les professions capitalistes, libérales, administratives et militaires.

A chaque dénombrement, on constate quelque modification survenue dans cette répartition. En France, la population agricole est en décroissance continue : 57 0/0 en 1851, 53 0/0 en 1861 et en 1876, 50 0/0 en 1881, 47.82 0/0 en 1886.

D'un pays à un autre, les proportions sont encore plus variables. Voici quelques chiffres cités par M. de Laveleye[1] :

| Pays | Agriculture | Industrie | Commerce | Autres professions |
|---|---|---|---|---|
| Prusse[2] .......... | 54 | 30 | 6 | 10 |
| France (1876) ..... | 53 | 26 | 11 | 10 |
| Belgique.... ..... | 51 | 30 | 7 | 12 |
| États-Unis........ | 48 | 21 | 9 | 22 |
| Angleterre........ | 26 | 43 | 15 | 16 |

L'Angleterre est le seul pays où la population industrielle soit déjà parvenue à dépasser la population agricole.

Quand la faible proportion de la population agricole ne tient pas à la stérilité du sol, elle est l'indice d'un état social avancé. On peut y voir la preuve, en effet.

---

[1] *Eléments d'économie politique*, p. 116. Paris, 1882.

[2] D'après le recensement professionnel de la Prusse du 5 juin 1882 (*Economiste français* du 23 juin 1883), la répartition pour la Prusse serait la suivante : Agriculture, 40.06; mines, industrie, construction, 31.18; commerce et trafic, 7.78; services à gages et travaux journaliers, 2.38; armée, fonctions civiles, ecclésiastiques, professions libérales, 5.01; sans profession ou non déclarés, 6.02; domestiques, 7.57. — Le chiffre de l'agriculture, même en y faisant rentrer une partie proportionnelle des gens de service, sans profession et des domestiques, paraît beaucoup trop faible, étant donnée la situation économique de la Prusse. Cela tient évidemment à ce fait que l'on n'a calculé ces chiffres proportionnels que sur les titulaires des professions, sans tenir compte dans chaque groupe professionnel des familles des titulaires ni des personnes prétendues occupées aux soins du ménage, qui ont précisément en agriculture une importance particulière.

que la culture se fait avec moins de forces humaines, c'est-à-dire avec plus d'animaux et de machines. En Irlande, où le travail n'est pour ainsi dire pas diversifié, où l'agriculture est très arriérée et la misère excessive, la population agricole dépassait 60 0/0 il y a quelques années[1].

Dans le chiffre de l'industrie, le dénombrement de 1881 avait fait deux parts : un tiers environ (34.65 0/0) appartenait à la grande industrie, minière, usinière, manufacturière; les deux autres tiers (65.35 0/0) à la petite industrie qui comprend les arts et métiers. En appliquant ces mêmes proportions au dénombrement de 1886, on aurait 3,219,000 individus pour la grande industrie et 6,070,000 pour la petite.

Si l'on réunit ensemble la population agricole et la population de la grande industrie, on a un total d'environ 21 millions d'individus (56 à 57 0/0) qui représentent le groupe des producteurs occupés à la multiplication et à l'extraction des matières, et à leur grande élaboration. C'est ensuite le million de transporteurs (2 à 3 0/0) qui, sous les ordres du commerce en gros, s'empare des matières ou des produits préparés pour les transférer du lieu de production au lieu de consommation. Ce sont les 6 millions de petits industriels ou artisans (16 à 17 0/0) qui les confectionnent ou les achèvent, en les adaptant au besoin ou au goût des consommateurs. Ce sont enfin simultanément les 4 millions de commerçants, de tous rangs et de tous ordres (11 à 12 0/0), qui, en s'entremettant soit entre les cultivateurs ou extracteurs et les manufacturiers, soit entre les manufacturiers et les confectionneurs, soit entre

[1] Léonce de Lavergne, *Essai sur l'économie rurale de l'Angleterre, de l'Ecosse et de l'Irlande*, 3e édition, p. 95 et 179.

ceux-ci et les derniers acquéreurs, remplissent cette double fonction d'assurer, à la fois, aux producteurs l'écoulement de leurs produits, et aux consommateurs l'approvisionnement, l'assortiment, la distribution des denrées dont ils ont besoin.

Ainsi, l'agriculture exploite et multiplie les produits de la nature vivante; — l'industrie extractive tire du sol ou du sous-sol les matériaux inorganiques et les combustibles fossiles; — l'industrie usinière ou manufacturière prépare et transforme en produits secondaires les matières provenant de la culture et de l'extraction; — la petite industrie, ou les arts et métiers, achève les produits secondaires en les combinant et les confectionnant à l'usage de la consommation finale; — le commerce dirige le transport des produits, assure les approvisionnements de la consommation et, après les avoir achetés en masse sur un seul point, les répartit et les revend en détail sur tous les marchés [1].

Voilà les catégories professionnelles qui sont le plus directement occupées à la production des objets matériels. Les travailleurs des autres catégories, prêtres, instituteurs, artistes et savants, magistrats, avocats, médecins, fonctionnaires, ne fixent généralement pas leur travail sur un produit matériel, mais ils n'en rendent pas moins des services aussi utiles, aussi importants que les services des cultivateurs, des industriels et des commerçants.

Quant aux agents de la force publique, qu'il faut aussi considérer comme des producteurs, puisqu'ils fournissent la sécurité, je les ai classés dans une catégorie séparée pour montrer, par un simple chiffre, com-

[1] Je ne parle pas ici de la banque et de l'assurance, parce que le commerce des capitaux est une fonction très complexe dont l'explication trouvera sa place à propos du crédit.

bien grands ont été les progrès de notre civilisation depuis le temps où la population presque entière, du moins la partie libre de la population, pouvait se ranger dans la catégorie des gens de guerre ou des agents du pouvoir.

Aujourd'hui, la fraction de la population qui vit sous les armes (613,362 individus, y compris la famille des officiers, sous-officiers et gendarmes) est moins nombreuse que la population qui vit des professions ayant pour objet de cultiver les intelligences : prêtres, instituteurs, artistes et savants (627,863 personnes).

J'achève cet aperçu d'ensemble de la classification professionnelle de la population en donnant, en chiffres proportionnels, la subdivision plus complète des grandes catégories, mais je dois faire observer, au préalable, que les vingt-cinq groupes de l'industrie, du commerce et des transports qui figurent dans ce tableau, embrassent, suivant la statistique des patentes :

301 professions industrielles ;
31 professions de banque, haut négoce, assurance, etc.;
294 professions de commerce de gros et demi-gros ;
774 professions de commerce de détail ou d'artisans vendant leurs produits ;
558 professions d'artisans à façon et de menu détail.

1.958 professions au total [1].

[1] Voir le *Bulletin de statistique* du ministère des finances (octobre 1887).

## Répartition proportionnelle de 1,000 personnes, sans distinction d'âge ni de sexe

*Agriculture*

| | |
|---|---|
| Cultivateurs | 438 |
| Vignerons, jardiniers, maraîchers, bûcherons | 40 |
| Total | 478 |

*Industrie*

| | |
|---|---|
| Industrie textile (fils et tissus) | 41 1/2 |
| Industrie extractive (mines, carrières, salines) | 17 1/2 |
| Industrie métallurgique (production des métaux) | 8 1/2 |
| Fabrication d'objets en métal (machines, outils, tourneurs, forgerons, couteliers, etc.) | 24 1/2 |
| Industrie du cuir | 12 |
| Industrie du bois (navires, wagons, voitures, charrons, etc.) | 17 |
| Industrie céramique (verres, porcelaines, faïences, briques, tuiles, etc.) | 9 |
| Produits chimiques | 3 |
| Industrie du bâtiment | 40 |
| Industrie de l'éclairage | 3 |
| Industrie de l'ameublement | 10 |
| Industrie de l'habillement et de la toilette | 35 |
| Industrie de l'alimentation | 16 |
| Industries relatives aux sciences, lettres et arts (papetiers, imprimeurs, relieurs, etc.) | 6 1/2 |
| Industries de luxe (horlogers, bijoutiers, objets d'art, chasse, pêche, etc.) | 6 |
| Etablissements de l'Etat (tapis, porcelaines, poudres, tabacs, armes de guerre, etc.) | 2 1/2 |
| Total | 252 |

*Commerce et banque*

| | |
|---|---|
| Banquiers, agents de change, etc. | 4 |
| Négociants, commissionnaires, courtiers, etc. | 14 |
| Marchands au détail | 64 |
| Hôteliers, cafetiers, logeurs, cabaretiers | 33 |
| Total | 115 |

*Transports*

| | |
|---|---|
| Transports maritimes (cabotage, long cours, pêche, etc.) | 6 |
| Transports par canaux et rivières (mariniers, préposés, etc.) | 2 1/2 |
| Transports par routes; ponts et voirie | 5 1/2 |
| Transports par chemins de fer | 10 1/2 |
| Postes et télégraphes | 3 |
| Total | 27 1/2 |

*Fonctions publiques, force publique et professions libérales*

| | |
|---|---|
| Personnel des administrations publiques | 19 |
| Professeurs et instituteurs publics (facultés, lycées, collèges, écoles) | 7 |
| Clergé catholique séculier et autres cultes | 3 |
| Magistrats | 1 |
| Force publique | 16 1/2 |
| Personnes vivant sur des ressources budgétaires | 46 1/2 |
| Profession médicale | 4 1/2 |
| Avocats, officiers ministériels, agents d'affaires | 4 1/2 |
| Artistes, ingénieurs, savants, littérateurs | 4 |
| Professeurs et instituteurs privés | 3 |
| Communautés religieuses | 3 |
| Total | 65 1/2 |
| *Personnes vivant exclusivement de leurs revenus* | 62 |

RÉCAPITULATION

| | | | |
|---|---|---|---|
| Personnes dont le travail se fixe sur des objets matériels et fournit des *produits* | Agriculture | 478 | 872 1/2 |
| | Industrie | 252 | |
| | Commerce | 115 | |
| | Transports | 27 1/2 | |
| Personnes dont le travail ne se fixe pas sur des objets matériels et ne fournit que des *services* | Fonctions publiques | 30 | 65 1/2 |
| | Force publique | 16 1/2 | |
| | Professions libérales | 19 | |
| Personnes qui participent à la production par la bonne gestion de leurs capitaux ou qui recueillent le fruit de leur participation antérieure | | | 62 |
| Total général | | | 1.000 |

## § 2 — Les conditions sociales

Le tableau que je viens de donner présente la répartition, dans les différentes branches de l'activité nationale, de la population brute, sans aucune distinction d'âge ni de sexe; c'est plutôt, à vrai dire, le tableau des personnes vivant de chaque profession que des producteurs proprement dits.

Pour dégager ceux-ci approximativement, il faut savoir que les enfants de 0 à 15 ans, qui ne travaillent pour ainsi dire pas, sont dans la proportion de 27 0/0 (un peu plus du quart de la population). Les vieillards de 60 ans et au-dessus, qui ne travaillent plus beaucoup, sont dans la proportion de 12.1 0/0 (un peu moins d'un huitième de la population). Il reste pour la population active, la catégorie des adultes de 15 à 60 ans, qui est dans la proportion de 60.9 0/0 (environ les trois cinquièmes de la population). Cette partie active de la population se répartit comme suit :

8.109.103 chefs d'exploitation, patrons ou travailleurs indépendants, dont 2 094 574 femmes ;
964.032 employés et commis, dont 253.364 femmes ;
6.774.590 ouvriers et journaliers, dont 2.581.746 femmes ;
1.950.208 domestiques attachés à la personne, dont 1.267.066 femmes ;
4.717.211 ménagères (hypothèse), femmes de patrons, d'employés, d'ouvriers, non occupées à d'autres fonctions.

22.515.144, total égal aux 60.9 0/0 de la population classée.

Ces chiffres fournissent à peu près les proportions suivantes :

| | |
|---|---|
| Chefs d'exploitation ou travailleurs indépendants | 36 0/0 |
| Employés | 4 |
| Ouvriers | 30 |
| Domestiques et ménagères | 30 |

Ainsi, les deux cinquièmes de la population adulte dirigent et administrent le travail, tout en prenant souvent part eux-mêmes à l'ouvrage; la moitié du surplus (3/10es) travaille manuellement sans responsabilité commerciale; l'autre moitié (3/10es), principalement composée de femmes, s'occupe du ménage, des enfants, des vieillards, et représente la division du travail dans le sein de la famille.

Il semble que la grande proportion des chefs d'exploitation ou des travailleurs indépendants accuse encore une certaine infériorité dans la division du travail, qui a presque toujours pour corollaires la concentration des entreprises et le groupement des travailleurs. Mais, sans nous préoccuper des progrès à réaliser dans l'avenir, si nous ne considérons que les progrès déjà accomplis, nous devons reconnaître que l'abondance dont nous jouissons actuellement, tant en produits consommables qu'en services utiles ou agréables, tient à cette division actuelle du travail en fonctions de direction, en fonctions administratives, en fonctions actives et en fonctions domestiques.

Abstraction faite du degré d'aptitude individuelle, il y a donc une sorte d'égalité entre tous ces concours. La femme qui, en s'occupant de son ménage, procure à l'homme l'entière disponibilité de son temps et de sa force, qui double peut-être sa faculté de travail industriel, doit être considérée comme ayant une part égale à celle de l'homme dans la production. De même l'employé, qui fait en quelque sorte le ménage du producteur, en tenant ses livres, en écrivant sa correspondance, en opérant ses recouvrements et ses payements, et qui laisse au travailleur l'entier usage de son temps et de son travail, doit être considéré comme ayant dans la production une part proportionnelle au surcroît d'efficacité qu'il procure au travail de l'ouvrier.

Enfin, le directeur d'un établissement industriel, ou plus simplement le patron, qui donne à tous l'impulsion, qui évite aux uns comme aux autres, aux employés comme aux ouvriers, les tâtonnements, les hésitations, les pertes de temps, les erreurs, les efforts inutiles ou improductifs, etc., est l'homme qui, proportion gardée, a la plus grande part dans la production, bien qu'il ne mette pas toujours la main à l'ouvrage ou même qu'il noircisse moins de papier qu'un expéditionnaire. Tout travail doit se mesurer à son influence sur le résultat final. S'il y a trop de domestiques, trop d'employés, trop de directeurs pour un nombre donné d'ouvriers, il y a surcharge de fonctions auxiliaires et parasitisme de fonctionnaires ; de même que, s'il y avait trop d'ouvriers et pas assez de directeurs et d'employés, voire de domestiques, la production en souffrirait aussi bien.

Dans chaque espèce, il y a lieu d'apprécier si l'organisation du travail est bonne ou mauvaise, mais on ne peut pas dire qu'une catégorie quelconque de travailleurs soit inutile ou improductive. On ne peut pas classer absolument les domestiques, les employés, les soldats, les intermédiaires, les gens des professions libérales parmi les improductifs, sous prétexte que leur travail ne se traduit pas immédiatement en un produit matériel. Ils ont tous, au contraire, leur participation dans ce produit; il n'y a d'improductifs parmi eux que ceux qui sont surabondants.

# CHAPITRE V

## LA PRODUCTION (Suite)

### L'IMPORTANCE DU CAPITAL EN RAPPORT AVEC L'ÉTAT DIVISIONNAIRE DU TRAVAIL

Etant donné l'état divisionnaire du travail en France, il faut maintenant rechercher qu'elle est l'importance du capital exigé par cette organisation.

Mais auparavant il est nécessaire de fixer la valeur de ce mot « capital », qui revient à chaque instant dans la discussion.

### § 1er — Définition du capital

Il ne faut pas confondre le capital avec les espèces monétaires, comme on le fait fréquemment dans le discours usuel ; nous allons voir que la monnaie qui sert, dans la pratique, à mesurer le capital, n'en est pourtant qu'un élément très partiel. Le capital doit s'entendre de toutes les richesses concentrées entre les mains des producteurs et d'une manière quelconque utilisées par eux dans la production. C'est aux comptables qu'il faut demander la vraie définition du capital.

Les bilans qu'ils établissent peuvent se ramener en général à cette forme :

| ACTIF | PASSIF |
| --- | --- |
| 1. Encaisse. | 1. Capital propre. |
| 2. Créances ou valeurs à recevoir. | 2. Sommes dues à des tiers. |
| 3. Marchandises à vendre, en magasin. | 3. Bénéfices réalisés. |
| 4. Approvisionnements de matières, de combustibles et de fournitures diverses, nécessaires à la fabrication. | |
| 5. Matières en cours d'élaboration. | |
| 6. Salaires, appointements et frais généraux déjà payés. | |
| 7. Machines, bêtes de trait, matériel, mobilier. | |
| 8. Frais d'établissement ou d'installation, brevets, fonds de commerce, etc. | |
| 9. Terrains et constructions. | |

Les trois catégories de comptes figurant au passif marquent la *provenance* du capital : soit qu'il appartienne en propre à l'industriel et à ses associés, soit qu'il résulte du crédit consenti par des tiers, soit qu'il provienne de bénéfices laissés par les opérations antéreurs.

Le total de ce capital, puisé aux trois sources que je viens de dire, a pour contre-partie exacte le total de l'actif, qui indique *l'utilisation* du capital. On voit, par l'énumération figurant au tableau, combien les emplois en sont variés, et comme l'encaisse, ou la somme des espèces monétaires, entre pour peu de chose dans l'ensemble des réalités composant le capital effectif.

Pour nous débarrasser tout de suite de ces questions de terminologie, j'ajouterai que l'on distingue plusieurs sortes de capitaux.

En premier lieu, il y a ceux dont l'utilité s'épuise intégralement, à bref délai, parce qu'ils se transforment ou s'échangent à chaque opération; ce sont les *capitaux circulants*: monnaie, valeurs à recouvrer, marchandises en magasin, approvisionnements, matières en cours d'élaboration, salaires, etc. (nos 1 à 6 de l'actif). On ne peut évidemment utiliser la monnaie que pour un achat; une marchandise en magasin, que pour une vente; une matière première, que pour l'élaborer et en fabriquer un produit. Chacune de ces réalités se transforme, à chaque opération productive, en une autre réalité.

En second lieu, toutes les valeurs, tous les objets dont l'utilité ne s'épuise que successivement, et qui ne se transforment ni ne s'échangent dans les opérations productives, composent les *capitaux fixes*. Les capitaux fixes se distinguent, à leur tour, en capitaux mobiliers: machines, bêtes de somme, matériel et mobilier, frais d'établissement et divers (nos 7 et 8); et en capitaux immobiliers: terrains et constructions.

Du temps d'Aristote, on aurait fait figurer les esclaves, au même titre que les bêtes de somme, parmi les capitaux fixes mobiliers. Aujourd'hui qu'il n'y a plus d'esclaves, les travailleurs n'entrent pas dans l'inventaire du capital de chaque industriel; mais les dépenses incorporées dans la personne des travailleurs, à l'occasion de leur élevage et de leur apprentissage, n'en constituent pas moins des capitaux dont ils sont eux-mêmes les propriétaires et dont ils doivent soigner l'administration. Ces capitaux, fort importants, forment une quatrième catégorie qu'on peut désigner sous le nom de *capitaux personnels*; ils se distinguent, en effet, des autres capitaux fixes en ce qu'ils sont à la fois matériellement très mobiles et moralement très difficiles à déplacer. Par leurs attaches morales et leurs habitudes. les hommes, qui sont les plus libres des animaux, semblent cependant enracinés comme des arbres.

Ceci expliqué, nous avons maintenant à examiner quel est approximativement le capital afférent à chacun des groupes professionnels que nous a révélés le dénombrement.

## § 2 — Le capital dans l'agriculture

L'agriculture, avons-nous vu, est la branche de la production la plus considérable, mais, sous ce titre générique, il faut distinguer au moins trois séries d'exploitations différentes :

1° L'agriculture proprement dite, qui a pour objet principal la culture des céréales et des plantes industrielles, et l'élevage des bestiaux ;

2° La viticulture, l'horticulture, les cultures arborescentes et maraîchères ;

3° L'exploitation des bois et forêts.

Je me bornerai ici, faute de renseignements suffisants, à évaluer le capital de l'agriculture proprement dite qui occupe la plus grande partie du territoire, environ 32 millions d'hectares sur 50 millions et demi [1].

La valeur de ces 32 millions d'hectares et du capital d'exploitation y afférent peut s'établir à peu près comme suit :

---

[1] La superficie totale de la France, en y comprenant 2,296,483 hectares de territoire non agricole, est de 52,857,199 hectares.

### Estimation du capital agricole

| | Pour l'ensemble | Soit pour 100 hectares[1]. |
|---|---|---|
| | — | — |
| Fonds de terre........ | 57 milliards | 177.000 francs |
| Bâtiments............ | 8 — | 26.000 — |
| Bêtes de trait......... | 2 — | 6.200 — |
| Bétail................. | 3 — | 9.600 — |
| Matériel, mobilier, approvisionnements et avances de culture... | 4 — | 13.200 — |
| Totaux..... | 74 milliards | 232.000 francs |

En estimant à 12 personnes le personnel actif nécessaire à l'exploitation de 100 hectares, cela représente un capital de 19,000 francs par travailleur ou d'environ 7,000 francs par individu de tout âge que fait vivre l'agriculture. Ce chiffre paraîtra considérable; il est cependant très faible.

Quand le propriétaire du fonds de terre fait valoir directement ou par colon partiaire son domaine, il doit posséder la totalité de ce capital. Quant il afferme sa terre, le capital se trouve réparti entre deux possesseurs : le propriétaire de 100 hectares a pour son compte le capital fixe immobilier s'élevant à 203,000 francs ; le fermier apporte un capital d'exploitation (capital fixe mobilier et capital circulant) d'environ 29,000 francs. Quelquefois une partie de ce capital d'exploitation est fournie au fermier par le propriétaire sous le nom de cheptel.

Le loyer ou fermage du capital immobilier est en général calculé sur un taux assez faible, 2 1/2 à 3 1/4 0/0.

[1] Je m'en réfère pour ces chiffres à mon étude : *Une ferme de 100 hectares* d'après les données moyennes de l'Enquête agricole de 1882, insérée dans le *Journal de la Société de statistique de Paris* (août 1888).

Il représenterait, pour le fonds de terre et les bâtiments de l'agriculture proprement dite, de 1,800 millions à 2 milliards, soit de 5,500 à 6,000 francs pour 100 hectares. En sorte que le capital d'exploitation ne dépasserait guère en France *cinq fois* le montant du fermage, ce qui est une proportion insuffisante : on estime que l'importance du capital d'exploitation doit s'élever à *dix fois* le fermage pour être satisfaisante.

En définitive, les chiffres que je viens de citer, d'après la moyenne de la France, sont relativement peu élevés. Ils correspondent à un rendement moyen de 14 à 15 hectolitres de froment à l'hectare, et à une existence maxima de 200 kilos de poids vif de bétail, également par hectare, tandis que l'Angleterre obtient jusqu'à 36 hectolitres à l'hectare et réalise l'idéal de la culture qui est d'entretenir un poids vif de 500 kilos de bétail par hectare [1].

Il ne faut donc pas se dissimuler que notre agricul-

[1] Je ne résiste pas à la tentation de citer quelques chiffres d'une excellente étude du savant et regretté docteur Broch, ancien ministre de Norvège, sur la « Crise agricole en Europe » (*Journal de la Société de statistique de Paris*, janvier 1885), où il démontrait la corrélation entre le rendement par hectare en céréales et l'existence du bétail par rapport à la surface cultivée exigeant une fumure.

| Pays | Rendement en froment (hectolitres) | Bétail par hectare de terre à fumer (Têtes de gros bétail ou équivalents) |
|---|---|---|
| Angleterre seule | 36.0 | » |
| Grande-Bretagne et Irlande | 31.6 | 2.66 |
| Danemark | 22.1 | 1.84 |
| Belgique | 21.5 | 1.55 |
| Pays-Bas | 20.4 | 2.05 |
| Suède | 18.0 | 1.50 |
| Allemagne | 17.0 | 1.44 |
| France | 14.3 | 1.11 |
| Italie | 10.8 | 0.78 |

ture est assez arriérée. Tout le problème du perfectionnement agricole consiste à augmenter les rendements pour répartir les frais de culture, les frais généraux, le loyer des impôts sur un plus grand nombre de produits, de manière à en réduire le prix de revient. C'est ce qu'on nomme la culture intensive.

Mais, pour faire rendre à la terre un plus grand produit, il faut l'ensemencer de semences choisies, il faut la débarrasser par des travaux multipliés de toutes les mauvaises herbes, il faut l'alimenter à l'aide de fumiers abondants et d'engrais artificiels appropriés. Pour exécuter ces travaux et pour obtenir ces fumures, il faut nourrir beaucoup de bestiaux et d'animaux de trait. Pour entretenir ce bétail nombreux, on ne peut plus se contenter des jachères et de la vaine pâture, il faut se livrer à la culture fourragère sur une partie de la ferme, il faut drainer ou irriguer les prés. Pour loger les animaux, il y a nécessité de construire des bâtiments spéciaux. Toutes ces conditions nouvelles se résument en une augmentation du capital à engager dans l'exploitation.

Cette intervention plus puissante du capital dans la culture a deux résultats : d'abord, l'augmentation du produit, dont je viens de parler; ensuite, la régularisation du produit, dont il importe de dire quelques mots.

On est facilement étonné de la disproportion apparente qui existe entre l'augmentation du capital engagé et l'accroissement du produit qu'il procure : le capital augmente beaucoup plus vite que le produit, et le taux du rendement s'abaisse de plus en plus.

Pour prendre un exemple familier, il est certain que la bêche et la pioche sont, de tous les instruments aratoires, ceux qui ont réalisé le plus grand progrès et qui, pour une première mise de fonds presque insignifiante, ont procuré le profit le plus considérable. La charrue, qui s'est substituée à la bêche ou à la houe, semble représenter un progrès beaucoup moindre. En effet, le labour d'un hectare à la houe coûte 120 ou 140 francs; le labour à la charrue ne revient qu'à 35 ou 40 francs; mais, au lieu d'un instrument qui vaut 5 francs, la charrue exige une mise de fonds de 1,800 à 2,000 francs (charrue, 150 à 180 francs; deux chevaux, 1,200 francs; harnais, 300 francs, etc.) Ainsi, l'économie du travail paraît moindre que l'augmentation du capital n'est forte.

L'avantage est là cependant très considérable; il est encore bien plus grand qu'on ne l'aperçoit. Le laboureur, muni de son outillage perfectionné, fait sa besogne vingt-cinq fois plus vite que l'homme à la pioche ou à la houe : il laboure, par jour, un demi hectare, un arpent, tandis qu'un homme ne pioche tout au plus que 175 à 200 mètres carrés (2 ares)

Cette rapidité du travail, qui s'acquiert par la charrue, qui s'acquiert aussi par la machine à semer, à biner, à moissonner, à faucher, à rateler, est précieuse en agriculture, parce qu'elle permet d'échapper en partie aux intempéries de la saison, et de faire au moment opportun des opérations que l'état du temps pouvait autrefois compromettre absolument. Un labour, un ensemencement, un hersage, un roulage, un binage, une fauchaison, accomplis à l'instant favorable, décident souvent de la récolte. C'est pourquoi le riche fermier, qui dispose de beaucoup de bras, de chevaux et de machines, est bien plus sûr de ses résultats que le petit cultivateur, trop souvent condamné à opérer à contretemps, dans des conditions désavantageuses. C'est pourquoi la grande culture est si supérieure à la petite culture. Les grandes exploitations se servent déjà de toutes les machines perfectionnées à traction de chevaux, elles y substitueront peut-être un jour la vapeur, moins pour économiser la dépense que pour faire en une journée ce qui en demande encore cinq ou six.

Je me suis arrêté avec quelque détail sur l'agriculture, d'abord parce que c'est la principale branche de production de notre pays, mais aussi parce que, une fois compris le mécanisme de la production et l'influence du capital sur le travail, dans cette industrie très complexe, il devient facile d'appliquer les mêmes principes à toutes les autres industries.

### § 3 — Le capital dans l'industrie, le commerce et le transport

L'industrie minière, usinière, manufacturière, est à la fois plus simple et plus diversifiée, et elle échappe encore plus que l'agriculture aux investigations de la statistique. Nous ne rencontrerons donc, là encore, que des approximations.

Une enquête industrielle effectuée en 1861-1865, et publiée en 1873, permettait au statisticien officiel d'évaluer le chiffre d'affaires de l'industrie en France à 12 milliards de francs et de signaler l'emploi de forces mécaniques d'une puissance de 650,000 chevaux-vapeur (y compris les moteurs à eau et à vent pour environ 340,000 chevaux). A cette époque, la moyenne de l'exportation de nos produits fabriqués s'élevait à 1,482 millions de francs (1861-1865).

Depuis lors, nous avons perdu l'Alsace et la Lorraine; néanmoins, l'exportation des produits fabriqués s'est élevée en moyenne à 1,787 millions (1881-1885), en augmentation de 20 0/0 après cette période de vingt années; et nos moteurs mécaniques se sont élevés à environ 970,000 chevaux-vapeur (si l'on compte toujours pour 340,000 chevaux les moteurs à eau et à vent).

D'après ces indices, notre production industrielle semblerait s'être accrue du cinquième au minimum, de la moitié au maximum. Il paraîtra modéré d'évaluer actuellement son chiffre d'affaires à 16 milliards.

Suivant des observations assez nombreuses recueillies dans l'enquête de 1861-1869, l'auteur de la statistique croyait pouvoir décomposer ainsi qu'il suit le prix de revient moyen des produits de la fabrication française; j'applique ses coefficients à mon hypothèse d'un chiffre d'affaires industrielles de 16 milliards.

**Le prix de revient de la fabrication française**

| | Pour 100 francs de produits fabriqués | Soit sur un chiffre de 16 milliards |
|---|---|---|
| Intérêt du capital immobilisé (immeubles et machines)............ | 3 | 480 millions |
| Main-d'œuvre...... ............... | 15 | 2.400 — |
| Matières premières............... | 55 | 8.800 — |
| Combustible....................... | 7 | 1.120 — |
| Frais d'administration, impôts, assurances, etc........ .......... | 20 | 3.200 — |
| Totaux...... .. | 100 | 16.000 millions |

Certains de ces coefficients sont évidemment sujets à révision, notamment celui du combustible, puisque nous savons que le maximum de la consommation n'a pas dépassé jusqu'ici 682 millions, chiffre de 1883. Il est probable également, vu le développement des appareils mécaniques, que le coefficient attribué en 1865 à l'intérêt du capital immobilisé serait aujourd'hui trop faible. Nous voyons néanmoins qu'un chiffre d'affaires industrielles de 16 milliards implique très certainement un capital fixe d'au moins 10 milliards et, en outre, un capital circulant de 4 ou 5 milliards, qui, renou-

ou quatre fois par an, doit faire face aux
atières et de combustibles, et aux avances
et de frais généraux.

industriel d'une quinzaine de milliards re-
environ 3,500 francs par individu, homme
employé activement dans l'industrie, comme
mis ou ouvrier, soit environ 1,600 francs
e tout âge de la population subsistant des
l'industrie.

lustrie à une autre, on le comprend bien, la
des diverses parties du capital, le taux du
la décomposition du coût de la production,
rmément; mais, dans l'industrie comme
ure, nous voyons toujours l'avantage qu'il
le la production intensive. Sans doute, pour
tion double, il faut deux fois plus de ma-
il ne faut pas toujours deux fois plus de
es et de main-d'œuvre; le loyer des terrains
nents, l'intérêt et l'amortissement des ma-
frais d'administration, restent constants ou
sent pas dans la même proportion que les
n sorte que cette partie des frais, toujours
le, peut se répartir sur un plus grand nom-
uits, ce qui réduit d'autant leur prix de re-
utre, toute augmentation de production per-
is grande division du travail, par conséquent
tion meilleure et plus rapide.

ommerce, le capital, tout en étant considé-
mplifie. Nous ne trouvons pas d'autre capi-
les entrepôts, les magasins et leurs agence-
plus grosse partie du capital circule et sup-
lque sorte à l'insuffisance du capital circu-
dustrie; à moins que ce ne soit l'inverse qui
quelquefois, et que le riche industriel, par

le crédit qu'il consent au commerçant, ne lui fournisse le fonds de roulement dont il a besoin.

Nous ne pouvons risquer aucune évaluation sur le capital du commerce[1], mais il faut observer que, si ce capital paraît si réduit, si mobile, si simplifié, cela tient à ce que son véritable capital fixe et mobilier se trouve concentré dans l'industrie des transports, laquelle n'est, en quelque sorte, qu'un dédoublement du commerce.

Or, l'industrie des transports représente un énorme capital, presque entièrement fixe.

Elle a quatre branches principales : la navigation maritime, la batellerie fluviale, le roulage, les chemins de fer, auxquelles on peut joindre, comme annexes, les postes et télégraphes.

Ces quatre ou cinq branches réunissent les divers genres de capitaux suivants:

**Industrie des transports**

| | CAPITAL | | |
|---|---|---|---|
| | Immobilier | Mobilier | Circulant |
| *Marine* | Phares.<br>Balisage.<br>Ports. | Navires.<br>Remorqueurs | Salaires.<br>Approvisionnements.<br>Combustibles.<br>Fourrages. |
| *Batellerie* | Canaux.<br>Rivières.<br>Quais. | Bateaux.<br>Toueurs. | |
| *Roulage* | Routes.<br>Ponts.<br>Docks. | Voitures.<br>Chevaux. | |
| *Chemins de fer* | Voies ferrées<br>Gares, stations. | Wagons.<br>Locomotives. | |
| *Postes et Télégraphes* | Câbles, lignes<br>Hôtels. | Voitures.<br>Appareils. | |

[1] Il paraît cependant ne pas devoir être inférieur à l'ensemble des approvisionnements du pays, c'est-à-dire probablement

Une partie de ces capitaux appartient à l'Etat, une partie à l'industrie des transports, une partie au commerce, ce qui, en l'état actuel de la statistique, les rend difficiles à chiffrer; mais les voies ferrées ont coûté 12,725 millions d'établissement, les routes et ponts représentent plus de 5 milliards, les canaux et rivières près de 1 milliard et demi; nous arrivons ainsi à une vingtaine de milliards, rien que pour une partie du capital immobilier et du matériel fixe.

C'est dans les chemins de fer que l'importance du capital est la plus grande. La moyenne générale, en 1885, du coût d'établissement des 30,464 kilomètres de lignes en exploitation et de leurs gares, était de 417,712 fr. par kilomètre, 430,000 francs pour les lignes des grandes Compagnies. En joignant à ce dernier chiffre, pour le matériel roulant, le mobilier des gares et l'outillage des ateliers, un complément de 50 à 60,000 fr., on arrive, sur les grandes lignes, à un capital kilométrique de 480,000 à 490,000 fr. Telle est la valeur de l'instrument perfectionné qui permet au transporteur par chemin de fer de rendre trois ou quatre mille fois plus de services que le simple manœuvre ou l'antique porte-balle.

Comme on compte en moyenne un personnel de huit employés ou ouvriers par kilomètre de chemin de fer exploité, le quotient du capital est dans cette industrie d'environ 60,000 francs par travailleur.

### § 4 — Le capital dans les professions libérales, les fonctions publiques, la force publique

Nous arrivons maintenant aux professions libérales et aux fonctions publiques. Bien que les membres de

---

à au moins une demi-année de la production totale : soit 10 à 12 milliards.

ces professions ne fournissent que des services et point de produits, il ne leur en faut pas moins un capital, qu'ils possèdent par eux-mêmes, qu'ils louent à des propriétaires, ou dont ils jouissent par concession gratuite. Ce capital est en grande partie immobilier : le prêtre et le pasteur ont besoin d'une église ou d'un temple ; les magistrats et les fonctionnaires, de tribunaux, de bâtiments civils, de prisons, de bagnes ; les médecins, d'hôpitaux, d'amphithéâtres ; les professeurs et les savants, d'écoles, de bibliothèques et de laboratoires ; les artistes, de musées, de théâtres ; tous, de locaux d'habitation. Le capital mobilier est plus restreint : il comprend les livres, les collections, les instruments et appareils, mais point de machines à proprement parler. Quant au capital circulant, il est nul, puisqu'il n'y a point d'élaboration de produit ; on ne peut appeler capital circulant le fonds de consommation personnelle qui sert à l'entretien de la machine humaine.

La plus grande partie du capital fixe des professions libérales appartient à l'Etat, aux départements et aux communes ; elle fait partie du capital public. Quant au capital privé des membres de ces professions, il est peu considérable en dehors de la valeur personnelle des individus.

La force publique, armée et marine, qui, elle aussi, n'aboutit qu'à la production d'un service, la sécurité, a une constitution très distincte des professions libérales ou administratives. Elle fonctionne absolument comme une industrie, et exige des capitaux fixes, mobiliers et circulants considérables : fortifications, terrains militaires, casernes, ports et arsenaux de la marine, navires de guerre et de transport, artillerie, équipages, chevaux, armes et ustensiles, vêtements, équipements, munitions de guerre, approvisionnements, etc.

Ce capital militaire n'a été, que je sache, l'objet d'aucun inventaire rendu public. On peut observer néanmoins que nos dépenses pour la reconstitution ou l'amélioration de notre matériel de guerre ou de nos fortifications depuis 1871, se sont élevées à environ 2 milliards et demi (fin 1888); en supposant que pareille valeur subsistât après les terribles épreuves de 1870-1871, on arriverait à un maximum de 5 milliards. Cette hypothèse suffit à démontrer que le capital militaire, qui, à l'origine de toute société, était pour ainsi dire le seul capital existant, est devenu, par le fait de la civilisation croissante, le plus faible de tous les éléments de la fortune nationale. A aucune époque cependant, il n'a été consacré une somme aussi considérable pour l'entretien de la force militaire, mais à aucune époque non plus la dépense des établissements militaires et des armées ne s'est trouvée dans une proportion si minime avec l'ensemble du capital national. Que faut-il en conclure? Que la fonction militaire tend à décroître? Non; mais qu'elle croît incomparablement moins vite que les autres. La puissance militaire a été longtemps un but positif de l'activité sociale; elle tend de plus en plus aujourd'hui à n'être qu'un moyen, un organe de sécurité, d'expansion commerciale, de justice internationale. Pour tout dire, en un mot, elle se subordonne aux intérêts généraux de la nation; elle a cessé de faire l'objet d'une passion dominante qu'on voulait satisfaire pour elle-même et à qui l'on sacrifiait le plus clair de ses ressources. L'humanité s'épure avec l'âge; la force se met au service de la richesse, en attendant que l'une et l'autre ne soient plus, si c'est possible, que les auxiliaires du droit et du bien.

### § 5 — L'évaluation du capital national

Si, à ces éléments principaux de la fortune nationale, nous joignons le capital domestique et privé qui comprend :

D'une part, les locaux d'habitation non imputables à l'agriculture, à l'industrie et au commerce;

D'autre part, les meubles, les effets personnels, les provisions de ménage et la réserve monétaire de chaque famille;

Et enfin, les valeurs étrangères possédées par les capitalistes de tout rang;

Nous arrivons, non pas à un inventaire exact et complet du capital national, mais à une approximation suffisante pour asseoir nos raisonnements économiques.

En voici le relevé approximatif :

**Evaluation du capital national**

| | | |
|---|---|---|
| *Propriété non bâtie :* | | |
| 1° Afférente à l'agriculture proprement dite. | 57 | milliards |
| 2° Afférente à la viticulture, aux cultures arborescentes et maraîchères, au jardinage, aux bois et forêts, aux étangs, aux canaux et chemins de fer, aux cours et à la propriété bâtie, dont le sol est assimilé par le cadastre à une terre labourable de première qualité. . | 34 | — |
| *Bâtiments d'exploitation rurale* de l'agriculture proprement dite.................... | 8 | — |
| *Capital mobilier agricole :* chevaux, bétail, avances de culture.................... | 9 à 10 | — |
| *Capital fixe de l'industrie* (10 milliards) et des transports autres que les chemins de fer (2 milliards) [hypothèses]................ | 12 | — |
| *Capital circulant de l'industrie et du commerce :* une demi-année environ de la production agricole et industrielle, formant l'emploi des capitaux circulants des industriels des commerçants et des escompteurs [hypothèse] .................................... | 10 à 12 | — |
| *A reporter* .................. | 133 | milliards |

| | |
|---|---|
| *Report* | 133 milliards |
| *Propriété bâtie* (maisons d'habitation) : | |
| 1° Afférente au commerce et en partie à l'industrie : 900 millions de valeurs locatives nettes des patentés, à 4 0/0 : 22 1/2 milliards ; soit, après déduction des valeurs déjà comptées dans le capital fixe de l'industrie, environ.... | 20 — |
| 2° Afférente aux particuliers et aux cultivateurs : 900 millions de valeurs locatives nettes, à 4 0/0 : 22 1/2 milliards ; soit, après déduction des valeurs déjà comptées dans les bâtiments d'exploitation de l'agriculture, environ....... | 20 — |
| *Chemins de fer* | 13 — |
| *Capital public* (routes, canaux, ports, bâtiments civils, édifices) | 10 — |
| *Capital militaire* et naval | 5 — |
| *Meubles*, effets personnels, réserves monétaires, provisions de ménage / *Valeurs étrangères* | 15 — |
| TOTAL APPROXIMATIF | 216 milliards |

OBSERVATIONS

*Propriété non bâtie*. L'évaluation de 1879-1881 donne un chiffre total de 91 1/2 milliards, sur lequel on ne peut attribuer à l'agriculture proprement dite que 57 milliards.

*Bâtiments d'exploitation rurale*. Je donne mon évaluation, mais je crois savoir qu'elle dépasse celle à laquelle va aboutir l'évaluation de la propriété bâtie et qui sera probablement de 5 1/2 à 6 milliards. Cela tient à ce que j'ai compris dans mon chiffre les bâtiments d'habitation des cultivateurs, que la direction des contributions directes a relevés à part.

*Propriété bâtie*. L'œuvre si remarquable, et qui touche à sa fin, de l'évaluation de la propriété bâtie, poursuivie par l'éminent directeur général des contributions directes, M. Boutin, paraît devoir aboutir, pour les maisons d'habitation seulement, à une valeur locative nette (déduction faite du quart du revenu brut pour entretien et non-valeurs) de 500 millions à Paris et de 1,300 millions dans les départements. Sur ces 1,800 millions de valeurs locatives des maisons, la statistique générale des patentes (*Bulletin de statistique* du ministère des finances, octobre 1887) attribue 900 millions aux patentés ; il resterait donc 900 millions pour les particuliers et les cultivateurs. Le taux de capitalisation des loyers est inférieur pour toute la France à 4 0/0 ; j'ai adopté le taux de 4 0/0 pour ne pas exagérer la valeur vénale de la propriété bâtie,

*Total du capital national.* En multipliant le chiffre annuel des mutations par décès et des donations entre vifs (en moyenne 6 1/2 milliards) par la durée moyenne de la survie d'une génération (33 ans), on obtient à peu près le même chiffre pour la fortune générale (214 1/2 milliards); ce n'est là qu'une coïncidence actuelle. L'annuité successorale comprend beaucoup de valeurs mobilières, et notamment des titres de rentes, qui ne représentent pas nécessairement un capital effectif exactement équivalent. Plus on emprunte, par exemple, pour couvrir des pertes nationales, plus le chiffre des rentes augmente et grossit l'annuité successorale. En est-on plus riche pour cela? Tout au contraire, on l'est moins; le pays s'est appauvri des sommes dépensées pour couvrir les déficits budgétaires et subvenir aux dépenses improductives. Je crois donc qu'il faut s'attacher aux évaluations directes du capital réel; mais l'observation des annuités successorales est précieuse pour constater les variations annuelles, et en quelque sorte morales, de la richesse.

Quelle que soit l'importance de ce capital matériel, il n'est pas le seul. A tout instrument perfectionné correspond aussi un personnel perfectionné. Le moindre ouvrier des chemins de fer sait lire, écrire et calculer; il connaît le règlement de l'exploitation, il a reçu une instruction spéciale, il a subi un entraînement particulier, il a acquis enfin une aptitude professionnelle dont le coût représente, soit qu'il l'ait déboursé lui-même, soit qu'on l'ait déboursé pour lui, un véritable capital. Cette valeur qui lui est incorporée, qui disparaît avec lui s'il meurt avant de l'avoir amortie par son épargne, mais que certaines compagnies d'assurances garantissent contre la mort ou les accidents, jusqu'à concurrence de 600 à 800 fois le salaire par tête d'ouvrier, représente un minimum de 3 à 4,000 francs. Il va sans dire, d'ailleurs, que le capital personnel est d'autant plus considérable que la fonction remplie par l'individu est plus importante. Ainsi, d'après une évaluation faite à la Société des ingénieurs civils, un ingénieur des ponts et chaussées, à sa sortie de l'Ecole, se trouve avoir coûté à l'État 20,000 francs, et un ingénieur des mines 60,000 francs, non compris, bien entendu, les dépenses des familles.

Pour être exact dans notre énumération des capitaux, il nous faudrait donc ajouter au capital matériel évalué plus haut la somme des capitaux personnels représentant la valeur de l'éducation et des talents acquis des 23 millions de Français adultes, hommes et femmes. Nous arriverions probablement alors à un chiffre total de 280 à 300 milliards, avec un accroissement annuel de 0.25 à 0.30 0/0 pour le capital personnel, et de 0.75 à 1 0/0 pour le capital matériel.

Sur ces données, nous dirons, en terminant, que, pour préparer l'existence actuelle d'un Français ou d'une Française de tout âge, il a fallu l'accumulation préalable, sous une forme ou sous une autre, d'un capital moyen de 7 ou 8,000 francs par tête, ce qui revient à dire qu'un ménage de quatre personnes, représentant le minimum de la famille qui se perpétue, ne peut vivre dans les conditions présentes qu'à la faveur d'un capital matériel ou personnel d'une trentaine de mille francs.

Il est clair que tout ménage ne possède pas un patrimoine de 22 ou 23,000 francs, et une valeur professionnelle de 8 ou 9,000 francs ; certaines familles concentrent entre leurs mains le capital utilisé par plusieurs ménages de travailleurs ; mais, en dépit même de cette inégalité, qui résulte à la fois et de l'inégalité des aptitudes et de l'hérédité des biens, et parfois aussi du hasard des circonstances, le bienfait de l'accumulation de la richesse qui vient, par ses avances reproductives, féconder le travail des plus humbles coopérateurs, n'en est pas moins indéniable. Sans cette accumulation préalable de 280 ou 300 milliards, fruit d'une épargne et d'une transmission séculaires, les travailleurs sans fortune ne trouveraient pas à gagner le salaire qu'ils gagnent, ils ne pourraient pas vivre avec le bien-être relatif dont ils jouissent, ils ne pourraient pas se marier, élever leurs enfants, secourir leurs parents, comme ils arrivent tant bien que mal à le faire. Il est certes on ne peut plus désirable que les pauvres travailleurs obtiennent un salaire plus élevé, une forme de rémunération meilleure, un bien-être et une sécurité plus grands ; nous verrons ultérieurement quelles sont les conditions diverses de ces progrès si souhaitables ; mais nous pouvons d'ores et déjà affirmer qu'il n'y en a pas de plus importante que l'accroissement du capital national. Quand bien même ils n'en sont pas possesseurs, les salariés sont les premiers intéressés à la conservation et au développement de ce capital.

## CHAPITRE VI

### LA PRODUCTION (Suite)

#### LES DEUX RÉGIMES ÉCONOMIQUES

En étudiant d'abord la consommation, puis la production, nous aurions pu rester strictement dans le cercle des fonctions communes aux deux régimes économiques. Je ne l'ai pas cru nécessaire ; et pour retracer, dans notre état actuel de civilisation, les effets de la division du travail et de l'application du capital, il m'a fallu évidemment anticiper sur les résultats de l'échange et de sa fonction dérivée, le crédit. Il est bon maintenant de revenir en arrière et de rétablir la comparaison entre l'économie domestique et l'économie politique.

Sous le régime plus ou moins complet de l'économie domestique, qui a duré de si longs siècles depuis l'antiquité jusqu'à la fin du moyen âge, et qui n'a lentement reculé que devant l'invasion des routes, des canaux et des chemins de fer, sans doute l'épargne s'est produite, le capital s'est formé, le travail a été divisé, puisque le corps social n'a presque jamais cessé de grandir, mais ces phénomènes ne se sont réalisés que dans une faible mesure et n'ont point montré toute leur puissance.

L'épargne de l'économie domestique n'est le plus souvent qu'une prévision en vue de certaines éventualités : maladies, guerres, disettes, sinistres, etc. Ces approvisionnements ne se traduisent pas nécessairement en un surcroît d'activité industrielle : l'épargne d'alors n'a point pour contre-partie habituelle la dépense reproductive. On comprend même qu'à cette époque les législateurs aient trouvé des motifs de réagir contre la thésaurisation des familles, et d'exciter celles-ci à consommer, ce qui, aujourd'hui, n'aurait plus de sens, puisque l'épargne est toujours dépensée et, d'une manière ou d'une autre, sert à alimenter le travail.

Il n'y a de véritable création de capitaux actifs, sous le régime de l'économie domestique, que par ce que j'ai nommé ailleurs l'épargne-travail [1], autrement dit l'accumulation des efforts individuels pour l'amélioration du fonds productif et l'accroissement de l'outillage. Le colon défriche une lande inculte, assainit et amende sa terre, plante des arbres de longue venue, protège sa culture par un enclos, construit un hangar ou un bâtiment pour abriter ses instruments, ses bêtes et ses récoltes ; au lieu de manger son veau, il élève un bœuf de travail ; ou bien, comme artisan, il se fait des outils plus maniables et plus puissants, il aménage son atelier, il installe une machine, etc. Voilà des créations de capitaux qui se font à petit bruit, dans l'intimité des familles, sans le secours de l'échange et du crédit. Si l'on y réfléchit, on comprendra que, depuis des siècles, la plus grande somme des capitaux enfouis dans la terre et qui l'ont rendue féconde, vient de là.

Simultanément, l'élevage et l'éducation des enfants, qui se faisait alors sans nourrices mercenaires et sans obligations coûteuses, était une forme de l'épargne en nature, qui s'est traduite par un accroissement imm-

---

1. Voir l'*Hygiène sociale contre le paupérisme* (Félix Alcan éditeur.)

terrompu de population, c'est-à-dire de capitaux personnels.

On ne peut donc pas nier que l'économie domestique ait puissamment servi à multiplier les hommes, à défricher les terres et à mettre en valeur les forces naturelles; mais il arrive un moment où l'économie domestique toute seule devient défavorable au progrès de la culture.

Le large emploi des capitaux et une assez grande application de la division du travail, ne sont possibles qu'avec la grande exploitation, assistée de toutes les ressources de l'échange et du crédit. C'est là seulement qu'on peut pratiquer l'alternance des cultures alimentaires, fourragères, industrielles, qu'on peut élever ou engraisser beaucoup de bestiaux, obtenir de grosses fumures et les compléter par des engrais chimiques, exercer une sélection attentive sur les semences et les animaux reproducteurs, employer enfin toutes sortes de machines pour l'exécution rapide et opportune des travaux des champs.

Une telle industrialisation de l'agriculture ne peut s'introduire sous le régime de l'économie domestique, qui ne comporte guère que le métayage, la petite culture et le pâturage.

Ce régime si favorable à la famille et aux vertus privées, à l'ignorance et à la modération, souvent au bonheur, est maintenant un obstacle au progrès; il ne semble, à présent, que l'organisation de la routine et le refuge de toutes les arrière-pensées rétrogrades. Il est, par cela même, condamné, je ne dis pas à disparaître (je ne crois pas que les organismes élémentaires disparaissent jamais), mais à se réduire et à se transformer.

Le rêve d'une grande école philanthropique et moraliste (celle de M. Le Play, si digne d'ailleurs de tous nos respects), de maintenir ou de rétablir la famille féconde dans le domaine rural, à l'abri des contagions modernes, me semble irréalisable et même dangereux; l'introduction en France du *homesteadt* américain (le domaine de famille insaisissable) ne réussirait, à mon avis, qu'à créer de petites citadelles de la routine et de la misère au milieu de la prospérité générale, et à retarder, somme toute, le relèvement populaire.

Je n'aperçois qu'une transaction possible entre l'économie domestique et l'économie politique, c'est l'institution d'une sorte de régime mixte, celui des syndicats, ayant pour objet tantôt de rétablir les bonnes conditions de culture par le remembrement des parcelles et le tracé méthodique des chemins d'exploitation, tantôt de pratiquer le crédit agricole populaire, tantôt de procurer aux petits exploitants les avantages des machines, des semences et des engrais perfectionnés, ainsi que des souches d'animaux reproducteurs. Ce serait, en définitive, l'application de la loi sociologique que j'ai déjà indiquée et sur laquelle j'aurai occasion de revenir encore : la mutualité venant au secours de la famille et la protégeant contre les brutalités du progrès économique.

Nous voyons donc que la substitution du régime de l'économie politique à celui de l'économie domestique s'impose dans l'agriculture. L'évolution s'est déjà presque totalement opérée dans l'industrie proprement dite, où la division du travail était d'ailleurs plus nécessaire. Nous sommes loin du temps où Odysseus (Ulysse), le roi d'Ithaque, se vantait d'avoir creusé lui-même son lit nuptial dans la souche d'un olivier, et d'avoir construit sa chambre autour de ce lit enraciné. Les rois de ce temps, tels que le vieux Laertès, père d'Ulysse, cultivaient leurs jardins, récoltaient leurs fruits, pressaient leur vin et leur huile ; ils égorgeaient et dépeçaient leurs bestiaux; les femmes filaient et tissaient la laine ou le chanvre; Nausicaa, la fille du roi des Phéaciens, allait laver avec ses femmes le linge à la rivière ; cependant, même alors, le travail des métaux et la fabrication des armes semblent avoir été dévolus à des ouvriers spéciaux.

Il n'y a eu véritablement de progrès industriel qu'à partir de la multiplication des villes, se développant avec le mouvement des échanges. Elles ont successivement attiré à elles et détaché de l'économie domestique, d'abord l'industrie des armes et de l'outillage, puis l'industrie du bâtiment, puis l'industrie du vêtement; elles achèvent, à l'heure qu'il est, de s'attribuer toute l'industrie alimentaire. La meunerie, la boulangerie, la boucherie, la préparation des conserves, la fromagerie même, ont cessé presque partout d'être des travaux de ménage.

Au fur et à mesure que nous voyons ainsi le domaine de l'échange s'étendre, le capital s'accroît, la division du travail s'approfondit, on invente des machines, on découvre des procédés nouveaux, et la puissance de l'homme sur la nature grandit de jour en jour.

Quelle conclusion faut-il en tirer ? C'est que la production familiale, dans l'économie domestique, est médiocre et bornée. Il n'y a de production abondante et indéfiniment extensible que lorsque la société tout entière y collabore.

Un roman célèbre, dont l'hypothèse ingénieuse a presque valu une expérience, en a donné la démonstration saisissante. Robinson Crusoé, naufragé dans son île déserte, parvint à subsister, à triompher des dangers qui l'entouraient et à obtenir un certain degré de bien-être. Or, il était seul ; mais la société absente travaillait par ses mains. Il avait sauvé du naufrage des armes, des outils, des matières, des provisions, qui lui constituaient un capital important. Il possédait aussi des connaissances professionnelles qui lui permirent de tirer parti de ces moyens de production ; et cela encore était un capital, fruit de la collectivité sociale.

Sans le capital matériel, sans l'instruction, le pauvre Robinson serait mort de faim ou de misère, ou se fût laissé massacrer par les sauvages.

Malgré ces avantages considérables, Robinson ne put tirer de sa richesse tout le parti qu'une collection d'hommes en aurait su obtenir. En effet, son isolement le condamnait au travail peu ou point divisé. Sans doute, il pouvait séparer ses tâches et s'occuper successivement de chaque opération, mais pas au point d'y acquérir une habileté supérieure, pas au point de simplifier son travail de manière à le faire remplir par une machine ; et, dans ce cas même, en admettant qu'il se fût créé un outillage complet pour chaque fonction, il est certain que cet outillage, laissé longtemps inoccupé, eût été vite détérioré et, par la seule inaction, mis hors de service.

On aperçoit ici la réciprocité nécessaire qui s'établit entre la division du travail et l'accroissement du capital. Ces deux faits se limitent l'un l'autre. A toute époque, c'est le capital qui mesure la puissance humaine, mais c'est aussi l'organisation humaine qui rend possible le développement du capital.

Cette corrélation démontre, je le répète, que la production est une œuvre collective, non individuelle : l'individu n'agit dans le corps social que comme un organite dans le corps humain ; c'est le géant social qui produit par son fait.

S'ensuit-il, comme les collectivistes le prétendent,

que les capitaux doivent rester en la possession de la société, représentée par son organe central, le gouvernement, et être mis en œuvre par ses fonctionnaires ou ses délégués ? Ce serait une aberration aussi grande que de vouloir attribuer dans le corps humain toutes les fonctions physiologiques au cerveau. Nous ne vivons, au contraire, que grâce à l'activité spontanée des cellules qui opèrent dans la profondeur de nos organes sans même que nous en ayons conscience. Notre système nerveux n'intervient dans les actes de la nutrition que pour nous avertir des troubles et des usurpations qui constituent les maladies. Il faut qu'il en soit de même en économie sociale. Le gouvernement n'a droit d'intervenir qu'aux époques de crise. En temps normal, c'est l'activité des individus qui pourvoit à tous les besoins, et c'est l'échange qui révèle cette coopération collective que l'on ne peut proclamer sans admiration.

L'échange est ainsi le phénomène capital de l'économie politique. Il est tellement essentiel qu'on peut définir l'économie politique : la science de la richesse fondée sur l'échange et le crédit ; tandis que l'économie domestique n'a été que l'art du bien-être fondé sur le travail et l'épargne, exploitant les biens naturels.

Le régime de l'économie domestique est une vie sporadique comme celle d'une colonie d'animaux inférieurs vivant côte à côte sur un même banc. Vienne l'échange, c'est-à-dire la circulation de la vie d'un individu à l'autre, une solidarité, une stimulation réciproque, s'établissent ; immédiatement, l'animalité monte en grade, un mode d'existence supérieur se constitue par l'organisation du travail et la diversification des fonctions : le banc de zoophytes ou de mollusques devient un animal organisé, le géant social apparaît.

Il faut donc observer avec soin les conditions dans

lesquelles se produit le phénomène de l'échange, puisque c'est le moteur en quelque sorte de tous les progrès de l'humanité.

Dans les chapitres suivants, je décrirai d'abord l'échange dans sa forme la plus précise et la plus complète. Nous remarquerons après de combien il s'en faut que cette formule simple soit applicable aux faits économiques des siècles précédents ni même conforme à la réalité présente; nous étudierons alors les conditions successives qui ont permis ou qui promettent sa réalisation plus complète.

# CHAPITRE VII

## L'ECHANGE

### LA LOI DE L'OFFRE ET DE LA DEMANDE

#### § 1er — Les échanges en nature et les échanges monétaires

Les premiers échanges ont été dus, soit à la diversité des productions naturelles suivant les localités, soit à la diversité des aptitudes particulières des populations tirant chacune un parti assez différent des richesses de leur sol.

Les pays de chasse ou de pêche, de culture ou d'élevage, de forêts ou de minières, donnent des produits ou fournissent des matières que chaque race d'habitants met en œuvre suivant un instinct particulier; car, si la division du travail est le grand moyen de développer les facultés industrielles, il n'en faut pas moins reconnaître qu'il y a des facultés préexistantes et des diversités spontanées.

Même au sein des populations chez lesquelles la division du travail n'a pas pénétré, il y a encore des occasions d'échange, sous forme de cadeaux réciproques ou sous forme de trocs.

Ces échanges ont eu d'abord pour intermédiaires les navigateurs, le long des côtes maritimes ou des rivages des grands fleuves, et, à l'intérieur des continents, les nomades qui, dans leurs émigrations périodiques, se mettaient successivement en rapport avec des populations de mœurs et de climats différents [1]. Les Phéniciens, sur la Méditerranée et même sur l'Atlantique, les sémites et les touraniens, en Afrique, en Arabie, en Chaldée, en Perse, etc., ont rempli cet office durant des siècles.

Les grands conquérants, en fondant des empires, en établissant des relations permanentes entre les contrées mises sous leur joug, en leur imposant des tributs en nature, comme aussi en entretenant au loin des fonctionnaires et des soldats, ont enfin constitué de grands courants d'échange, qui, de forcés, sont devenus peu à peu volontaires.

Quoi qu'il en soit de ces développements successifs, il est bien évident que les premiers échanges ont toujours eu lieu en nature : produits contre produits. Un esclave ou un cheval de prix était troqué contre dix bœufs ou cent cinquante moutons.

Chacun de ces objets ou chacune de ces denrées s'évaluait ainsi d'après le nombre ou le volume ou le poids des autres objets formant la contre-partie de l'échange. Dire qu'un cheval s'échange contre tant d'hectolitres de vin ou de froment, c'est dire qu'il les *vaut*. Réciproquement, tant d'hectolitres de vin ou de froment *valent* un cheval.

La valeur d'un objet ou d'une denrée peut donc s'exprimer en fonction de tout autre produit contre lequel il est échangeable.

Mais les chevaux, les bestiaux, le vin, le blé, le métal, existent chaque année en proportions variables, en sorte que leur valeur relative se modifie incessamment. Pour peu que les relations commerciales se compli-

---

1. Ces nomades semblent presque toujours de race métisse intermédiaire entre les peuples qu'ils exploitent ou qu'ils conquièrent.

quent et que les denrées échangeables se multiplient, l'appréciation des équivalences des choses devient alors très difficile.

On s'est vite aperçu cependant d'un fait assez remarquable, c'est qu'il y a une fixité plus grande dans la production ou dans l'utilité de certaines denrées. Chaque fois qu'on vendait ses propres produits, on a dès lors recherché en paiement ces denrées d'une valeur plus fixe, qu'on était certain de faire accepter aisément dans la suite en retour des autres produits dont on aurait besoin.

Dans l'antiquité, nous voyons fréquemment le bétail servir de moyen de règlement, puis les métaux, puis les métaux précieux. L'or et l'argent ont fini par constituer la monnaie; nous verrons pour quels motifs. La monnaie étant constituée, tous les échanges réguliers se sont faits depuis lors par son intermédiaire, et la valeur des choses, universellement estimée en monnaie, s'est appelée leur *prix*.

Toute opération d'échange se fait donc maintenant en deux parties :

1° Echange des produits ou services contre une certaine quantité de monnaie;

2° Echange de cette monnaie contre d'autres produits ou services.

Ce qui revient toujours au fait fondamental énoncé par J.-B. Say : Les produits s'échangent contre des produits.

Un simple ouvrier d'une manufacture anglaise ne fabrique chaque jour que quelques milliers de fractions d'épingles, et il vend son travail ou le produit de son travail, c'est-à-dire les fractions d'épingles, moyennant trois ou quatre shillings par jour. Grâce au miracle de l'échange, cet humble salaire lui confère la puissance de mettre à contribution toutes les branches de la production nationale s'exerçant sur des matières venues de presque toutes les parties du monde. Il consomme la viande et la bière des comtés agricoles de l'Angleterre, le poisson de la Manche et de la mer du Nord, la morue d'Islande ou de Terre-Neuve; il les fait cuire avec le charbon de Cornouailles; quant aux légumes, aux fruits, au vin, ils lui viennent principalement de France; le blé de son pain a été récolté en Russie, au Canada, en Australie ou en Californie, le riz arrive de l'Inde; le raisin sec qu'il met dans son pudding est originaire de la Grèce ou de l'Asie mineure; le thé vient de la Chine; le rhum et le sucre, des Antilles; le café, du Brésil ou de Java. En ce qui concerne le vêtement, sa chemise est faite en coton des Etats-Unis, de l'Inde ou de l'Egypte, ou bien en toile de Flandre; son habit est en laine d'Australie; son chapeau et sa cravate, en soie de France ou d'Italie; sa chaussure, en cuir de la Plata. Il est protégé par une charpente de Norvège; le marbre de son poêle est tiré de la Belgique ou de l'Italie; ses meubles sont plaqués de bois exotiques; les menus objets qui ornent son logis sont importés de Paris ou d'Allemagne; il s'éclaire avec le pétrole de Pennsylvanie; il lit un journal imprimé sur du papier dont la pâte est fabriquée avec de l'alfa d'Algérie ou des chiffons de Turquie, etc.

La séparation des climats et des continents spécialisait et confinait les produits naturels dans les différents coins du monde, la division du travail ne donnait en industrie que des produits fractionnaires; l'échange opère la réunion de tous ces éléments épars, la fusion de tous ces éléments imparfaits, et reconstitue la richesse intégrale pour chaque individu.

Dans ces conditions, l'échange prend une régularité

remarquable, et la loi de l'offre et de la demande, qui fonctionne avec une précision de plus en plus grande, aboutit pour chaque objet à la détermination de sa valeur, eu égard aux conditions actuelles de la production et de la consommation.

Voyons donc le mécanisme de cette loi.

### § 2. — La loi de l'offre et de la demande

Qu'est ce que l'*offre?* C'est la quantité disponible des produits d'une certaine sorte destinés à satisfaire un besoin déterminé. Pour prendre un exemple très simple, si je suppose que, dans une petite localité, je sois seul producteur et marchand de vin, mon offre de vin sera ce que j'ai à vendre en magasin ; si ma cave se vide annuellement, mon offre consistera dans ma récolte de l'année, tantôt abondante si la récolte est bonne, tantôt restreinte si la récolte est mauvaise.

Qu'est-ce maintenant que la *demande?* Ce n'est pas la quantité de vin que réclameraient les consommateurs pour n'avoir plus soif. La demande, à ce compte, serait souvent très étendue. C'est la quantité des ressources disponibles que l'ensemble de la clientèle peut consacrer, dans l'espèce, à la satisfaction de son besoin de boire du vin.

Pour me renseigner exactement sur l'importance de cette demande effective, j'ai dressé comme suit le dénombrement de ma clientèle :

A. — Famille nombreuse de la race des Grandgousier, dont l'ancêtre, dit Rabelais, « était bon raillard en son temps, aimant à boyre net, autant que homme qui pour lors feust au monde, et mangeoit voluntiers sallé ». Cette famille peut consommer par an 35 hectolitres, mais sans y consacrer plus de 1,750 francs, ce qui remet son maximum de prix d'acquisition à 0 fr. 50 le litre.

B. — Famille moins nombreuse, quoique de contenance individuelle à peu près pareille, capable de payer 1,500 francs pour 20 hectolitres, soit un prix de 0 fr. 75 le litre.

C. — Le sieur Demi-soif, son épouse et son fils, ayant ensemble une capacité de trois bouteilles et une fraction par jour, 800 litres par an, et une somme de 800 francs à y consacrer, soit un prix possible de 1 fr. le litre.

D. — Encore des Demi-soif, mais famille plus nombreuse et plus riche, 12 hectolitres et 1,800 fr.; prix possible de 1 fr. 50 le litre.

E. — Enfin, pour clore la liste, la famille Petitgousier, composée de buveurs d'eau faiblement rougie, désireux pourtant d'un verre de bon vin au dessert; somme toute, 5 hectolitres par an, auxquels on peut consacrer 1,000 francs, soit un prix de 2 francs le litre.

Je récapitule mon dénombrement :

| Consommateurs | Consommation | Ressource y applicable | Prix maximum d'acquisition |
|---|---|---|---|
| — | — | — | — |
| Groupe E.. | 5 hectolitres | 1.000 fr. | 2 fr. » le litre |
| — D.. | 12 — | 1.800 — | 1 50 — |
| — C.. | 8 — | 800 — | 1 » — |
| — B.. | 20 — | 1.500 — | 0 75 — |
| — A.. | 35 — | 1.750 — | 0 50 — |
| Total.. | 80 hectolitres | | |

Voilà l'état détaillé des demandes possibles, avec les prix maxima que les consommateurs sont en mesure de consentir.

Quelle est l'offre maintenant à mettre en regard ? Nous savons qu'elle varie avec la récolte.

La première année, en supposant que j'obtienne 80 hectolitres, comme c'est exactement ce qu'il faut pour satisfaire la demande totale, le placement de toute la production sera facile. Mais à quel prix ? Si je pouvais m'entendre séparément avec les consommateurs, leur dissimuler mes négociations, les empêcher de communiquer entre eux, de goûter leur vin respectif et de s'informer du prix auquel je l'aurais cédé, je vendrais à E... 5 hectolitres à 200 francs, à D... 12 hectolitres à 150 francs, à C... 8 hectolitres à 100 francs, etc., c'est-à-dire que je tirerais de chaque groupe de consommateurs son sacrifice maximum.

Or, c'est bien là ce qui se fait plus ou moins au début du trafic, sous le régime de l'économie domestique, quand les consommateurs, déjà pourvus du nécessaire par eux-mêmes, se laissent facilement séduire dans les échanges accessoires ; mais la chose est impraticable sous le régime de l'économie politique, dès que l'échange devient habituel. Dans cet ordre nouveau, le secret des prix serait bientôt divulgué, et mes clients, se révoltant contre l'inégalité de mes conditions, me susciteraient vite une concurrence. Donc, à très peu de chose près, je suis contraint de vendre à tout le monde le même vin au même prix. J'ai 80 hectolitres à écouler, il me faut faire appel à tous mes consommateurs, aux plus pauvres comme aux plus riches ; les plus pauvres ne peuvent payer que 50 francs l'hectolitre ; je vendrai donc mes 80 hectolitres à 50 francs : total, 4,000 francs.

La deuxième année, ma récolte manque : la vigne a gelé, je fabrique à peine un seizième de l'année précédente, 5 hectolitres. Il va sans dire que j'en tire le meilleur parti possible ; je délaisse tous ceux qui ne peuvent m'en donner qu'un prix inférieur, et je vais droit aux Petitgousier qui m'achètent mes 5 hectolitres à 200 francs : total, 1,000 francs.

La troisième année enfin, tiers de récolte ; ma vigne, mal remise encore de la gelée précédente, ne me fournit que 25 hectolitres ; cela me permet de satisfaire à la demande de mes clients Petitgousier et Demi-soif, mais je suis forcé de proportionner mes prix aux facultés des moins riches d'entre eux ; je vends donc mes 25 hectolitres à 100 francs : total, 2,500 francs.

Sans pousser plus loin cette histoire, nous pouvons en tirer l'épilogue.

On remarquera tout d'abord que les chiffres absolus de l'offre et de la demande ne concordent presque jamais entre eux, chacune des quantités étant variable indépendamment l'une de l'autre.

C'est la hausse ou la baisse du prix qui rétablit la concordance. Lorsque la quantité demandée par les consommateurs excède la quantité offerte par les producteurs, une hausse du prix élimine une partie des consommateurs jusqu'à ce que la demande soit réduite au niveau de l'offre. Lorsque c'est la quantité offerte par les producteurs qui excède la quantité demandée par les consommateurs, les producteurs sont obligés de réduire leurs prétentions; une baisse du prix provoque de nouveaux consommateurs, et la demande augmente de façon à égaler l'offre. D'une manière ou d'une autre, l'échange ne se réalise que quand l'équation de l'offre et de la demande a pu s'établir.

On a dû observer, dans l'exemple familier que je viens de donner, que le fonctionnement de cette loi n'a aucun égard, ni à l'importance des frais déboursés par le producteur, ni à l'intensité du sacrifice consenti par le consommateur. La loi est brutale et souveraine.

Tantôt c'est le producteur qui est désavantagé par l'abondance même de sa récolte (dans le cas d'un produit naturel variable), et le consommateur qui se trouve gratifié ; tantôt c'est le consommateur qui est jugulé par le producteur, mais ceci n'a lieu qu'avec une grande réduction du produit, et alors le producteur ne parvient pas toujours à rentrer dans ses frais.

Dans tous les cas, le travail ne se proportionne qu'après coup à la valeur de l'objet à obtenir.

C'est un point fort important à considérer que cette antériorité de la valeur par rapport à la production, parce que beaucoup d'économistes ont renversé la proposition et ont donné lieu ainsi à des erreurs assez graves et à des sophismes dangereux. Adam Smith lui-même n'a pas échappé à la séduction qu'exerçait sur lui cette théorie, très rationnelle en apparence, d'un prix naturel ou normal pour chaque produit, représentant le travail et le capital dépensés pour l'obtenir ; c'était faire du prix de revient le principe de la valeur, et de là à conclure qu'on peut régler le prix des choses sur la juste rémunération des producteurs, il n'y avait qu'un pas, qui a été vite franchi par les protectionnistes et les socialistes. Sur ce point capital, J.-B. Say a eu raison contre Adam Smith en déclarant que la valeur précède le travail et qu'il y a des richesses naturelles aussi indiscutables que les richesses industrielles [1].

---

[1]. Il dit notamment, à propos de la rente : « Les frais de production ne sont pas la cause du prix des choses : cette cause est dans les besoins que les produits peuvent satisfaire. » (*Traité d'économie politique*, édition Guillaumin, p. 404.). Stanley Jevons a bien mis le fait en lumière en donnant l'exemple suivant : « Pourquoi les perles ont-elles de la valeur ? Plonge-t-on à la recherche des perles parce qu'elles atteignent un haut prix, ou bien les perles atteignent-elles un haut prix parce qu'il

Plus le prix s'élève, ai-je dit, plus la consommation se restreint. Le besoin disparaît- il pour cela? Evidemment non. Ces braves Grandgousier, que je prenais tout à l'heure pour exemple, lorsqu'ils se trouvent éliminés du vin par la gelée de la vigne et la cherté du produit, eux qui ont grand soif, vont-ils se priver de boire? Non, certes; mais ils se rejettent sur la bière, le cidre ou le poiré; ils substituent à une boisson qui contenait de 8 à 10 0/0 d'alcool une boisson moins agréable qui n'en contient que 1 à 5. D'autres, moins résignés, plus esclaves de l'apparence, ne pouvant boire du vrai vin, en boivent du fabriqué, une décoction de campêche ou de fuchsine, rehaussée d'alcool de pommes de terre ou de betterave, qui les empoisonnera lentement mais sûrement. D'autres, plus sensés, ré-

---

faut plonger pour les obtenir?... — Ce fait seul, répond-il (à savoir, qu'il faille plonger pour les avoir), n'explique pas la grande valeur des perles, car autrement la nacre où on les trouve aurait autant de valeur qu'elles-mêmes. La nacre est, au contraire, une matière de peu de prix. D'ailleurs, si c'était simplement une question de travail, un plongeur qui, n'importe où, rapporterait à la surface une pierre ou une coquille quelconque, pourrait en demander un prix très élevé parce qu'il aurait plongé pour l'avoir. La vérité est que les perles ont de la valeur parce que beaucoup de dames n'ont pas encore de colliers de perles et qu'elles désirent en avoir, et que celles qui en possèdent déjà en veulent davantage et de plus belles. (*L'Economie politique*, p. 128, dans la Petite Bibliothèque utile, F. Alcan, éditeur.)

De même que la pierre rapportée péniblement du fond de la mer ne vaut pas la perle, de même un laborieux ouvrage d'un auteur médiocre ne vaudra jamais le délicieux poème éclos comme une fleur sur les lèvres d'un Chénier, d'un Musset, d'un Hugo, de même aussi, dans l'ordre des utilités industrielles, le produit de l'artisan ne tirera pas sa valeur du travail qui y aura été accumulé, mais uniquement de l'opportunité de sa production.

On ne saurait trop rappeler cette vérité, quelque dure qu'elle paraisse quelquefois, aux travailleurs de tout ordre.

duisent leur consommation à ce qu'ils peuvent boire de vin naturel et adoptent quelque autre boisson saine pour leur alimentation quotidienne : du thé ou du café étendu d'eau.

Le besoin ne disparaît donc pas, mais les ressources du consommateur ne lui permettent plus, dans les conditions nouvelles, de satisfaire ce besoin. C'est une satisfaction qu'il diffère, qu'il obtient d'une autre façon, ou qu'il remplace quelquefois par d'autres satisfactions ; car, de même, qu'il y a lutte sur le marché entre les consommateurs, de même, dans le for intérieur de chacun de nous, il y a lutte entre des besoins divers.

Je suppose, bien entendu, un état social assez prospère pour que la dotation de chaque besoin excède le strict nécessaire. Alors, une fois les nécessités pourvues, nous sommes à peu près libres de satisfaire nos goûts de raffinement, de sociabilité ou de faste, par des moyens divers qui peuvent, dans une large mesure, se substituer l'un à l'autre.

Dans l'alimentation, les viandes de choix, les primeurs, le poisson, le gibier, la volaille, se font concurrence ; de même, les différents vins ; mais, en outre, si ces consommations ne sont pas dictées par un goût exclusif pour la table, si elles ne constituent qu'un moyen de réjouissance en compagnie de parents et d'amis, d'autres dépenses peuvent procurer la même satisfaction : une soirée intime, une loge au théâtre, une excursion champêtre, remplaceront un dîner fin. A meilleur compte encore, un gourmand lettré se consolera de la suppression d'un plat ou de l'absence d'un ami par un livre nouveau. Quant aux dépenses de luxe et d'apparat, elles sont extrêmement variées et se prêtent à toutes sortes de substitutions.

C'est ainsi qu'il y a tout à la fois compétition des diverses denrées analogues pour la satisfaction d'un même ordre de besoins, et compétition des différents ordres de besoins pour la satisfaction d'un même mobile de consommation.

Mais ces substitutions ne se font guère que sous la pression des circonstances, car, d'ordinaire, l'éducation, l'habitude et l'exemple, créent, pour chaque classe de consommateurs, des règles de dépense qui sont assez peu variables.

### § 3. — La prévision du mouvement des prix L'échelle des revenus

Ces principes de détermination de la valeur, qui ont leurs racines dans le tempérament et le caractère de chaque peuple, autrement dit dans leur physiologie et leur psychologie, sont assurément trop complexes pour qu'il soit possible d'en déduire par le calcul les lois réelles de l'échange pour chaque denrée consommable ; mais ils permettent néanmoins de croire à l'existence de ces lois, et d'en chercher la formule empirique par la constatation des rapports des prix avec les quantités échangées.

Puisque chaque prix marque une conciliation opérée entre les échangistes à l'occasion d'une certaine quantité mise en vente, quel autre prix peut-on prévoir lorsque cette quantité variera en plus ou en moins ?

Voilà le problème, très intéressant dans la pratique, qu'on ne peut résoudre empiriquement qu'à force de tâtonnements et d'observations répétées, en dressant pour chaque denrée la courbe des variations de prix, d'autant plus précise qu'elle s'appuie sur la régularité des grands nombres.

Graphique de Progression des Quantités vendues en raison de la décroissance des Prix

Echelle des Quantités

1000
950
900
850
800
750
700
650
600
550
500
450
400
350
300
250
200
150
100
50
0

6 18 53 103 151 251 412 607 1000

124 56 30 18 12 8 5 5,5

Echelle décroissante des prix

Figurons, par exemple, sur une ligne horizontale *(voir la figure)*, une échelle décroissante des prix d'une denrée consommable, depuis 124 fr. jusqu'à 2 fr.; et, de chacune des divisions, menons des perpendiculaires verticales dont les longueurs seront proportionnelles aux quantités de marchandises écoulées à chacun des prix. A 124 fr., par exemple, on a vendu 6 mesures de la marchandise, on mènera une verticale partant du point marqué 124 et on lui donnera une hauteur représentant conventionnellement 6 mesures; à 56 fr., on a vendu 18 mesures, on mènera du point marqué 56 une verticale parallèle à la première, mais trois fois plus haute, puisque la quantité vendue est dans cette proportion; à 30 fr., on a vendu 57 mesures; à 18 fr., 103; à 12 fr., 164...; à 2 fr., 1,000 : de chacun de ces points, on mènera des verticales proportionnelles aux quantités vendues. En joignant toutes les extrémités des verticales, on obtiendra une ligne brisée, facile à transformer en courbe, qui pourra donner, plus ou moins approximativement, sur un marché particulier, la loi empirique de la progression des quantités vendables au fur et à mesure que les prix s'abaissent.

Supposez qu'on ait dressé pour tous les principaux produits des graphiques de ce genre, il est certain qu'au bout de quelques années les industriels et les négociants se trouveraient en mesure de prévoir assez exactement les variations de prix de leurs marchandises en raison de la production, ou d'établir leur production en raison des prix. Les économistes, à leur tour, seraient mieux en état de dégager de ces données empiriques des lois régulières sur les relations des prix et des consommations.

Si toutes les courbes de consommation étaient connues, comme le total des dépenses individuelles ne peut évidemment pas dépasser l'ensemble des revenus d'un pays, il est probable que les courbes particulières des diverses denrées consommables tendraient à se rapprocher d'une ligne moyenne qui ne serait autre que la courbe figurative de la répartition des revenus.

Cette dernière serait ainsi très essentielle à connaître pour avoir une première base de prévision, touchant la progression de la consommation en raison de la décroissance des prix.

Sur tous ces points, les renseignements de la statistique sont encore très insuffisants, et on ne semble pas se préoccuper assez de les perfectionner. Les économistes en sont réduits à invoquer des indices partiels pour évaluer la répartition de la richesse et la gradation des revenus.

L'indication la plus probante que l'on possède à cet égard résulte du recensement des valeurs locatives des maisons d'habitation. On peut admettre, en effet, que l'importance du loyer est le principal symptôme du revenu des habitants. C'est du reste l'idée qui, jadis, a servi de base à la contribution mobilière. Partant de là, j'ai dressé, à titre d'exemple, d'après la statistique de la contribution mobilière de la ville de Paris, le tableau suivant de la répartition des loyers. J'en tire, par induction, l'échelle correspondante des revenus de la population, en supposant que, pour tous les loyers, la dépense du logement représente le sixième du revenu, ce qui n'est pas évidemment très exact, car nous savons que le coefficient du loyer se modifie avec le degré de fortune.

## Répartition des loyers à Paris en 1888 et revenus présumés

| Locaux d'habitation | Importance | Valeur locative totale (mille fr.) | Loyer moyen fr. | Revenu présumé moyen fr. |
|---|---|---|---|---|
| — | — | | | |
| 94.981 | de 500 fr. et au-dessous....... | 30.963 | 326 | 1.956 |
| 47.036 | de 501 à 749 francs..... | 29.175 | 620 | 3.720 |
| 38,914 | de 750 à 1.124 — ..... | 34.935 | 897 | 5.382 |
| 21.007 | de 1.125 à 1.624 — ..... | 28.598 | 1.361 | 8.166 |
| 14.641 | de 1.625 à 2.499 — ..... | 29.194 | 1.994 | 11.964 |
| 11.174 | de 2.500 à 3.749 — ..... | 33.794 | 3.024 | 18.144 |
| 9.368 | de 3.750 à 7.499 — ..... | 47.683 | 5.090 | 30.540 |
| 2.812 | de 7.500 à 12.499 — ..... | 26.356 | 9.372 | 56.232 |
| 1.455 | de 12.500 fr. et au-dessus..... | 30.118 | 20.631 | 123.786 |
| 241.388 | | 290.816 | | |

*Nota.* — Les loyers ci-dessus sont les loyers réels et non les loyers matriciels (qui ne représentent que les quatre cinquièmes de la valeur effective). Les chiffres sont empruntés aux annexes du Rapport de M. Alfred Lamouroux sur la valeur locative actuelle des propriétés bâties de la ville de Paris. (Conseil municipal de Paris, 26 mars 1888.)

## Répartition proportionnelle des revenus pour 1,000 ménages parisiens

| Ménages | Revenu par ménage | Total par groupe | Proportion à l'ensemble | |
|---|---|---|---|---|
| — | — | — | — | |
| 393 | 2.000 | 786.000 | 11 0/0 | 21 |
| 195 | 3.700 | 722.000 | 10 — | |
| 161 | 5.400 | 869.000 | 12 — | 22 |
| 87 | 8.200 | 713.000 | 10 — | |
| 61 | 12.000 | 732.000 | 10 — | 22 |
| 46 | 18.000 | 828.000 | 12 — | |
| 39 | 30.000 | 1.170.000 | 16 — | 16 |
| 12 | 56.000 | 672.000 | 9 — | 19 |
| 6 | 124.000 | 744.000 | 10 — | |
| 1.000 | | 7.236.000 | 100 0/0 | |

*Nota.* — Cette répartition des revenus n'est applicable qu'à la population parisienne, qui, à en juger par la valeur de la propriété bâtie, possède les deux septièmes environ des revenus de la France et qui est, par conséquent, six fois plus riche que le reste de la population.

Il résulte de ces tableaux, et notamment du second, qui montre la répartition proportionnelle des revenus pour 1,000 ménages, que, si l'on divise le revenu total collectif en cinq parties, que je n'ai pu faire égales faute de renseignements assez détaillés,

La première partie (21 0/0) appartient aux *trois cinquièmes* de la population, titulaires des petits revenus;

La deuxième partie (22 0/0) appartient au *quart* de la population, titulaire des moyens revenus;

La troisième partie (22 0/0) appartient au *dixième* de la population, titulaire des revenus aisés;

La quatrième partie (16 0/0) appartient au *vingt-cinquième* de la population, titulaire des revenus très aisés.

La cinquième partie enfin (19 0/0) appartient au *cinquantième* de la population, titulaire des revenus élevés.

Il y a là une inégalité qu'il serait puéril de vouloir dissimuler; mais il ressort néanmoins de ces chiffres que la plus grande moitié des revenus appartient à la masse, aux 9/10es de la population, et que plus on s'élève dans l'échelle des revenus plus le nombre des titulaires décroît rapidement.

Cela suffit à montrer que, à l'égard des denrées usuelles, la consommation des pauvres a une bien plus grande importance pour la production que la consommation des riches. Ce sont les pauvres, ou du moins les petites gens, qui achètent les 9/10es de la grande production du pays, et qui, par conséquent, la commandent. S'ils viennent partiellement à manquer aux producteurs, ceux-ci n'ont plus de débouché suffisant, il y a crise, excès de produits à écouler, et les riches, lors même qu'ils consommeraient deux fois plus, n'y apporteraient qu'un remède tout à fait insuffisant.

Notre tableau permet, en effet, d'établir la corrélation existante entre les prix et les quantités consommables. La capacité de consommation de chaque groupe s'y mesure à son importance numérique, et, d'autre part, le revenu individuel moyen donne le coefficient de richesse dudit groupe.

Il est évident, d'après cela, qu'une denrée quelconque à laquelle chacun peut, je suppose, consacrer le millième de son revenu et qui,

| | |
|---|---|
| payée 124 fr., ne sera consommée que par..... | 6 |
| abaissée à 56 fr., sera consommée par (6 + 12). | 18 |
| abaissée à 30 fr., sera consommée par (6 + 12 + 39) | 57 |
| abaissée à 18 fr., sera consommée par......... | 103 |
| abaissée à 12 fr., sera consommée par......... | 164 |
| abaissée à 8 fr., sera consommée par.......... | 251 |
| abaissée à 5 fr., sera consommée par....... ... | 412 |
| abaissée à 3 ou 4 fr., sera consommée par..... | 607 |
| et abaissée à 2 fr., sera consommée par ... ... | 1.000 |

(Ce sont ces chiffres qui m'ont servi à dresser le graphique hypothétique de la page 92.)

Supposez que par un effet de dépression générale, comme nous verrons qu'il s'en produit quelquefois, le coefficient de la richesse s'abaisse d'un degré pour chaque catégorie, qu'il n'y ait plus, au prix de 2 francs, que 607 consommateurs au lieu de 1,000; que vont devenir les produits jusqu'ici absorbés par les 393 pauvres qui se retirent? Evidemment, ils resteront sans débouché à ce prix; c'est-à-dire que les producteurs seront obligés ou de vendre à perte ou de ralentir leur fabrication. Les ouvriers cependant, lorsqu'ils chôment en pareille occurrence, ont coutume de dire que les riches ne font plus travailler. Il serait beaucoup plus juste d'observer que ce sont les pauvres qui ne font plus travailler.

Les chiffres que je viens de mettre en avant reposent sur une évaluation hypothétique de la proportion du loyer au revenu de chaque classe de la population; ils sont donc sujets à caution et à révision. De plus, ils ne s'appliquent qu'à Paris, c'est-à-dire à la ville où se donnent rendez-vous les fortunes les plus excessives et les misères les plus lamentables. Ils présentent ainsi une exagération d'inégalité sur laquelle il ne faudrait pas se fonder pour en déduire la répartition véritable de la richesse en France. Vraisemblablement, il s'y trouve une plus grande proportion de petits et de moyens revenus, une proportion moins grande de revenus supérieurs, ce qui d'ailleurs confirmerait nos observations précédentes. J'ai tenu néanmoins à donner un exemple numérique pour montrer dans quelle mesure considérable s'étend ou se restreint la consommation avec l'abaissement ou l'exhaussement des prix, pour établir en même temps que ces mouvements ne peuvent se produire que suivant une progression déterminée d'avance par l'état de la répartition sociale des richesses, et enfin pour convaincre les producteurs et les échangistes de l'intérêt qu'il y aurait pour eux à connaître, même approximativement, cette loi de répartition encore ignorée jusqu'ici.

Nous entrevoyons par là tout l'avenir et toute la portée de la science économique lorsqu'elle sera en possession de faits nombreux bien observés et bien interprétés. Elle fourmillera d'applications fécondes, et deviendra dès lors la plus attrayante de toutes les sciences. Jusque-là il faut se borner à des indications générales.

On peut cependant formuler en termes précis la loi de l'échange :

L'offre d'une marchandise est la quantité qui en est à vendre. La demande est la quantité que les consommateurs sont en état d'en acquérir. La valeur de la marchandise se fixe au prix, quel qu'il soit, où il y a équation entre ces deux quantités.

Voilà le fait brutal et certain que l'on désigne sous le nom de loi de l'offre et de la demande, mais sa constatation ne nous exonère pas du soin de rechercher les causes permanentes de la variation des prix.

# CHAPITRE VIII

## L'ÉCHANGE (Suite)

### LES LOIS DE LA VALEUR

#### § 1er. — Le mouvement normal des valeurs

La description de l'échange nous laisse ces deux notions dans l'esprit :

1° L'offre est la production d'une denrée particulière ;

2° La demande est la somme des ressources dont dispose la consommation pour l'achat de cette denrée. En d'autres termes, c'est la portion de revenu que les consommateurs consacrent à la satisfaction d'un besoin déterminé. En d'autres termes encore, puisque la totalité des revenus personnels n'est pas autre chose que la production annuelle de la nation, la demande d'une denrée particulière est un tantième de la production générale.

On peut donc risquer cette formule $\frac{1}{n}$ P $= p$, dans laquelle $\frac{1}{n}$ représente le tantième, P la production générale, $p$ la production particulière.

Si la production générale de la France est de 20 milliards et si la dotation du besoin de chaussures peut être estimée au $\frac{1}{100}$e du revenu de chacun, la demande de la cordonnerie sera de 200 millions ($\frac{1}{100}$e de 20 milliards = 200 millions).

Que le revenu général (la production générale) monte

de 20 à 25 milliards, ou même, sans augmentation effective des revenus, que par suite d'une illusion de richesse, d'un entraînement général de dépense ou d'un déplacement des besoins, le mobile de la consommation des chaussures s'élève de $\frac{1}{100}$ à $\frac{1}{80}$, la dotation du besoin de cordonnerie s'élèvera aussi de 200 à 250 millions. Si la production des chaussures n'a pas augmenté, c'est la valeur de la denrée qui montera.

Que le revenu général diminue, au contraire, et s'abaisse de 20 à 15 milliards par suite de mauvaise récolte, de guerre, d'épidémie, etc., ou que, sans diminution du revenu, le mobile de la consommation se déprime de $\frac{1}{100}$ à $\frac{1}{133}$, chacun en temps de crise se croyant moins riche et n'osant plus se livrer à sa dépense habituelle, la dotation du besoin de cordonnerie s'abaissera de 200 à 150 millions. Si la production des chaussures n'a pas diminué parallèlement, c'est la valeur de la denrée qui baissera.

J'ai supposé, dans les deux cas précédents, que la demande se modifie la première et entraîne un changement dans les prix, mais la modification vient plus ordinairement de l'offre.

Les fabricants de cordonnerie, tous les fabricants du monde, sont à la poursuite du maximum de profit et, pour le réaliser, ils sont fréquemment entraînés à augmenter leur production, ce qui d'ailleurs abaisse leur prix de revient. Supposez que, en sus de la fabrication ordinaire de 16 millions de paires de chaussures à 12 fr. 50 la paire, un fabricant industrieux s'avise d'en produire 4 millions de plus par des procédés économiques qui ne lui fassent revenir la paire de chaussures qu'à 8 francs. Si le revenu général, non plus que le mobile de la consommation, n'a pas varié, il est clair que la dotation du besoin sera restée la même. Je l'ai supposée de 200 millions. En admettant que les 20 millions de paires de chaussures se la partagent également, il résultera du fait de l'accroissement de fabrication que la paire de chaussures tombera du prix de 12 fr. 50 à celui de 10 francs. Le fabricant qui emploie des engins perfectionnés sera encore en bénéfice de 2 francs par paire, mais les anciens fabricants verront leur profit disparaître. Ils seront contraints, ou de réduire leur production en se limitant à la clientèle riche, ou d'employer, eux aussi, des machines économisant les frais de fabrication ; au bout de quelque temps, le bas prix aura attiré de nouveaux consommateurs, la production pourra maintenir son développement, et le profit de la cordonnerie dans son ensemble se trouvera être plus considérable qu'auparavant.

De proche en proche, admettez, ce qui est normal, que le progrès industriel gagne successivement chaque branche de la production, vous avez alors le revenu général augmenté, par conséquent la dotation des besoins accrue, et la demande plus étendue venant, à son tour, ralentir la baisse des denrées.

Cette modification des prix par l'accroissement de l'offre ou de la production, n'est point une simple hypothèse, c'est la loi ordinaire de tous les produits manufacturés. La recherche du plus grand profit entraîne nécessairement le développement de la production et nécessairement aussi la baisse des produits.

Mais, en présence de ces objets manufacturés qui accusent ainsi une tendance constante à la baisse, il y a d'autres denrées qui, celles-là, résultent de la production spontanée de la nature et ne peuvent être multipliées au gré des industriels. Ces produits-là, tels que les fourrures, les dépouilles des animaux sauvages, les végétaux rares non cultivés, les joyaux, certaines matières minérales précieuses, enfin les services des hommes et surtout ceux des individus extraordinairement doués, ne sont pas multipliables à volonté. Leur prix ne peut donc se modifier immédiatement par l'effet de l'offre. Ils subissent principalement l'influence de la demande, baissant quand elle se réduit, gagnant de valeur quand elle s'accroît. Comme la règle ordinaire des sociétés est l'accroissement de la richesse, on peut dire aussi que ces produits spontanés ont une tendance constante à la hausse. C'est l'inverse des produits manufacturés.

Enfin, il y a des produits d'un caractère mixte qui, ressemblent aux pendules compensateurs, formés de tiges métalliques dont les dilatations opposées s'annulent respectivement; tels sont les produits résultant d'une matière rare, dont la valeur s'accroît toujours, et d'une élaboration industrielle, dont le coût diminue progressivement; tels sont encore certains produits agricoles, comme le blé, peu accumulables et naguère assez peu transportables, objets de la demande la plus constante que l'on connaisse, dus à la fois à la production du sol et à un travail manuel peu divisé, c'est-à-dire à deux éléments obéissant à une hausse constante, tandis que l'introduction des machines, l'emploi des animaux de trait, la découverte des assolements, des engrais, et surtout le perfectionnement des moyens de transport, constituent d'autres éléments purement industriels tendant constamment à la baisse.

Il en résulte, d'après Adam Smith, que le blé, base de la nourriture de l'homme et se prêtant peu à d'autres satisfactions que la satisfaction organique, est la denrée qui, depuis les temps historiques, a le moins varié comme valeur moyenne, abstraction faite de ses changements de prix d'une année à l'autre, lesquels sont encore assez grands et étaient surtout jadis extrêmement considérables. Le blé, à cause de ses oscillations incessantes, aurait fait une détestable monnaie, mais il semble pouvoir fournir dans l'histoire une assez bonne mesure de la valeur de toutes les autres denrées, y compris les métaux précieux, qui, peu variables dans l'espace de quelques années, n'en ont pas moins obéi à de larges mouvements séculaires de hausse et de baisse. Je me hâte ici d'ajouter que, tout en admettant l'hypothèse d'Adam Smith et en l'utilisant faute de mieux, il faut reconnaître que la vérité en devient de moins en moins sûre, parce que, depuis les immenses progrès opérés dans les moyens de transport et dans l'industrialisation de la culture, les éléments industriels de la valeur du blé paraissent l'emporter de plus en plus sur ses éléments naturels : le sol et la main-d'œuvre.

Telles sont donc les tendances générales de l'échange : baisse continue des produits de l'industrie humaine, hausse continue des richesses naturelles et des services des hommes, maintien plus ou moins régulier de la valeur des denrées qui résultent à la fois de la production naturelle et de la production industrielle, et chez lesquelles la hausse de la matière et de la main-d'œuvre est compensée par la baisse des frais de transport et de fabrication [1].

C'est à ces résultats généraux qu'aboutit la loi de

[1] Il n'y a pas toujours baisse absolue des objets manufacturés, à cause de la multiplication de la monnaie dont je parlerai plus loin, mais il y a, ou maintien des prix, ou hausse moins grande que celle des salaires, par conséquent baisse relative très réelle. Voir à ce sujet une très intéressante étude sur la « baisse des prix et la hausse des salaires » par M. Edward Atkinson, reproduite en abrégé dans le Bulletin de statistique du ministère des finances (août et septembre 1887).

l'offre et de la demande, mais seulement à la longue et à travers beaucoup d'irrégularités.

Le fonctionnement de l'offre et de la demande ne serait ponctuel et rapide que si les consommateurs avaient la conscience précise de leurs besoins et de leurs ressources, s'ils savaient résister à leurs entraînements, s'ils restaient indépendants de la mode autant que de la routine. Il faudrait, en outre, qu'ils fussent assez bien renseignés sur l'état du marché pour pouvoir discuter les prix avec les marchands, et que la liberté du commerce, la sincérité de la concurrence, apportassent elles-mêmes une clarté absolue dans les motifs de détermination. Or, beaucoup de ces conditions morales et matérielles nous font encore défaut ; elles manquaient encore bien plus sous le régime de l'économie domestique, dont l'inhabileté pour l'échange est essentielle. Il s'en faut donc de beaucoup que le fonctionnement de l'offre et de la demande soit aussi précis qu'un mécanisme d'horlogerie.

Aussi ne peut-on pas considérer les oscillations courantes des prix comme donnant habituellement l'expression véridique de l'offre et de la demande; il y a nombre d'irrégularités. La loi fonctionne cependant et, avec le temps, elle arrive à des résultats certains. Adam Smith disait qu'un espace de quatre-vingt-dix ans est suffisant pour qu'une marchandise arrive à son prix naturel [1]. C'est une précision suffisante pour le géant social qui compte sa vie par siècles, mais peu rassurante pour le microbe humain qui ne vit que des années.

Presque toutes les lois sociales fonctionnent ainsi; elles n'ont qu'une exactitude historique, et c'est une raison puissante de conserver dans une assez large me-

---

[1] *Richesse des nations*, liv. I^er^, chap. XII, sect. I.

sure le fonctionnement de la famille et de l'économie domestique, comme aussi d'organiser la mutualité, puisque ce sont là les moyens les plus efficaces de protéger les individus.

### § 2. — L'échelle de la densité de la valeur

Nous n'en arrivons pas moins à des constatations importantes. La loi de l'offre et de la demande, dont les résultats sont provisoires ou suspects pour un produit particulier et à une époque isolée, donne des résultats décisifs pour l'ensemble de tous les éléments de la richesse simultanément comparés.

Cette loi des échanges, qui fonctionne avec irrégularité mais avec continuité depuis des siècles, a abouti à une classification des valeurs, la plus sûre que l'on puisse imaginer, et telle assurément que la plus haute raison humaine eût été impuissante à l'établir *à priori*.

Il y a là un phénomène analogue à la constitution du langage. Par les imitations orales, par les accouplements de syllabes, par les allitérations, les calembours, les détournements de sens, les abus de mots, les vulgarisations de termes nobles, les appropriations d'expressions vulgaires, un vocabulaire s'est constitué, dont l'origine est impossible à retrouver, qui fourmille d'anomalies étymologiques et grammaticales, mais dont la richesse est incomparable et fournit un instrument merveilleux à la pensée humaine.

Il en est de même de la valeur. A force d'échanges irréguliers poursuivis durant des siècles, on est parvenu à une sériation des éléments de la richesse dont l'étude est singulièrement instructive.

Faisons donc une rapide incursion dans cette histoire naturelle des valeurs de l'échange.

La liste comparative des prix des principales denrées, par unité de mesure, va d'abord nous fournir l'échelle de la densité de la valeur. Les disproportions en sont curieuses.

L'eau, par exemple, la moins chère de toutes les denrées lorsqu'elle n'est pas gratuite, revient à Paris à un millime le litre, ci........................ 0 001

La glace, les combustibles, les matériaux de construction, valent de 1 à 3 centimes le kilogramme; moyenne....... 0 02

Les bois de charpente non équarris, la fonte brute, de 5 à 15 centimes; moyenne............................ 0 10

Le fer, l'acier brut, le froment, le pétrole raffiné, de 10 à 30 centimes; moyenne............................ 0 20

Le plomb brut, le zinc de première fusion, l'acier, le riz, la farine, le vin ordinaire (le litre), de 25 à 65 centimes; moyenne............................ 0 45

La morue sèche ou salée, le sucre raffiné, le savon, de 40 à 80 centimes; moyenne............................ 0 60

Le papier blanc, de 60 centimes à 1 fr. 40; moyenne.................... 1 »

La porcelaine blanche, l'huile d'olive, le porc salé, de 1 fr. à 1 fr. 75; moyenne............................ 1 40

Le cuivre de première fusion, les peaux brutes sèches, le coton en laine, le fromage sec, le café, de 1 fr. 20 à 2 fr. 20; moyenne............................ 1 70

| | | |
|---|---|---|
| L'étain brut, la laine brute, de 1 fr. 50 à 3 fr.; moyenne | 2 | 25 |
| La toile de coton, de lin ou de chanvre, le thé, le mercure; moyenne | 5 | » |
| Le drap de laine, de 13 à 16 fr.; moyenne | 14 | 50 |
| L'ivoire brut | 22 | » |
| L'écaille brute | 44 | » |
| La vanille | 48 | 50 |
| Le corail brut, l'étoffe de soie unie | 100 | » |
| L'argent aux 9/10es de fin (en monnaie, 200 fr.), en lingot | 140 | » |
| Le platine en masse | 900 | » |
| Le musc | 2.300 | » |
| L'or aux 9/10es de fin | 3.100 | » |
| Les perles fines | 17.000 | » |
| Les diamants taillés (brillants de 1 carat = 0 gr. 20) | 1.000.000 | » |

Ainsi, le diamant façonné a une valeur un milliard de fois plus forte que l'eau pure. Un brillant sur une parure n'est pourtant pas plus joli qu'une goutte de rosée sur une fleur ni qu'une perle de glace irrisée par le soleil.

Le diamant n'est que du carbone cristallisé ; il a une valeur cinquante millions de fois plus forte que le charbon, son humble congénère. Il est plus joli, cela est certain, mais il est bien moins utile. Nous pouvons vivre sans diamants, la plupart des hommes n'en ont pas ; nous ne pourrions guère nous passer de charbon.

Or, ce n'est pas pour le stérile plaisir de faire des antithèses que je me livre à ces rapprochements, c'est pour bien établir que l'utilité ne fait point la valeur d'une chose.

Ce n'est pas non plus le travail qu'on a dépensé pour

la produire, car il est très pénible d'extraire la houille au fond d'une mine, tandis qu'un chasseur, au Cap ou au Brésil, en explorant le lit d'un torrent, peut faire fortune en une minute s'il a la chance de rencontrer un joyau.

Si la somme de la valeur n'est ni dans l'utilité, ni dans le travail, où donc est-elle? Dans la rareté. Toute la loi de l'offre et de la demande n'est que la démonstration de ce fait. . . . . . . . . . . . . . . . . . . . .

Ce n'est pas à dire qu'il ne faut à la valeur ni utilité ni travail; on tomberait alors dans l'absurde. Il est bien clair que, sans utilité, les choses ne feraient l'objet d'aucune compétition, que l'on ne chercherait à les obtenir ni par déprédation, ni par industrie, ni par échange; il est bien évident aussi qu'avec le temps le travail se proportionne de plus en plus à la valeur préexistante des utilités : le diamant étant très cher, on se livre à des recherches considérables, on installe des chantiers coûteux pour l'extraction et le lavage des terres diamantifères, et parfois même on dépasse la mesure, on fait de si grands efforts qu'ils ne sont pas rémunérés par le produit. De toute manière, la valeur ne se proportionne ni à l'utilité, ni au travail, mais uniquement à la rareté. C'est là une vérité première qu'il ne faut jamais oublier.

La série des valeurs que j'ai tracée plus haut nous donne donc une échelle de rareté; ce n'est pas une échelle d'utilité.

Ce n'est pas non plus une échelle d'échangeabilité, car il est curieux de constater que ce ne sont pas les valeurs les plus précieuses qui se prêtent le mieux à l'échange.

## § 3. — L'échelle de l'échangeabilité ; les métaux précieux.

Le diamant est assurément l'objet qui a la plus grande densité de valeur.

Pour en donner nettement l'idée, Michel Chevalier calculait qu'il faudrait quarante hommes pour porter, en or, la valeur du diamant appelé le *Régent*, ce joyau léger de 28 grammes (exactement 28,1278 ou 136 carats 14/16) qui a fait l'ornement de la couronne de France. A ce compte, il n'y aurait pas d'armée assez nombreuse pour porter la valeur du *Régent* en charbon, car il n'y faudrait pas moins de quatre millions d'hommes. Quoiqu'il soit ainsi au plus haut degré de l'échelle de la densité de la valeur, le diamant n'est pas facile à vendre ; il est exposé à des variations de prix assez grandes. Cela tient d'abord à ce que sa valeur n'est pas uniforme : chaque pierre subit une évaluation différente, non seulement en raison de son poids, mais aussi en raison de sa forme, de sa taille, de son éclat, c'est-à-dire de la qualité de sa cristallisation. Il en résulte que nous confondons, en réalité, dans le langage usuel, sous la désignation commune de diamants, des joyaux qui, commercialement, ne sont pas identiques. En outre, les diamants ne sont pas divisibles sans perdre énormément de leur prix (la règle ordinaire est que les prix de deux diamants sont dans le même rapport que les carrés de leurs poids), ce qui les empêche de s'adapter à la grande diversité des fortunes ; s'ils conviennent à toutes les aristocraties de tous les pays du monde, ce n'est là qu'une généralité d'usage applicable aux sommets sociaux, ce n'est pas une généralité applicable à la masse des populations. Les aptitudes économiques du diamant et des joyaux en général, car l'observation est la même pour les perles fines, sont donc dans une certaine infériorité.

En jetant un simple coup d'œil sur la série des valeurs, notre expérience commune, à tous, ne nous permet pas d'hésiter un instant sur la désignation de celles qui sont douées de la plus grande échangeabilité. Nous savons, de science certaine, que ce sont les métaux précieux : l'or et l'argent.

Il va nous être facile par leur comparaison, d'une part avec les marchandises vulgaires, d'autre part avec les joyaux précieux, de démêler les motifs de leur fortune.

En premier lieu, les métaux précieux sont *utiles*, et ici il faut bien comprendre ce que signifie l'utilité au sens économique du mot. Ils ne sont pas utiles en ce sens qu'ils sont nécessaires à l'entretien de notre vie, à la préservation de nos organes, à la multiplication de notre puissance, point du tout ; ils sont utiles simplement parce qu'ils plaisent ; la satisfaction qu'ils procurent est assez grande pour déterminer les efforts qu'il faut faire pour se les procurer. A ce point de vue, leur utilité a beaucoup plus d'analogie avec celle des perles et des joyaux qu'avec celle du charbon, du blé ou du fer; elle n'en est pas moins incontestable, et il ne servirait de rien de moraliser sur le plus ou moins de futilité de cette sorte d'utilité. Elle existe, cela suffit ; et les racines qu'elle a dans notre âme sont si profondes et tellement insaisissables que nous serions bien imprudents de prétendre les démêler.

L'or et l'argent plaisent à tous les peuples, ils sont recherchés dans tous les pays du monde. Il y a des races d'hommes qui ne mangent pas de blé, ni de viande, qui n'ont point besoin de chauffage, à qui, par conséquent, le charbon, le bétail, le grain, sont inutiles. Il n'en est pas qui n'aiment l'or et l'argent, pour leur éclat qui vient de leur résistance à l'oxydation, et pour leur ductilité qui se prête à toutes les ornementations.

L'or et l'argent sont donc très utiles, non pas d'une utilité très intensive, si je puis ainsi dire, mais d'une utilité très étendue.

En même temps qu'ils sont utiles, les métaux précieux, comme leur nom l'indique, sont rares. Cette rareté constitue leur valeur : une valeur n'est que de l'utilité rare[1]. Et comme leur utilité est générale, leur valeur est générale aussi. Ils sont échangeables partout, ce qui constitue la richesse par excellence. N'est vraiment richesse que ce qui est valeur pour tout le monde; car richesse ne veut pas dire grande valeur, mais valeur très étendue. Il y a des richesses d'une très petite valeur, et de grandes valeurs qui ne renferment qu'une parcelle de richesse. Un clou authentique de la croix de Jésus-Christ vaudrait des millions pour les catholiques : ce serait une grande valeur. Comme richesse intrinsèque, il ne représenterait que la fraction de centime qu'en offrirait le marchand de ferraille.

Les objets fabriqués avec de l'or ou de l'argent sont naturellement variables de valeur, suivant le goût du consommateur et la mode de l'époque ou du pays, mais la quantité de richesse toujours échangeable qu'ils renferment est à peu près constante. Cela tient à ce que leur division, leur mélange à d'autres substances ne sont jamais définitifs; leur reconstitution est toujours facile.

Un joyau ne peut être morcelé sans perdre une

---

[1] C'est M. Léon Walras qui, le premier, je crois, a donné cette définition.

énorme partie de sa valeur : une perle coupée en deux est perdue. Au contraire, une grosse pièce d'orfèvrerie peut servir à fabriquer des bagues et des bracelets, ou à recouvrir d'une pellicule brillante un ustensile de bois ou de cuivre, ou à fabriquer un fil étincelant qui se mêlera dans le tissu aux fils de lin ou de soie. Plus tard, les bagues, les bracelets, les fils, voire les parcelles perdues dans les cendres de l'orfèvre (ce qu'on appelle d'un mot pittoresque les regrets d'orfèvre), pourront être refondus ensemble et reconstitués à l'état de lingot ou de pièce importante. La refonte des vieilles monnaies d'or et des fragments de ce métal n'entraîne pas une dépense de plus de 5 centimes par 100 francs. Ainsi, l'or et l'argent, qui n'exigent pas une grande façon pour être utilisés, restent en quelque sorte à l'état de matière lors même qu'ils sont devenus des produits. Ils sont toujours disponibles pour d'autres usages que celui auquel ils se trouvent employés; ils peuvent ainsi se plier à tous les goûts et à toutes les fortunes.

C'est là un privilège presque unique, car si on retrouve la divisibilité dans les combustibles, dans les grains, dans les métaux ordinaires, il y a cette différence que, pour ces marchandises vulgaires, le morcellement est définitif, parce que leur faible valeur ne comporte pas les frais d'une reconstitution.

Grâce à leur grande valeur sous un faible volume, les métaux précieux sont, avec les joyaux, les plus transportables de toutes les marchandises. Qu'en résulte-t-il? C'est que, pour peu qu'il y ait quelque moyen de communication entre les peuples, et des intermédiaires médiocrement intelligents, les métaux précieux se répandent dans le monde entier à peu près également, c'est-à-dire en quantités proportionnelles à la richesse des pays. On ne les voit pas abondants et à vil prix dans une contrée, rares et très chers dans une contrée voisine, comme il arrive pour les combustibles, les blés, les vins, etc., comme il arrivait du moins avant la construction des routes et des chemins de fer.

En effet, une tonne de houille, qui vaut 12 francs sur le carreau de la mine, ne peut être transportée à 4 kilomètres, à dos d'homme ou à 14 kilomètres à dos de mulet, sans que les frais égalent son prix; tout au plus ira-t-elle à 75 kilomètres en voiture, à 300 kilomètres en chemin de fer, à 600, peut-être à 1,200 en bateau. Quant à l'or, même transporté à dos d'homme, il pourrait faire vingt ou vingt-cinq fois le tour du globe sans doubler son prix de revient. Autant dire qu'aux distances normales ses frais de transport sont insignifiants, et que sa grande densité de valeur lui confère une sorte de don d'ubiquité.

Cette transportabilité dans l'espace se complète par la transportabilité dans le temps, autrement dit par l'inaltérabilité, la conservation sans déchet. Toutes les denrées alimentaires se corrompent; les grains, les vins, l'alcool, malgré les plus grands soins, sont exposés à des altérations ou à des déperditions; les métaux ordinaires s'oxydent, se ternissent, se consomment à la longue. Seuls, l'or et l'argent se maintiennent indéfiniment identiques à eux-mêmes, et retrouvent leur éclat primitif au moindre polissage.

La conséquence de l'inaltérabilité des métaux précieux est qu'ils vont toujours en s'accumulant dans le monde. La production annuelle n'influe sur la somme totale de leur valeur que comme une faible rivière sur un grand lac. Leur offre est donc à peu près constante ou du moins ne s'augmente que suivant une progression assez lente pour qu'il soit facile à la richesse générale, c'est-à-dire à la demande, de l'accompagner du même pas. De là, une fixité de valeur que l'on n'observe au même degré dans aucune autre marchandise.

Enfin, à toutes ces qualités spéciales des métaux précieux, il faut en ajouter une dernière (conséquence de leur homogénéité qui fait aussi leur divisibilité), celle d'être aisément reconnaissables au poids, à la sonorité, à l'essai chimique, et de se prêter à des empreintes qui garantissent leur valeur en évitant d'avance tout frais de contrôle ultérieur.

C'est par suite de ces propriétés que les métaux précieux se sont trouvés les mieux doués comme valeurs d'échange. C'est pourquoi, dès l'antiquité, on les a pris habituellement comme termes de comparaison de la richesse en réduisant en quantités d'or et d'argent toutes les autres marchandises à vendre ou à acheter.

### § 4. — La monnaie, dernier terme de la série économique

Pour faciliter encore les comparaisons et préciser les calculs de l'échange, les gouvernements, depuis des temps très reculés, ont fait fabriquer d'avance des quantités de petits lingots d'or et d'argent, d'une forme et d'un poids déterminés, d'un titre, c'est-à-dire d'un alliage, constant, l'addition d'une certaine quantité de cuivre augmentant la dureté du métal et sa résistance au frottement; et, afin de rendre ce poids et ce titre authentiques, ils ont recouvert les deux faces et la tranche de ces lingots des empreintes d'un sceau officiel. C'est là ce qui constitue la monnaie[1].

[1] « La monnaie frappée était certainement inconnue aux âges homériques, mais elle existait du temps de Lycurgue. Nous pouvons donc admettre, avec différentes autorités, qu'elle fut inventée entre ces deux périodes, c'est-à-dire vers l'an 900 avant

P.-J. Proud'hon, les socialistes et certains bimétallistes viendront dire : C'est une valeur consacrée par l'Etat ; oui, *consacrée,* après que le monde entier l'a eu spontanément adoptée comme l'intermédiaire naturel des échanges. C'est la loi de l'offre et de la demande, et non l'Etat, qui a créé la monnaie.

En ce sens, Turgot a pu déclarer que « toute monnaie est marchandise ». A-t-il eu raison d'ajouter que toute marchandise est monnaie ? Non, car nous savons, d'après ce qui précède, que toutes les marchandises n'ont pas l'aptitude monétaire au degré prééminent où la possèdent les métaux précieux (ce que Turgot, d'ailleurs, était loin de nier).

Nous avons reconnu que l'utilité et la rareté réunies suffisaient à constituer la *valeur;* un certain degré de généralité dans l'usage et de densité dans la valeur arrivent à constituer la *richesse;* mais il faut un degré de plus dans la transportabitité et dans la fixité de la valeur pour conférer l'aptitude *monétaire.* On a ainsi trois éléments superposés : valeur, richesse, richesse monétaire. En disant que toute monnaie est marchandise ou a été marchandise, c'est comme si l'on reconnaissait que toute monnaie est richesse et par conséquent valeur. Mais la contre-proposition n'est pas vraie. Toute valeur n'est point richesse, encore moins richesse monétaire. Ne peut être monnaie qu'une marchandise douée d'une certaine fixité relative dans sa valeur d'échange.

---

J.-C. La tradition rapporte aussi que Pheidon, roi d'Argos, fit frapper la première monnaie d'argent dans l'île d'Egine, vers 895, et cette tradition est confirmée par l'existence de petits lingots d'argent trouvés à Egine... Les premières monnaies frappées soit en Lydie, soit dans le Péloponnèse, n'étaient frappées que d'un côté. » (Stanley Jevons, *La monnaie et le mécanisme de l'échange,* p. 46, Germer-Baillière, éditeur.)

A cet égard, nous l'avons vu, les métaux précieux ont un privilège naturel sur toutes les autres denrées ; ils constituent, par conséquent, une richesse de qualité supérieure, et nous avons trouvé dans ce privilège naturel le moyen de mesurer toutes les autres valeurs, non pas avec une rigueur absolue, la chose est impossible puisque la monnaie qui sert de mètre est variable elle-même, mais avec une approximation suffisante dans les opérations commerciales et les comparaisons statistiques.

Je me résume. L'idée fondamentale de ce chapitre est la distinction à faire entre ces quatre termes économiques qui marquent en quelque sorte la progression des éléments de la richesse :

1° L'*utilité* répond à la satisfaction de nos besoins; elle peut être commune et gratuite, ou bien rare et onéreuse;

2° La *valeur* est l'utilité rare; elle peut rester particulière et difficilement échangeable, ou bien, au contraire, prendre un caractère général et se prêter facilement à l'échange;

3° La *richesse* est la valeur échangeable; elle peut néanmoins rester incertaine et variable, ou bien être aussi fixe qu'il est possible et recevoir alors la consécration de la loi;

4° La *monnaie* est cette portion la plus constante de la richesse qui a reçu la sanction officielle; elle représente donc la richesse à son apogée.

Nous verrons dans les chapitres suivants que ces cadres ou ces catégories de la richesse ne sont pas immuables. Grâce au progrès des mœurs, à la facilité des transports, à la sécurité des transactions, à l'extension du crédit et à la multiplication des signes représentatifs circulant à la place des choses, un certain nombre de simples utilités ont pris de la valeur, des valeurs assez peu courantes sont devenues aisément échangeables et sont montées au rang des richesses, des richesses enfin ,mobilisées et régularisées, en sont venues à rivaliser comme usage monétaire avec les métaux précieux.

## CHAPITRE IX

### LES MOYENS DE CIRCULATION

#### LA SÉCURITÉ SOCIALE

L'échange, phénomène fondamental de l'économie politique, se heurte à deux séries d'obstacles puissants :

Les premiers viennent de l'homme même et de l'état social auquel il est soumis ;

Les seconds viennent de la nature: ils résultent de la distance et de la difficulté de transporter les objets.

Les obstacles qui tiennent au caractère de l'homme et à l'état social sont assurément les plus difficiles à vaincre. C'est seulement quand on les a suffisamment surmontés qu'on peut venir à bout des seconds.

En quoi consistent-ils?

D'une part, dans l'inertie de l'homme, dans ses habitudes routinières, ses préjugés, ses entêtements, son ignorance des qualités des choses et son refus de s'en instruire;

D'autre part, dans son défaut de vertu sociale, soit manque de justice, soit manque de courage, qui le pousse aux spoliations et aux déprédations, violentes ou astucieuses, ou bien qui l'en rend victime.

Dans cet état primitif d'inertie, de méfiance et d'insécurité, les hommes ne consomment guère que ce qu'ils produisent eux-mêmes; l'absence d'échange limite étroitement la consommation, et empêche à la fois toute stimulation de la production.

La vraie cause de ce mal est la faiblesse de l'état social, la dissémination, la division des individus. Aussi, le voit-on en grande partie disparaître dès que la population se condense.

L'agglomération des individus entraîne toujours un développement de l'instruction, sinon doctrinale au moins mutuelle et empirique. L'entraînement par l'exemple est un puissant moyen, peut-être le seul, de vaincre la routine et l'inertie. En outre, avec la fréquence des rapports sociaux, naissent ces mobiles supérieurs de consommation que nous avons déjà reconnus: raffinement, sociabilité, ostentation fastueuse, qui accroissent les besoins, qui forcent de recourir à l'échange, qui créent des emplois à la production et, par conséquent, la stimulent. Enfin, la densité de population, qui implique toujours de nombreuses familles, des groupements corporatifs, et, par ceux-ci ou celles-là, une certaine influence sur les détenteurs du pouvoir, entraîne forcément une sécurité plus grande, de nature à réagir favorablement sur tout l'ensemble des transactions sociales.

Adam Smith, très judicieusement, a vu dans les grands fleuves une cause puissante de civilisation primitive, parce qu'ils sont des voies économiques de transport, fournies par la nature à une époque où l'absence des capitaux accumulés ne permettrait pas d'y suppléer par de grands travaux publics. Cette raison est vraie, sans aucun doute, mais il me semble qu'Adam Smith a omis de signaler la principale influence civilisatrice des grands fleuves: c'est qu'ils sont avant tout d'incomparables agents de fertilité. Ils ont permis, dès l'origine, l'intensité de culture qui donne la densité de population. Et ainsi nous voyons naître les premières civilisations en Mésopotamie, en Egypte, dans l'Inde et en Chine. Les deltas fertiles sont les berceaux de la civilisation primitive, par le seul fait de la densité de population qu'ils procurent.

Il va sans dire aussi que les fleuves, employés comme moyens réguliers de communication, ont été de puissants auxiliaires, mais peut-être moindres qu'on ne le croit, dans un temps où l'échange n'était point le phénomène social dominant, et où l'économie domestique, c'est-à-dire la consommation sur place des produits de la famille et de la localité, s'imposait nécessairement.

D'une manière générale, on peut dire cependant, ce qui concilie tout, que les civilisations se sont fondées sous l'empire de deux conditions principales : la fertilité naturelle de la terre permettant la densité de population, et la facilité primitive des transports et des communications. Partout où ces deux conditions se rencontrent, nous voyons naître et subsister de grands empires, nous voyons les échanges se multiplier, la justice et la sécurité s'introduire dans les relations sociales, la propriété enfin apparaître.

Pourtant, lorsque ces civilisations premières restent subordonnées et proportionnées à ces seules conditions naturelles, elles ne prennent pas un très grand essor ; elles arrivent à s'immobiliser comme l'Egypte, comme l'Inde, comme la Chine. Il faut, pour que la vie sociale s'élargisse, des moyens auxiliaires plus puissants.

Le premier à signaler, ce sont les métaux précieux et leur fonctionnement comme instrument monétaire.

Dans les temps d'insécurité, la monnaie est la première des richesses, la seule dont la propriété soit à peu près sûre. Un homme qui possède un trésor caché, si misérable soit-il, si suspect et persécuté, si dénué de tout droit politique, trouvera toujours des défenseurs et un appui secret. Les juifs au moyen âge l'ont bien prouvé. On les persécutait, on les torturait, on les pressurait périodiquement, et cependant on ne pouvait se passer d'eux. Les rois, les seigneurs, l'Eglise même y avaient recours; en définitive, ils n'ont fait que grandir.

Pour que la monnaie exerce son influence civilisatrice, il faut que les métaux précieux soient suffisamment abondants pour être accessibles à toutes les classes sociales. Tant que l'or et l'argent ont été si rares que leur possession n'était permise qu'à des hommes fortunés, ils n'ont pu servir qu'à des échanges limités et exceptionnels, entre riches. Mais, quand les métaux précieux ont été assez répandus pour devenir abordables aux plus modestes ressources, dès que les modérément riches ont pu avoir un anneau d'or, et les femmes des petites gens un bracelet d'argent, l'influence civilisatrice des métaux précieux est devenue considérable, parce qu'elle a stimulé extraordinairement l'échange et la production; elle a fondé, on peut le dire, la propriété personnelle : les esclaves mêmes ont pu amasser un pécule.

Ce n'était là encore cependant qu'une propriété de fait et précaire, dont le principal avantage était de pouvoir aisément se dissimuler. Mais alors se poursuivait simultanément, au sein des civilisations primitives, la longue lutte civile et religieuse qui devait aboutir à la constitution du droit.

Certains économistes s'imaginent parfois que leur science se suffit à elle-même. Ils font fi trop souvent de la politique et de la guerre, de la religion et de la philosophie; ils oublient l'histoire. Tout est solidaire dans la physiologie sociale.

Si l'on s'était borné aux seules conditions économiques, les effets civilisateurs de la densité de population, des voies de communication naturelles et des métaux précieux, se seraient vite épuisés; depuis des siècles, nous serions restés stationnaires. Fort heureusement, la politique et la religion sont intervenues, et, tout en exigeant, quand elles entraient en scène, de gros sacrifices économiques, qui pouvaient sembler alors des pertes irrémédiables, elles ont préparé des splendeurs économiques nouvelles.

La religion d'abord, la philosophie ensuite, ont introduit la morale dans la société, en opposant un frein aux instincts violents et déprédateurs des hommes. La politique, en équilibrant les forces sociales, a obtenu peu à peu l'extension des privilèges à des classes de plus en plus nombreuses de citoyens, acheminement à l'égalité des droits individuels.

Alors la propriété a été constituée sur la morale et sur le droit; puis, les anciens régimes, corporatifs ou hiérarchiques, ont été rompus au profit de la liberté et de l'initiative individuelle; et enfin sont apparus les moyens de progrès économique que j'appellerai transcendants.

La sécurité sociale dans la propriété a multiplié l'épargne, a permis l'association, le crédit, les opérations à long terme, la spéculation. On a assisté dès lors à la formation d'immenses capitaux qui ont servi de dotation à de toutes puissantes entreprises. Les moyens perfectionnés de transport et de communication sont venus féconder la production industrielle et agricole dans des proportions inouïes, dont on n'aperçoit plus désormais les limites.

A ce degré de perfectionnement du mécanisme de l'échange, les anciennes conditions de la civilisation perdent une partie de leur importance et finissent même par être méconnues. Nous assistons à des mises en valeur de pays nouveaux, en Australie, en Amérique, en Afrique, où la civilisation n'est plus subordonnée à la densité de population, à la fécondité des fleuves ou à la possession des métaux précieux. L'instruction sociale et commerciale, d'une part, les facilités de transport et de communication, d'autre part, les ressources du crédit et des compensations, l'ubiquité de la protection métropolitainé, suppléent à tous ces anciens éléments de prospérité, qui jadis nous semblaient indispensables et qui aujourd'hui ne nous paraissent que secondaires.

Pour expliquer ces conditions nouvelles, il nous faut insister sur deux séries de progrès économiques :

1° Les progrès de la circulation par la monnaie et le crédit : ils feront l'objet des chapitres X, XI et XII;

2° Les progrès de la circulation par le transport et l'information (chap. XIII).

Nous connaîtrons alors les conditions essentielles du fonctionnement de l'échange.

# CHAPITRE X

## LES MOYENS DE CIRCULATION (suite)

### LA MONNAIE

#### § 1er. — La monnaie, gage et stimulant du crédit

L'histoire de l'échange peut se diviser en deux âges et en quatre périodes :

1° L'âge du métal, comprenant : la période préhistorique des métaux précieux non monnayés, et la période historique de la monnaie investie légalement d'un pouvoir libératoire;

2° L'âge du papier, comprenant : la période de la représentation équivoque de la monnaie et des capitaux les plus divers par le billet de banque ; et la période, où nous entrons à peine, de la représentation sincère des capitaux par la multiplicité et la spécialité des titres de crédit : billets de banque réglementés, valeurs mobilières diverses, chèques, virements de compte et compensations.

Le début de la période des métaux non monnayés se perd dans la nuit des temps ; l'apparition de la monnaie coïncide avec la constitution des cités ; l'âge du papier commence avec les premières banques de dépôt au XVIIe siècle ; la période du crédit spécialisé date, à mon avis, de l'*act* de Robert Peel, en 1844, réglementant strictement les banques d'émission en Angleterre.

Dans cette évolution du règlement des échanges, on

voit que l'influence de la monnaie et celle du crédit semblent se confondre. C'est qu'en effet la monnaie et le crédit ont une affinité singulière.

Qu'est-ce en définitive que la monnaie, sous le pouvoir légal dont elle est revêtue? Une marchandise de luxe, d'une utilité secondaire, mais d'une valeur assez fixe pour qu'on la garde avec confiance, en attendant qu'on trouve à l'échanger contre les denrées dont on a véritablement besoin. La consécration légale de la monnaie n'a fait que fortifier cette qualité naturelle.

Toute vente d'un produit ou d'un service, en retour de laquelle on reçoit une somme de monnaie, n'est qu'un échange provisoire, un échange dont la contrepartie est différée, par conséquent une opération de crédit, consentie sur le gage de la valeur monétaire que l'on reçoit à titre de provision. On appelle couramment « opérations au comptant » celles qui se règlent en monnaie, mais, à vrai dire, il n'y aurait d'opérations au comptant que les échanges en nature à la double satisfaction des parties ; ceux-là seuls sont des échanges complets et définitifs.

La monnaie, au fond, n'est un instrument d'échange que parce qu'elle est un instrument de crédit ; réciproquement, tout instrument de crédit peut devenir un instrument d'échange, un moyen monétaire. Plus les fonctions économiques se développent, plus ce caractère s'accentue. Les échanges, en effet, ne sont facilités qu'en tant que l'ajournement de la contre-partie est permis. C'est essentiellement le rôle du crédit ; on comprend donc que la monnaie et tous les procédés du crédit se rattachent à la même série économique.

Il résulte de cette première observation que la fonction monétaire des métaux précieux tient essentiellement à la constance de leur valeur.

Ce n'est pourtant là qu'une fixité très relative. Les métaux précieux changent de valeur comme toutes les denrées : leurs variations sont seulement plus lentes, moins sensibles, et généralement dirigées dans un même sens : celui d'une baisse continue.

La loi naturelle est que les métaux deviennent de plus en plus abondants. En raison de cette abondance, leur valeur décroît, et les prix des marchandises exprimés en monnaie s'élèvent. Toute hausse générale des prix implique une dépréciation monétaire.

Par contre, toutes les fois que, par dérogation à la loi naturelle, les métaux précieux deviennent moins abondants, leur valeur s'accroît, les prix des marchandises s'abaissent ; il y a, comme on dit techniquement, *appréciation* monétaire.

Il peut se faire, dans les deux cas, que la quantité totale des denrées consommables, que la richesse réelle de la nation soit restée la même ; cependant, par l'habitude acquise de tout évaluer en monnaie, la hausse des prix donne l'illusion d'une richesse accrue, elle encourage l'entrepreneur d'industrie ; elle lui permet, en outre, tant que les salaires et les intérêts restent fixes, de les acquitter pour partie en valeur nominale ; son profit en est provisoirement augmenté, au léger détriment des ouvriers et des créanciers ; mais son initiative s'en sccroît au profit de ces mêmes travailleurs et capitalistes.

En temps de baisse des prix, au contraire, le sentiment d'une diminution de richesse glace l'esprit d'entreprise ; elle rend les salaires et les intérêts plus lourds à payer ; les chefs d'industrie sont contraints ou de les réduire ou de subir enx-mêmes une diminution de profit ; la baisse des prix arrête quelquefois les entreprises en cours et décourage, en tout cas, les entreprises nouvelles, au préjudice très grand des travailleurs et des capitalistes.

En sorte que, malgré les inconvénients du manque de fixité dans la valeur monétaire, il faut encore préférer les variations qui produisent la hausse des marchandises à celles qui en amènent la baisse. Nous allons voir que c'est, en définitive, ce qui s'est réalisé dans l'histoire des progrès économiques.

Cependant pour le constater, on éprouve quelque embarras. Puisque la monnaie qui sert de mesure habituelle de la valeur des choses n'est point fixe, comment trouver quelque valeur plus fixe qui serve à la mesurer elle-même?

Pour sortir de cette impasse, il faut se rappeler ce que nous avons dit de certains produits d'un caractère mixte qui tendent à hausser comme produits naturels, à baisser comme produits industriels et, toutes compensations faites, à rester stationnaires. Entre tous les produits de cette nature, le blé paraît être celui qui, durant les siècles passés et malgré des variations annuelles considérables, s'est le moins écarté d'une valeur moyenne assez constante. C'est du moins l'opinion d'Adam Smith : « Nous pouvons, dit-il, mieux juger de la valeur réelle de l'argent, en le comparant avec le blé qu'en prenant pour objet de comparaison une autre marchandise quelconque ou plusieurs autres sortes de marchandises conjointement [1]. »

En admettant cette mesure approximative, il devient possible de constater dans l'histoire, et la dépréciation générale de la monnaie, et les variations des métaux précieux entre eux.

---

[1] *Richesse des nations*, édition Joseph Garnier, tome I, p. 315.

§ 2. — L'or et l'argent de 1492 à 1850; dépréciation de la monnaie

A Athènes, du temps de Solon, on a prétendu que l'hectolitre de blé valait deux francs[1], mais deux cents ans plus tard, lors des harangues de Démosthène vers 340 avant J.-C., sous l'influence de l'exploitation des mines et des échanges avec l'Asie, le prix s'était élevé au quintuple : 5 drachmes le médimne de 45 litres et demi, ou environ 10 fr. l'hectolitre. C'est à peu près la moitié de nos prix modernes.

A Rome, après les conquêtes et les largesses de Sylla, de Pompée et de César, on trouve un prix semblable. Mais, à cette époque, il faut suspendre, la comparaison; les contributions en nature imposées aux provinces et les distributions gratuites ou à prix très réduit faites aux populations urbaines, soustraient en quelque sorte le blé au commerce, et lui donnent une valeur fictive, qui contribue à la ruine de l'agriculture.

Après la chute de l'empire romain, pendant les siècles qui suivirent l'établissement des barbares, l'or et l'argent devinrent extrêmement rares. Il en résulta pour toutes les marchandises, et notamment pour les denrées de première nécessité, un avilissement de prix incroyable. Du temps de Charlemagne (750 à 800 ans après J.-C.), on croit que le blé ne valait pas plus de 1 fr. 25 ou environ l'hectolitre.

Au xv$^{e}$ siècle, les métaux précieux étaient déjà deux fois plus abondants et le prix des denrées deux fois plus élevé; le blé, d'après Dupré de Saint-Maur, valait 2 fr. 50.

---

[1] Voir Michel Chevalier, Germain Garnier, J.-B. Say, Léon Faucher, Moreau de Jonnès, etc.

Au moment de la découverte de l'Amérique (1492) le blé valait à Paris environ 3 fr. 50 l'hectolitre.

« L'Europe civilisée, dit Michel Chevalier, ne possédait plus qu'une petite quantité d'or et d'argent. De ce qui en avait existé sous les Romains, une partie, enfouie, avait été perdue ; une autre avait disparu en parcelles insaisissables par l'amincissement successif des monnaies et des objets en métaux précieux. Une certaine quantité était allée s'engloutir dans l'Orient, pour solder des marchandises tirées de l'Inde, de la Chine et des îles à épices. Ce que rendait l'exploitation des mines européennes était fort restreint. Ce fut dans ces circonstances que Christophe Colomb et, après lui, Cortès et les Pizarre ouvrirent à l'Europe un monde nouveau, riche en mines d'argent et d'or[1]. »

Les trésors des Incas et de Montezuma ne paraissent pas toutefois avoir dépassé en importance ceux des princes européens. C'est en 1545 qu'un pauvre Indien, conducteur de lamas, qui avait travaillé aux mines de Porco, découvrit par hasard les célèbres mines d'argent « que recèlent les flancs d'un pic isolé au milieu des affreux déserts du haut Pérou, le *Hatun Potocchi*, dont, par euphonie, on a fait le Potosi ». « Les affleurements des nombreux filons qui traversent cette montagne, dit Michel Chevalier, étaient d'une richesse pro-

---

[1] « M. Jacob estime que l'extraction moyenne des mines de l'Europe, depuis l'an 800 jusqu'à la fin du XVe siècle, n'a pas excédé 2 millions de notre monnaie ; l'extraction n'aurait pas été, à beaucoup près, uniforme pendant cette longue période ; elle eût été plus forte à la fin qu'au commencement. » (Note de Michel Chevalier, *La Monnaie*, p. 181.) — « Quant à l'ancien fonds (fin du XVe siècle en Europe), il y a lieu de croire que M. Gallatin l'exagère lorsqu'il le porte à 300 millions de piastres (1,600 millions de francs). M. Jacob le met à moins d'un milliard de francs. » (Id. p. 312).

digieuse. La population y accourut, les établissements métallurgiques et les monuments d'une vaste cité s'élevèrent comme par enchantement dans cette solitude inhospitalière. Une invention fort ingénieuse vint, peu après, seconder merveilleusement les efforts des aventuriers qui se précipitaient sur les gîtes d'argent du Mexique et du Pérou. En 1557, Médina, mineur de Pachuca, imagina le procédé de l'amalgamation à froid... Par une sorte de divination, cet homme imagina une méthode de traitement dont la science rend à peine compte aujourd'hui après que de grands chimistes se sont consacrés à l'étudier [1]. »

L'effet de la multiplication des métaux précieux fut considérable. D'après M. Leber [2], « le pouvoir de l'argent (de la monnaie), qui s'était maintenu dans le premier quart du XVI^e^ siècle à l'ancien rapport de 6 (six fois la valeur de 1840), descend, dans le deuxième quart, à 4, dans le troisième quart, à 3, et dans le quatrième, y compris la fin du règne de Henri IV, au rapport de 2, où il est resté jusqu'à la Révolution de 1789. »

En d'autres termes, une marchandise qui aurait valu 10 du temps de Charlemagne, et 17 de 1300 à 1525, se serait élevée à 25, de 1526 à 1550 ; — à 33, de 1551 à 1575 ; — à 50, de 1576 à 1789 ; — et à 100, dans la première moitié de notre siècle.

M. Leber, pour établir son estimation, a relevé à ces différentes époques : 1° les prix des gages, soldes, salaires, journées, pensions ; 2° les prix des denrées de première nécessité ; 3° les prix des objets de luxe et des produits de l'industrie, de l'art et du commerce exté-

---

[1] *La Monnaie*, p. 189.

[2] *Essai sur l'appréciation de la fortune privée au moyen âge*, 2e édition 1847. Ce livre est devenu pour ainsi dire classique.

rieur, et les a comparés au prix moyen du blé de 1815 à 1841 qu'il a estimé à 23 fr. l'hectolitre.

Cette méthode qui serait critiquable à notre époque, vu la loi différente qui régit la modification des prix des salaires, des prix des denrées alimentaires et des prix des objets manufacturés, les premiers tendant à s'élever, les seconds à rester stationnaires et les troisièmes à se réduire, cette méthode, dis-je, ne paraît pas offrir de sérieux inconvénients pour des siècles où le progrès des manufactures était peu sensible, et où la main-d'œuvre était peu recherchée. On verra, tout à l'heure, que les coefficients de M. Leber concordent assez sensiblement avec ceux que l'on peut tirer des prix moyens du blé, de l'an 1300 à nos jours.

M. Leber fait remarquer qu'à partir de 1575 environ, la révolution monétaire paraît terminée ; le pouvoir de l'argent reste à peu près identique jusqu'à la Révolution française.

« Ce n'est pas, dit-il, que les trésors d'outre-mer fussent dès lors épuisés. Mais l'extension progressive du mouvement de l'industrie et du commerce, la propagation des manufactures et des fabriques, l'accroissement des produits de toute nature dans l'Europe civilisée, compensèrent bientôt l'effet de l'importation des métaux précieux du Nouveau-Monde ; et jusqu'à la Révolution, qui brisa tous les rouages de la vieille machine sociale pour la reconstruire sur un plan nouveau, l'équilibre s'est maintenu entre les deux forces correspondantes, de l'argent d'une part, et des produits de l'autre. »

Voici, d'après le docteur Soetbeer (de Gœttingue), un statisticien allemand de grande valeur qui s'est en quelque sorte consacré à la statistique des métaux précieux, les quantités d'or et d'argent produites dans le monde depuis la découverte de l'Amérique (1492), jusqu'en 1850 :

**Production de l'or et de l'argent**

| Périodes | Durée ans | Or (fin) kilog. | Argent (fin) kilog. |
|---|---|---|---|
| 1493-1520 | 28 | 162.400 | 1.316.000 |
| 1521-1544 | 24 | 171.800 | 2.165.000 |
| 1545-1560 | 16 | 136.200 | 4.986.000 |
| 1561-1580 | 20 | 136.800 | 5.990.000 |
| 1581-1600 | 20 | 147.600 | 8.378.000 |
| 1601-1620 | 20 | 170.400 | 8.458.000 |
| 1621-1640 | 20 | 166.000 | 7.872.000 |
| 1641-1660 | 20 | 175.400 | 7.326.000 |
| 1661-1680 | 20 | 185.200 | 6.740.000 |
| 1681-1700 | 20 | 215.300 | 6.838.000 |
| 1701-1720 | 20 | 256.400 | 7.112.000 |
| 1721-1740 | 20 | 381.600 | 8.624.000 |
| 1741-1760 | 20 | 492.200 | 10.663.000 |
| 1761-1780 | 20 | 414.100 | 13.055.000 |
| 1781-1800 | 20 | 355.800 | 17.581.000 |
| 1801-1820 | 20 | 292.200 | 14.350.000 |
| 1821-1840 | 20 | 345.100 | 10.570.000 |
| 1841-1850 | 10 | 547.600 | 7.804.000 |
| — | — | — | — |
| 1493-1600 | 108 | 754.800 | 22.835.000 |
| 1601-1700 | 100 | 912.300 | 37.234.000 |
| 1701-1800 | 100 | 1.900.100 | 57.035.000 |
| 1801-1850 | 50 | 1.184.900 | 32.724.000 |
| — | — | — | — |
| 1493-1850 | 358 | 4.752.100 | 149.828.000 |

*Nota.* — 1 kilog. d'or fin représente 3,444 fr. 44 = 2,790 marks. 1 kilog. d'argent fin a, dans l'Union monétaire latine, une ***valeur légale*** monétaire de 222 fr. 22, mais sa valeur réelle par rapport à l'or a beaucoup varié; on la trouvera ci-après, p. 152, en marks et en francs.

Cette production d'or et d'argent n'a pas été tout entière appliquée au monnayage; une partie considérable en a été employée dans l'orfèvrerie et l'argenterie : montres et bijoux, ustensiles, vaisselle et instruments, ornements d'église, dorures et argentures, broderies et tissus, etc. Une autre partie s'est répandue dans les pays d'Orient et n'en est plus revenue. Une autre partie, enfin, a été définitivement perdue, soit par le frai des monnaies, soit par l'usure des objets d'orfèvrerie et des tissus, soit par les naufrages et les enfouissements.

Sur la monnaie de l'antiquité, du moyen âge et des siècles derniers, le frai était beaucoup plus considérable que de nos jours, en raison du moindre alliage des monnaies d'or, du plus petit format des monnaies, de leur plus grande circulation et des nombreux transports qu'elles devaient subir. « M. Jacob, dit Michel Chevalier, dans ses recherches sur les quantités d'or et d'argent que chaque siècle avait léguées au suivant, depuis l'empire romain, sous Vespasien, jusques aux temps modernes, a admis une déperdition annuelle de 1 sur 360 », savoir : 1 sur 600 pour la monnaie d'or et 1 sur 150 pour la monnaie d'argent [1]. D'après les expériences de 1807, en Angleterre, le même savant adoptait pour le frai des monnaies modernes anglaises une proportion de 1 sur 950 pour l'or et de 1 sur 200 pour l'argent.

Pour rester dans une grande modération, je me suis permis d'appliquer ces derniers chiffres (en réduisant, toutefois, le frai sur l'or à 1 pour 1,000, pour la facilité du calcul) aux productions ci-dessus évaluées par M. Soetbeer. J'en ai déduit les stocks de métaux précieux aux différentes périodes. Je mets en regard les prix moyens du blé, le pouvoir d'acquisition que ces

---

[1] *Precious metals*, II, chap. XXIII.

prix moyens permettent d'attribuer au numéraire métallique, et j'en rapproche les évaluations de Leber[1].

**Hypothèses sur l'accumulation progressive des métaux précieux et la dépréciation de la monnaie**

| Époques | Stocks des métaux précieux à la fin de chaque période | | Prix moyens du blé (hectolitre) | Pouvoir d'acquisition de la monnaie | | |
|---|---|---|---|---|---|---|
| | Or (en 1,000 kilos) | Argent | | d'après les prix du blé | | d'après Leber |
| — | — | — | fr. | — | | — |
| 1202 ............. | » | » | 3 26 | 7.0 | | |
| 1256 ............. | » | » | 3 11 | 7.4 | | |
| 1289, 1290, 1294.. | » | » | 4 71 | 4.9 | | |
| 1301-1320......... | » | » | 6 60 | 3.5 | | |
| 1321-1340......... | » | » | 5 66 | 4.0 | | |
| 1341-1360......... | » | » | 4 47 | 5.1 | | |
| 1261-1380......... | » | » | 6 35 | 3.6 | | |
| 1381-1400......... | » | » | 3 51 | 6.5 | | |
| 1401-1420......... | » | » | 4 08 | 5.6 | 5.7 | 6 |
| 1421-1440......... | » | » | 9 37 | 2.4 | | (1300-1425) |
| 1441-1460......... | » | » | 3 11 | 7.4 | | |
| 1461-1480......... | » | » | 2 10 | 10.9 | | |
| 1481-1492......... | 87[2] | 3.150[2] | 3 58 | 6.4 | | |
| 1493-1520......... | 245 | 3.933 | 3 08 | 7.4 | | |
| 1521-1544......... | 409 | 5.496 | 6 95 | 3.3 | | 4 (1523-1550) |

[1] J'ai formé les prix moyens du blé d'après la table de Germain Garnier publiée à la suite de la traduction de la *Richesse des nations,* d'Adam Smith. Les prix de cette table que j'ai ramenés à l'hectolitre ne vont que jusqu'en 1788 inclusivement. Pour les années 1789 à 1850 (il y a une lacune de 1791 à 1796), je me suis servi de la table publiée dans l'Introduction à l'*Enquête agricole* de 1882, p. 62. Il est probable, cependant, que ces prix ne sont pas exactement comparables et que les moyennes publiées dans la statistique agricole ont été calculées sur des mercuriales locales où les prix sont moins élevés que sur le marché de Paris.

[2] Je suis parti du chiffre de 1 milliard de francs (300 millions en or, 700 millions en argent), qui semble l'hypothèse admise par Michel Chevalier pour les existences de 1492.

| Époques | Stocks des métaux précieux à la fin de chaque période — Or (en 1,000 kilos) | Argent (en 1,000 kilos) | Prix moyens du blé (hectolitre) fr. | Pouvoir d'acquisition de la monnaie — d'après les prix du blé | | d'après Leber |
|---|---|---|---|---|---|---|
| — | — | — | | — | | — |
| 1545-1560......... | 537 | 9.843 | 8 » | 2.9 | 2.3 | 3 |
| 1561-1580,......... | 662 | 14.549 | 13 75 | 1.7 | | (1551-1575) |
| 1581-1600......... | 795 | 21.053 | 21 34 | 1.1 | | |
| 1601-1620......... | 948 | 26.983 | 11 56 | 2.0 | | |
| 1621-1640......... | 1.093 | 31.763 | 15 65 | 1 5 | | |
| 1641-1660......... | 1.245 | 35.547 | 18 46 | 1.2 | | |
| 1661-1680......... | 1.403 | 38.395 | 16 49 | 1.4 | | |
| 1681-1700......... | 1.588 | 41.051 | 17 25 | 1.3 | 1.5 | 2 |
| 1701-1720......... | 1.810 | 43.702 | 14 40 | 1.6 | | (1576-1800) |
| 1721-1740......... | 2.152 | 47.525 | 11 37 | 2.0 | | |
| 1741-1760......... | 2.596 | 52.902 | 13 04 | 1.8 | | |
| 1761-1780......... | 2.954 | 60.009 | 13 91 | 1.6 | | |
| 1781-1800......... | 3.247 | 70.710 | 16 26 | 1.4 | | |
| 1801-1820......... | 3.472 | 77.271 | 22 28 | 1.0 | | |
| 1821-1840......... | 3.744 | 79.585 | 18 66 | 1.2 | 1.1 | 1 |
| 1841-1850......... | 4.251 | 83.215 | 19 75 | 1.2 | | |

Les chiffres représentant les stocks des métaux précieux, sont, je le répète, hypothétiques et vraisemblablement maximums, puisqu'ils résultent de l'application d'un taux de frai très modéré (pour les siècles précédents) aux évaluations de production de M. Soetbeer qui paraissent assez élevées.

On ne peut établir qu'une corrélation très peu précise entre ces stocks de métaux précieux, même supposés exacts, et la diminution du pouvoir d'acquisition de la monnaie. Il aurait fallu, en effet, rapprocher des prix du blé non pas les quantités totales de métaux précieux présumées dans le monde, mais celles-là seules qui étaient disponibles pour la fonction monétaire dans les Etats civilisés de notre groupe commercial.

Tout l'or et l'argent absorbés par les pays d'Orient, qui vivent, pour ainsi dire, en dehors de notre civilisation; tout l'or et l'argent immobilisés d'une manière constante dans les emplois industriels, n'exercent plus d'influence sur les prix des autres marchandises. Mais ces défalcations sont très difficiles à faire pour les temps actuels, et impossibles pour les périodes anciennes. M. Soetbeer estime qu'à la fin de 1850, quelles que fussent les quantités de métaux précieux existant dans le monde, il n'y avait dans les Etats d'Europe et d'Amérique appartenant à notre civilisation et dans les colonies britanniques, non compris l'Inde, qu'un fonds *monétaire* d'un peu plus de 4 milliards de francs en or et de 13 milliards en argent.

Il ne faut donc attacher qu'une valeur très relative aux chiffres du tableau précédent; ils ne doivent servir qu'à fixer les idées, mais ils font bien comprendre l'accroissement d'abord très rapide des stocks de métaux précieux durant le XVI^e^ siècle, puis, sans que la production se soit ralentie, l'atténuation proportionnelle de l'accroissement des stocks durant les siècles suivant, par le seul fait de l'importance de plus en plus grande de l'accumulation.

| | | |
|---|---|---|
| De 1492 à 1600 : | L'or s'est accru de | 100 à 914 |
| | L'argent, de | 100 à 668 |
| De 1600 à 1700 : | L'or s'est accru de | 100 à 200 |
| | L'argent, de | 100 à 195 |
| De 1700 à 1800 : | L'or s'est accru de | 100 à 204 |
| | L'argent, de | 100 à 172 |
| De 1800 à 1850 : | L'or s'est accru de | 100 à 131 |
| | L'argent, de | 100 à 117 |

### § 3. — L'or et l'argent de 1850 à 1885; dépréciation de la monnaie

Il est évident que, durant la première moitié de ce siècle, les quantités de métaux précieux n'ont pas subi de modifications suffisantes pour altérer sensiblement les prix.

C'est dans les années qui précédèrent immédiatement 1847 que l'exploitation des gîtes aurifères de l'Oural et de l'Altaï, en Russie, commença à donner des résultats sensibles. En 1848, on découvrit les placers de Californie, et, en 1851, ceux de l'Australie. Il y eut alors une grande extension dans la production de l'or, qui, au lieu d'être de 20,000 ou 21,000 kilog. par an (moyenne de 1831-1840), s'éleva à plus de 200,000 kilog. par an dans la période 1856-60 (exactement 201,750, d'après M. Soetbeer). En 1840, l'or extrait annuellement représentait 1/30e de l'argent; en 1860, il s'élevait au 1/4 ou au 1/5e. On pouvait craindre une inondation de l'or, et cela semblait un renversement de la loi observée jusqu'alors de la multiplication plus rapide de l'argent, lorsque, de 1860 à 1875, et surtout depuis 1875, l'exploitation des mines d'argent de la Sierra Nevada et des Montagnes Rocheuses, aux États-Unis (Colorado, Utah, Nevada, Arizona, Montana, etc.), a donné des résultats de plus en plus considérables (6,000 kilog. en 1860 et 1,241,000 kilog. en 1885)[1].

De ces découvertes successives, il est résulté les augmentations suivantes dans les quantités de métaux précieux, d'après le docteur Soetbeer :

| Périodes | Or fin (kilog.) | Argent fin (kilog.) |
|---|---|---|
| 1851-1855 | 996.900 | 4.430.600 |
| 1856-1860 | 1.008.700 | 4.525.000 |
| 1861-1865 | 925.300 | 5.505.700 |
| 1866-1870 | 975.100 | 6.695.400 |
| 1871-1875 | 869.500 | 9.817.100 |
| 1876-1880 | 862.100 | 12.251.300 |
| 1881-1885 | 745.700 | 14.308.500 |
| 1851-1885 | 6.383.300 | 57.563.600 |
| Rappel des périodes antérieures, 1493-1850 | 4.752.100 | 149.828.000 |

[1] Les mines d'argent ne sont pas cantonnées dans cette seule

Durant cette période de 1851-1885, il semble, d'après les recherches de M. Soetbeer, que près de la moitié de l'or produit ait été employée industriellement (horlogerie, bijouterie, etc.) ou exportée en Asie et en Afrique. Des quantités supérieures à l'argent produit auraient été absorbées de la même façon (emplois industriels et exportations hors des pays civilisés). Toujours est-il que M. Soetbeer évalue la quantité des espèces monétaires dans les pays civilisés, fin 1885, à 16 1/2 milliards d'or et à 9 1/2 ou 10 milliards d'argent, y compris les monnaies divisionnaires, soit ensemble 26 milliards de monnaies d'or et d'argent, ou de réserves immédiatement monétisables[1]. Le fonds monétaire en or aurait quadruplé en trente-cinq ans, tandis que le fonds monétaire en argent aurait diminué d'un quart.

Un accroissement monétaire de plus de 50 0/0 dans son ensemble (et de plus de 65 0/0 si l'on y joint l'accroissement de la monnaie fiduciaire) ne peut pas ne pas avoir eu de répercussion sur les prix. Le docteur Soetbeer a recherché l'effet produit sur 100 marchandises dont les prix ont été soigneusement relevés par le bureau de statistique commerciale de Hambourg, ainsi que sur 14 articles d'exportation anglaise. En appliquant à ces prix la méthode anglaise des *index numbers*, c'est-à-dire en partant pour chaque denrée d'un chiffre 100 représentant la moyenne des prix de 1847-1850, il est arrivé aux résultats que je vais reproduire[2].

---

partie des Montagnes Rocheuses; elles se trouvent en grand nombre tout le long de l'axe montagneux du continent américain depuis le Canada jusqu'au Chili, et leur richesse paraît inépuisable.

[1] Voir, pour la répartition par pays, l'Almanach de Gotha.

[2] Les chiffres qui vont suivre, ainsi que les statistiques déjà citées, sont extraits des *Materialien* du docteur Ad. Soetbeer

## Mouvement des prix de 1850 à 1885

(Les prix moyens de 1847-1850 sont représentés par le chiffre 100)

| | 1851-55 | 1856-65 | 1866-75 | 1876-85 |
|---|---|---|---|---|
| | — | — | — | — |
| I. Produits agricoles végétaux (20 articles) | 130 | 128.2 | 141.3 | 134.4 |
| II. Produits animaux (22) | 114.8 | 130.3 | 145.5 | 148.7 |
| III. Fruits secs, vins, huile d'olive (7) | 110.4 | 124.4 | 126.5 | 136.7 |
| IV. Produits coloniaux, sans le coton (19) | 111 | 120.6 | 124.5 | 123.1 |
| V. Minéraux (houille, métaux, matériaux, etc.) (14) | 107 | 107.9 | 106.2 | 88 |
| VI. Matières textiles (7) | 105.2 | 119.5 | 123.2 | 99.5 |
| VII. Matières chimiques, engrais, résines (11) | 103.7 | 126.3 | 110.4 | 94 |
| VIII. Articles d'exportation anglaise (filés et tissus, verrerie) (14) | 98.5 | 115 | 123.5 | 107.5 |
| Ensemble (114 art.) | 112.2 | 122.3 | 128.4 | 120.4 |
| Froment seul | 119.8 | 110.5 | 121.3 | 104.7 |

Voici l'énumération des denrées dont les prix ont été observés :

I. Produits végétaux : — 4 articles en augmentation notable de plus de 50 0/0 : pois, houblon, graine de trèfle, tourteaux oléa-

---

(2e édition, 1886), dont il a été publié une traduction anglaise dans l'appendice au Rapport final de la « Gold and silver Commission » (1888). Une traduction française doit être publiée par les soins de M. Ruau, directeur de la Monnaie de Paris, à l'occasion du Congrès monétaire international de 1889. J'en ai fait pour ce congrès une analyse à laquelle je renvoie le lecteur. — A propos de ces chiffres, M. Soetbeer fait observer qu'il s'agit là de prix du gros et que ces prix ne doivent pas être seuls considérés lorsqu'il s'agit d'apprécier exactement le pouvoir d'achat des métaux précieux. Il faudrait aussi, d'après lui, tenir compte de l'augmentation des gages et salaires, des loyers et des prix de détail. Sur ces points, il cite en Allemagne des exemples de doublement des prix depuis 1850. Je reproduis cette observation pour mémoire, mais je ne la crois pas justifiée en ce qui concerne les salaires et les loyers, qui s'élèvent toujours avec le progrès réel de la richesse : elle me semble, au contraire, fondée à l'égard des prix de détail.

gineux; — 13 articles en augmentation ordinaire : froment, farine de froment, seigle, farine de seigle, avoine, orge, maïs, sarrasin, haricots blancs, pommes de terre, graine de colza, sucre brut, alcool de grains et de pommes de terre; — 3 articles stationnaires ou en diminution : huile de colza, huile de lin, sucre raffiné.

II. Produits animaux: — 12 articles en augmentation notable : viande de bœuf, de veau, de mouton, lait, beurre, fromage, soies de porcs, os, cornes, œufs, harengs, poisson sec; — 7 articles en augmentation ordinaire : porc, peaux, peaux de veau, cuir, crins, plumes pour literie, colle forte; — 3 articles en diminution : suif, graisse, huile de poisson.

III. Fruits secs, etc.: — 1 article en augmentation très notable : vins français; — 4 articles en augmentation ordinaire : raisins secs, amandes, pruneaux, vins de Champagne; — 2 articles en diminution : raisins de Corinthe, huile d'olive.

IV. Produits coloniaux: — 6 articles en augmentation notable : café, cacao, poivre, rhum, bambous, ivoire; — 5 articles en augmentation ordinaire : arack (eau-de-vie de riz), tabac, indigo, campêche, huile de palme; — 8 articles en diminution : thé, piment, cannelle, riz, sagou, cochenille, bois rouge (?), acajou.

V. Minéraux : — 2 articles en augmentation ordinaire : zinc, étain; — 12 articles en diminution : houille, fonte brute, fer forgé, acier, plomb, cuivre, mercure, soufre brut, salpêtre, sel, chaux, ciment.

VI. Matières textiles: — 2 articles en augmentation ordinaire : lin, cordages; — 5 articles en diminution : coton, laine, chanvre, soie, chiffons.

VII. Matières chimiques, etc.: — 1 article en augmentation notable : gutta-percha; — 4 articles en augmentation ordinaire : gomme élastique, résine, poix, goudron; — 6 articles en diminution : guano, alcalis-prussiates-chromates, potasse, soude, stéarine-bougies, cire.

VIII. Objets d'exportation anglaise: — 1 article en augmentation notable : fil à coudre; — 6 articles en augmentation ordinaire : filés de coton, filés de lin, toile à voiles, filés de laine, draps, flanelles; — 7 articles en diminution : tissus de coton unis, tissus de coton imprimés, bas et chaussons, tissus de lin unis, étoffes de laine, tapis, verre commun.

Il résulte de ces chiffres que, sur un ensemble de 114 articles observés dans la période de 1850 à 1885, 25 articles ont présenté une augmentation de plus de

50 0/0 de leur ancienne valeur; 43 articles ont éprouvé une moindre augmentation; 46 articles sont restés stationnaires ou présentent une diminution.

Ces curieuses tables du docteur Soetbeer me paraissent très démonstratives des modifications survenues depuis trente-cinq ou quarante ans dans les conditions de la vie matérielle d'un habitant de l'Europe centrale. Je ne crois pas qu'elles fournissent aussi bien la mesure de la dépréciation monétaire.

Nous ne nous trouvons pas ici en présence d'un phénomène simple: il y a trois faits économiques distincts que traduit et dissimule à la fois la hausse moyenne des cent quatorze articles de consommation envisagés dans les tables du statisticien allemand.

Le premier fait est la hausse nominale des prix qui doit résulter de la multiplication des métaux précieux, ainsi que des autres instruments d'échange.

Le second fait est l'augmentation de valeur réelle qui résulte pour certaines catégories de denrées, moins aisément multipliables que les autres, de l'accroissement de la richesse générale.

Le troisième fait, connexe au deuxième, est la diminution de valeur réelle qui résulte pour certaines catégories de marchandises, soit des progrès de l'industrie, soit des facilités plus grandes du transport.

Eclaircissons ces observations par quelques exemples.

Sur le froment envisagé séparément, on constate une hausse rapide suivie d'une dépréciation. C'est que le froment a obéi à deux influences contraires. D'une part, son prix tendait à s'élever en raison de l'abondance plus grande des métaux précieux; d'autre part, sa valeur tendait à s'abaisser par suite de la concurrence des pays exotiques où on le produit à meilleur marché, et aussi par suite de l'industrialisation croissante de la terre, je veux dire par l'effet de la culture intensive à grands rendements. En raison de ces deux dernières causes qui sont prépondérantes, il semble désormais que le froment ne soit plus capable de remplir ce rôle de pendule compensateur que nous lui avions reconnu, qu'il ne puisse plus rester ce produit stationnaire dont la valeur moyenne, à travers les oscillations annuelles, pouvait servir de mesure approximative de la monnaie.

L'ensemble des produits végétaux agricoles ne peut pas donner davantage d'indications certaines : le groupe de M. Soetbeer contient des menus grains, des pommes de terre, des tourteaux, etc., denrées de peu de valeur, et de valeur d'autant plus variable, suivant les circonstances, que le transport en est onéreux et que la consommation en est restreinte et locale. En outre, dans le même groupe, on a fait figurer la farine, l'huile, le sucre raffiné, l'alcool rectifié, qui sont des produits dont la fabrication s'est beaucoup développée et perfectionnée, en sorte que les articles actuels ne sont point identiques à ceux d'il y a quarante ans, et sont produits dans de tout autres conditions de fabrication.

Sur les produits animaux, des effets complexes se sont produits : la viande de boucherie, les produits du laitage, d'autant plus demandés que la richesse s'est accrue, ont subi une notable augmentation de valeur, tandis que certains produits (suif, plumes, huile de poisson, laine, etc.), concurrencés par des produits similaires d'une autre origine, sont restés stationnaires ou ont diminué ; or, la baisse des produits animaux accessoires (suif, peaux, laine, etc.), a pour effet inévitable de renchérir encore la viande de boucherie.

Le vin, comme la viande de luxe, a beaucoup augmenté : c'est, en effet, le genre de consommation qui se développe le plus largement avec la richesse croissante ; dans ces derniers temps, la diminution de la production par suite du phylloxera n'a pu qu'exagérer les effets de cette demande accrue. Simultanément, l'huile d'olive qui subit la concurrence des huiles végétales (colza, arachides, etc.) a diminué de valeur. Voici, à cet égard, un rapprochement bien instructif :

| | Vins français | Huile d'olive |
|---|---|---|
| 1847-1850 ...... | 100 | 100 |
| 1851-1855 ...... | 138.1 | 103.2 |
| 1856-1865 ...... | 192.8 | 101.5 |
| 1866-1875 ...... | 194.3 | 105.7 |
| 1876-1885 ...... | 276.8 | 93.1 |
| Moyenne de toute la période (1851-1885) ..... | 209.4 | 100.4 |

Le vin n'a cessé de hausser : en 1880, en 1881, en 1883, il a atteint une valeur plus que triple de celle qu'il avait en 1850 ; l'huile du fruit de l'olivier, dont la culture est si semblable à celle de la vigne, a perdu, en 1883, le cinquième de la valeur qu'elle avait en 1850 et, en moyenne, durant les quinze années de 1871 à 1885, elle n'a pu conserver son prix de 1850.

Si, maintenant, des produits de la culture onéreuse nous passons aux produits exotiques, aux produits des industries extractives et métallurgiques, et enfin aux produits manufacturés, nous trouvons que, malgré la plus grande demande qui en a certainement été faite, la facilité et le bon marché des transports pour les uns, les progrès de la division du travail et des machines pour les autres, ont amené une baisse notable.

Si l'on admet que, sur les 114 articles considérés plus

haut, les 46 qui sont en baisse ou tout à fait stationnaires font compensation aux 25 qui sont en grande hausse, la moyenne générale des *index numbers* représentant les prix pourrait servir de mesure à la dépréciation monétaire. En d'autres termes, il faut supposer que la baisse réelle de valeur résultant des perfectionnements du transport et des industries mécaniques, annule la hausse réelle résultant de l'accroissement de la richesse générale. Alors, mais seulement alors, la moyenne finale des nombres indicateurs donnerait la mesure de la dépréciation monétaire.

Cette dépréciation, sur la foi des chiffres ci-dessus, aurait été d'environ un huitième dans les premières années qui ont suivi les découvertes de la Californie et de l'Australie, et d'un cinquième ou d'un quart quand l'exploitation des mines d'or est parvenue à son plein développement.

Un certain nombre d'économistes objectent à cette conclusion que le simple effet de la dépréciation monétaire aurait dû se faire sentir également sur toutes les denrées, comme au jeu, lorsqu'en multipliant les jetons, on diminue leur valeur conventionnelle.

J'ai beaucoup de peine à être de cet avis. Je crois que la multiplication des métaux monétaires a des effets plus insidieux, et qu'elle agit sur les prix absolument de la même manière qu'un accroissement de richesse véritable, bien qu'au point de vue de la consommation elle ne le soit pas.

Ceci est assez délicat à saisir et mérite qu'on y arrête un instant son attention.

Qu'est-ce qui fait qu'en temps ordinaire, dès que je possède de l'or et de l'argent monnayés, je suis sûr de trouver en échange toutes les denrées dont j'ai besoin ? C'est que moi-même, pour me procurer cet or et cet argent, j'ai dû verser sur les marchés du monde les produits de mon industrie, ce livre par exemple; tous ceux qui possèdent de l'or et de l'argent ont apporté de même des produits équivalents, qui du pain, qui de la viande, qui des meubles, qui des vêtements : mes jetons précieux sont donc partout échangeables contre une partie de l'omnium des denrées consommables existant dans les magasins du commerce et de l'industrie.

Il n'en est pas de même lorsqu'un mineur américain ou australien arrive sur le marché, porteur de jetons supplémentaires. Il ressemble singulièrement à un faux-monnayeur qui met en circulation des pièces d'une valeur apparente plus forte que leur valeur réelle. Avec ses pièces fausses ou supplémentaires, il achète certaines denrées auxquelles les porteurs d'anciennes pièces avaient droit, et ceux-ci alors, manquant des objets dont ils ont besoin, se disputent ce qui en reste en en faisant hausser le prix. Si les porteurs de fausses pièces ou de pièces supplémentaires opéraient un prélèvement proportionnel sur toutes les denrées à la fois. toutes les denrées hausseraient uniformément. Mais il n'en est pas ainsi ; la monnaie supplémentaire s'écoule par les mains d'un nombre assez restreint de privilégiés : mineurs et proprétaires de mines, actionnaires, spéculateurs, banquiers, fonctionnaires, lesquels se conduisent comme des enrichis, et consomment plus de pain blanc, de viande de luxe, de vins fins, de tissus élégants, que de pommes de terre, de lard, de petit bleu de cotonnades. Les denrées de luxe ou de demi-luxe montent donc plus vite que les denrées grossières : la hausse dans tous les cas n'est pas uniforme. A la longue, il y aurait une répercussion, la prospérité des mineurs s'arrêterait, nombre de gens, éliminés des consommations supérieures par les hauts prix, se rabattraient sur les consommations inférieures, et la hausse finirait par s'égaliser. Cette répercussion, cette égalisation de la hausse, ne doit, ce me semble, jamais s'achever tant que la multiplication des métaux précieux continue, tant que la production extraordinaire des mines ne s'est point arrêtée.

En somme, il me paraît qu'en temps de multiplication monétaire il faut croire à la fois à une hausse générale de toutes les denrées (se traduisant par une moindre baisse ou un état stationnaire des objets manufacturés) et à une hausse plus accentuée sur certaines denrées des catégories supérieures, exactement comme dans le cas d'un enrichissement général.

Cela dure tant que dure l'illusion, tant que les mines sont en pleine activité, mais cela ne dure pas sans peine et sans effort. L'illusion de richesse, provoquée par l'accroissement monétaire, imprime, en effet, une activité plus grande à la production ; mais, comme la richesse n'a pas augmenté simultanément, le placement des produits plus nombreux devient plus difficile, il y a menace incessante de crise ; le producteur et le négociant s'ingénient à trouver des débouchés nouveaux ; la nécessité leur fait chercher des simplifications industrielles et commerciales, une meilleure utilisation des capitaux existants, et, finalement, s'ils évitent la faillite, c'est grâce à une suractivité, à une fièvre, qui, généralisée, s'est traduite en une augmentation de richesse. Alors, les signes représentatifs, si nous les supposons doublés, ne perdent pas la moitié de leur valeur. Le mineur ou le faux-monnayeur émettait à l'origine une pièce de vingt francs qui ne valait équitablement que dix francs, il se trouve qu'après complète répercussion elle en vaut quinze, parce que la richesse s'est accrue.

Telle est, vue avec un verre grossissant, l'histoire de la multiplication des signes représentatifs par la surproduction des métaux précieux, ou même, comme nous le verrons dans le chapitre suivant, par l'émission du papier-monnaie. Quand la multiplication est trop rapide, démesurée, la réaction est violente, la crise consacre purement et simplement la spoliation brutale qui s'est opérée; c'est notamment le cas des abus du papier-monnaie; mais, quand l'accroissement des signes monétaires est progressif et modéré, l'illusion de richesse se perpétue, les efforts se soutiennent, la spoliation est légère et facilement réparée par le développement réel de la richesse.

### § 4. — La dépréciation de l'argent par rapport à l'or

C'est très certainement ce phénomène de la stimulation des échanges et de la production que Mac Culloch, Roscher, Michel Chevalier [1], avaient en vue lorsqu'ils préconisaient les avantages d'une grande abondance monétaire, mais il est bien clair qu'ils sous-entendaient que l'accroissement des instruments monétaires devait être naturel et modéré, tel enfin qu'il se produit lorsque la valeur des métaux précieux s'établit librement par le seul effet de la loi de l'offre et de la demande.

Or, il y a une circonstance qui trouble fréquemment ce jeu naturel du phénomène économique : les métaux monétaires sont doubles, l'or et l'argent; ils étaient même au nombre de trois originairement, mais le cuivre, à mesure qu'il baissait de valeur, a peu à peu

[1] Invoqués dans la Conférence monétaire internationale de 1881. Procès-verbaux de juin-juillet 1881, p. 39.

été éliminé de la fonction d'instrument de l'échange. La seule trace qui en reste est son emploi presque général, partout où le nickel ne l'a pas remplacé, dans la fabrication de la petite monnaie divisionnaire.

C'est un fait naturel et spontané que l'attribution de la même fonction monétaire à l'or et à l'argent. Il y a là, comme l'observe M. Cournot [1], un hasard de même ordre que celui qui a constitué des étoiles doubles ou des systèmes solaires à double soleil. Comme ils présentent des avantages semblables, ils devaient servir aux mêmes emplois. Cependant on ne les puise pas tous les deux à la même source; leur production se fait dans des conditions différentes : de là une inégalité de valeur d'abord peu sensible, mais qui va toujours en s'accentuant, à mesure que se modifient les conditions industrielles. « L'or, dit M. Léon Faucher, se rencontre presque partout à l'état natif, pur ou allié à l'argent; en fouillant les alluvions des rivières ou des ruisseaux, on l'obtient par un simple lavage. Ce travail est à la portée des peuples les moins avancés dans les arts mécaniques et dans la science : ce sont des trésors que la nature a répandus à la surface du globe, et qu'elle a jetés pour ainsi dire sous les pas des premiers occupants. L'argent, au contraire, encastré dans les roches des terrains primitifs, ne se trouve guère qu'à de grandes profondeurs. L'extraction de ce métal exige des machines puissantes, toutes les ressources de la chimie, l'action combinée des volontés, des forces et des capitaux : c'est l'œuvre d'une civilisation déjà avancée et sûre d'elle-même [2]. » Sans doute, l'extraction de l'or.

---

[1] *Revue sommaire des doctrines économiques*, p. 114.

[2] *De la production de l'or*, dans l'*Annuaire de l'Economie politique*, année 1853.

soit par le lavage en grand des sables, soit surtout par le traitement des quartz aurifères, constitue aujourd'hui une véritable exploitation minière ; mais l'argent a eu plus tôt que l'or et possède aujourd'hui à un plus haut degré le caractère d'un produit industriel, c'est-à-dire qu'il est voué, plus que l'or, à l'abaissement de valeur qui est dans la destinée de tous les produits industriels.

Voici les indications recueillies par M. Soetber sur les variations de la valeur de l'argent par rapport à l'or, dans l'antiquité et au moyen âge :

| | |
|---|---|
| 708 av. J.-C. Assyrie. D'après les étalons d'or et d'argent trouvés dans les fondations du palais de Khorsabad. | 1 : 13 1/3 |
| Sous les rois perses, d'après Hérodote.......... | 1 : 13 |
| 400 av. J.-C. Grèce. D'après le traité intitulé *Hipparchos*.................................... | 1 : 12 |
| De la guerre du Péloponnèse à Alexandre le Grand .............................. | 1 : 11 1/2 à 1 : 13 1/3 |
| Après la conquête de la Perse et le pillage des trésors de Delphes.................................... | 1 : 10 |
| 189 av. J.-C. Traité de paix entre Rome et les Etoliens.................................... | 1 : 10 |
| VIe et VIIe siècles de Rome (253 à 54 av. J.-C.)..... | 1 : 11.91 |
| (Faits exceptionnels : en 218 av. J.-C. 1 : 17.14; et au retour de César de la Gaule, après le pillage des trésors de la Gaule qui étaient en or, 1 : 8.93.) | |
| Premiers siècles de l'Empire. D'après les règlements de fabrication des monnaies....... | 1 : 11.30 à 1 : 12.20 |
| 864 de J.-C. (Edit de Pistes) et probablement durant toute l'époque carolingienne.......................... | 1 : 12 |
| 1252 à 1495, à Florence ................ | 1 : 9.33 à 1 : 10.87 |

Pour la période comprise entre la découverte de l'Amérique et l'année 1687, les données sont beaucoup plus nombreuses. A partir de 1687 on a, sans interruption, des chiffres exacts. Voici, sur ces bases, les calculs du docteur Soetbeer (j'y ai joint la transcription des marks en francs, ce qui donne peut-être un caractère un peu trop précis aux évaluations du savant statisticien).

## Variations de la valeur de l'argent

| Périodes | Pour 1 kilog. d'argent fin — Marks | Pour 1 kilog. d'argent fin — Francs | Soit relativement à l'or |
|---|---|---|---|
| 1501-1520 | 260 | 320.99 | 1 : 10.75 |
| 1521-1540 | 248 | 306.17 | 11.25 |
| 1541-1560 | 247 | 304.94 | 11.30 |
| 1561-1580 | 243 | 300 » | 11.50 |
| 1581-1600 | 236 | 291.35 | 11.80 |
| 1601-1620 | 228 | 281.48 | 12.25 |
| 1621-1640 | 199 | 245.68 | 14 » |
| 1641-1660 | 192 | 237.04 | 14.50 |
| 1661-1680 | 186 | 229.63 | 15 » |
| 1681-1700 | 186 | 229.63 | 15 » |
| 1701-1720 | 183 | 225.92 | 15.25 |
| 1721-1740 | 185 | 228.39 | 15.08 |
| 1741-1760 | 189 | 233.33 | 14.76 |
| 1761-1780 | 190 | 234.57 | 14.68 |
| 1781-1800 | 185 | 228.39 | 15.08 |
| 1801-1820 | 179 1/2 | 221.65 | 15.54 |
| 1821-1840 | 177 | 218.52 | 15.76 |
| 1841-1850 | 176 | 217.28 | 15.85 |
| 1851-1855 | 181 | 223.45 | 15.41 |
| 1856-1860 | 182 | 224.69 | 15.33 |
| 1861-1865 | 181 | 223.45 | 15.41 |
| 1866-1870 | 179 | 220.99 | 15.59 |
| 1871-1875 | 175 | 216.05 | 15.94 |
| 1876-1880 | 156 | 192.59 | 17.88 |
| 1881-1885 | 150 | 185.18 | 18.60 |

Par le fait même que l'on monnayait simultanément deux métaux, il a fallu donner aux pièces d'or et aux pièces d'argent une certaine équivalence, qui constituât un rapport légal de la valeur des deux métaux monétaires, et conférât aux contribuables et aux débiteurs la faculté de se libérer en l'un ou l'autre métal : c'est ce qu'on a nommé de nos jours, assez improprement d'ailleurs, le double étalon monétaire.

On comprend que, par la force des choses, ce rapport de valeur entre l'or et l'argent soit essentiellement variable. La fixation légale oppose bien un certain obstacle aux variations incessantes, aux fluctuations et aux incertitudes du marché : en ce sens, l'intervention de l'Etat n'a pas été inutile, mais elle ne saurait être définitive et ne peut empêcher des changements fondamentaux dans la valeur respective des deux métaux. Le commerce du XVII^e^ et du XVIII^e^ siècle a très bien su corriger, par des agios sur les différentes monnaies, les défauts d'équivalence que la loi consacrait.

Dès le XVIII^e^ siècle, l'or commença à prévaloir en Angleterre. En 1717, il avait été admis comme étalon monétaire concurremment avec l'argent. En 1774, en même temps qu'on procédait à la refonte complète, aux frais de l'Etat, de la monnaie d'or qui n'avait plus le poids, lord Liverpool fit adopter l'unique étalon d'or en réduisant le pouvoir libératoire de l'argent à 25 livres (625 francs). Cette législation, suspendue en 1783, fut reprise en 1798; et en 1816, avec le second lord Liverpool, l'or fut définitivement adopté comme unique étalon monétaire, et le pouvoir libératoire de l'argent réduit à 2 livres (50 francs)[1].

En France, nous suivions une politique toute contraire. Le marc d'or (244 grammes 75) était officiellement évalué à raison de 14 marcs 5 onces d'argent, soit une proportion légale de 1 à 14,625, fixée en 1726 ; le louis d'or était taxé à la Monnaie à 24 livres seulement lorsqu'il valait réellement 25 livres 10 sous. Aussi, dit Mac Culloch, très peu de paiements étaient faits en or, l'or était presque banni de la circulation[2]. C'est alors que de

[1] On peut se reporter sur ce point à une intéressante étude de M. E. Fournier de Flaix, dans le journal de la Société de statistique (février 1887).

[2] Voir les notes de Mac Culloch sur la *Richesse des nations*, d'Adam Smith (liv. I^er^, ch. V). — C'est ainsi qu'une valeur exa-

Calonne, contrôleur général des finances sous Louis XVI, procéda, en 1785, à la refonte des monnaies d'or, en établissant le rapport légal de 1 à 15 1/2 avec la monnaie d'argent. La Monnaie reçut des particuliers 30 louis d'or de 24 livres, pesant un marc, au prix de 750 livres au lieu de 720 (prix légal), et avec la même matière, elle fabriqua 32 louis de 24 livres, c'est-à-dire que les 720 livres nominales des vieux louis ($30 \times 24 = 720$) furent élevées à 768 ($32 \times 24 = 768$). De la sorte, 650 millions en vieux louis engendrèrent 693 millions en louis nouveaux: les possesseurs d'espèces d'or profitèrent du « bénéfice sur l'augmentation du prix de l'or,» suivant l'expression de l'édit royal, pour 27 millions ; le Trésor bénéficia du surplus ; les créanciers d'or, s'il y en avait, subirent une banqueroute déguisée d'environ 6 0/0. Il est impossible de déterminer quelle influence cette opération eut sur les prix. Ce fut la dernière opération de faux-monnayage accomplie par la royauté, mais comme elle fut faite à demi-profit avec le public, et qu'elle régularisa la circulation, on ne lui en sut pas mauvais gré.

C'est donc l'édit du 30 octobre 1785 qui a, le premier, établi en France le rapport de 1 à 15 1/2 entre les deux métaux. La loi du 18 germinal an III (1795) prit malheureusement pour unité le franc d'argent de 5 grammes aux 9/10es de fin, et la loi de germinal an XI (1803) appliqua à la monnaie d'or la proportion de 15 1/2 établie en 1785. Ce rapport a fonctionné avec assez de régularité jusqu'en 1873, date à laquelle l'Allemagne décida la démonétisation de ses thalers d'argent, et établit son régime monétaire sur la base de l'étalon d'or (loi du 9 juillet).

---

gérée donnée par la loi à l'un des métaux, écarte l'autre de la circulation et réduit positivement la masse effective du medium circulant.

Cette mesure, coïncidant avec le grand accroissement de production des mines d'argent de la Sierra Nevada en Amérique, détermina une baisse notable du métal-argent et le fit affluer aux Monnaies de l'Union latine. Par une série de décisions, de 1873 à 1876, il fallut se défendre contre cette invasion de l'argent déprécié, qui venait prendre la place de l'or dans notre circulation; on dut réduire progressivement les limites dans lesquelles la frappe des écus d'argent était permise. Enfin, la convention des Etats de l'Union latine, en date du 5 novembre 1878, suspendit définitivement le monnayage de l'argent. Depuis lors, la dépréciation du métal n'a fait que s'accélérer : il est tombé, en 1887, au minimum de 42 pence l'once standard [1].

A ce prix, le rapport de l'or à l'argent est de 1 à 22.46, mais la moyenne a été en 1885 de 1 à 19.39, en 1886 de 1 à 20.78, en 1887 de 1 à 21.13, ce qui, pour ces trois années, donne, en chiffres ronds, un rapport de 1 à 20.

## § 5. — Le problème monétaire: bimétallisme ou monométallisme

Cette baisse, que les partisans de l'argent attribuent exclusivement à la démonétisation allemande et à la suspension de la frappe dans les Etats de l'Union latine. est trop conforme à la loi qui régit les métaux précieux pour n'être pas due à d'autres causes que ces causes législatives.

L'histoire des métaux précieux, attestée par les chiffres que j'ai reproduits plus haut, est assez démonstrative. Sauf les périodes relativement courtes de 1721 à

[1] 4 fr. 41 pour 31 grammes 10, à 925/1000es de fin, soit 153 fr. 30 le kilogramme d'argent fin.

1800 et de 1851 à 1870, la valeur de l'argent a toujours décru, par le contre-coup même de la multiplication de l'or et des autres instruments d'échange. Et cela certes est naturel, puisque, des deux métaux monétaires, l'argent est le plus abondant, le plus industriel, le plus voisin de l'exemple du cuivre.

Sans doute, il est fâcheux d'accélérer sa chute ; et l'Allemagne, par sa loi du 9 juillet 1873, qui démonétisait les thalers, a été la cause première de la brusque dépréciation de l'argent, dépréciation que la grande production des mines de la Sierra Nevada est venue confirmer. Mais, s'il est mauvais de précipiter le courant [1], il est aussi mauvais de vouloir s'y opposer.

Tout démontre qu'on serait absolument impuissant à renverser le phénomène monétaire. L'institution légale d'un rapport fixe de valeur entre l'or et l'argent régularise, sans aucun doute, la valeur respective des métaux, elle empêche ou atténue les variations brusques et répétées ; mais elle ne peut perpétuer une valeur qui est essentiellement variable avec le temps.

On aurait beau établir une entente entre toutes les nations, on ne pourrait empêcher le commerce de rectifier le rapport officiel entre les métaux au moyen d'un agio sur l'or, comme on l'a vu, en France même, au siècle dernier avant la refonte des monnaies.

Or, un agio sur l'or est tout à fait équivalent à une perte sur l'argent : c'est l'indice d'une véritable falsification monétaire, c'est la preuve qu'on donne arbitrai-

[1] L'Allemagne elle-même a dû s'arrêter dans cette voie et maintenir les pièces de 1 thaler jusqu'à nouvel ordre dans la circulation, pour environ 450 millions de marks, avec pleine valeur libératoire. On sait que la nouvelle monnaie d'argent de l'Empire n'est reçue en paiement des dettes que jusqu'à concurrence de 20 marks.

rement à la monnaie d'argent une valeur officielle supérieure à la valeur du métal en lingots, fixée librement par la loi naturelle de l'offre et de la demande.

De cette falsification légale il résulterait trois conséquences :

1° Tout l'argent existant sous une forme quelconque, qui vaudrait beaucoup moins comme lingot ou argenterie que comme monnaie, serait fondu et porté au monnayage.

2° Par la même raison, la production des mines d'argent, assurée d'un débouché illimité à des prix rémunérateurs, se trouverait excessivement encouragée. Les Etats-Unis qui produisaient annuellement 7,250 kil. d'argent de 1851 à 1860, — 174,000 de 1861 à 1865, — 301,000 de 1866 à 1870, — 564,800 de 1871 à 1875, — 980,673 de 1876 à 1880, — 1, 137,479 de 1881 à 1885, — en ont produit 1,283,473 en 1887, quoique le prix de l'argent en lingot ait été moins avantageux que jamais (en moyenne, en 1887, 44 pence 5/8 l'once standard, soit environ 163 fr. le kilogr. d'argent fin[1]). A ce prix, les mines américaines trouvent encore avantage à produire et à accroître leur production d'année en année. Que serait-ce si l'on venait à confirmer le rapport fixe de 1 à 15 1/2, si l'on restituait à l'argent fin une valeur officielle de 222 fr. 22 le kilog., et si l'on rétablissait la libre frappe de ce métal !

3° Le résultat final serait un immense monnayage d'argent, un retrait de l'or qui ferait prime, une circulation exclusive de l'argent, soit en nature, soit représenté par du papier, et une évaluation de tous les prix

---

[1] Voir les notices dues au docteur Soetbeer dans l'Almanach de Gotha de 1889.

en ce métal dominant, c'est-à-dire une hausse nominale de tous les objets de consommation, hausse uniquement due à un *artifice législatif*, et dès lors de nature à causer de graves perturbations dans la répartition.

Ces considérations démontrent qu'il y a deux solutions extrêmes du problème monétaire qu'il faut également repousser : la première est le rétablissement de la libre frappe de l'argent au rapport arbitraire de 15 1/2, qui amènerait une inondation de monnaie d'argent et une hausse artificielle des prix ; la seconde est la démonétisation brusque de l'argent, qui constitue encore les deux cinquièmes ou la moitié de la richesse monétaire du monde civilisé. La proscription de la monnaie d'argent amènerait une restriction monétaire et une baisse des prix, qui forceraient de recourir aux expédients du papier-monnaie.

On ne peut donc choisir qu'entre deux solutions moyennes :

1° Ou le rétablissement de la frappe libre de l'argent, mais à un taux résultant des prix moyens du commerce, soit 1/20e, par exemple, de la valeur de l'or ;

2° Ou le maintien de l'interdiction de la frappe, mais alors le traitement de la monnaie d'argent comme une valeur de convention, limitée en nombre, limitée aussi comme valeur libératoire.

L'une et l'autre solution ont des inconvénients, mais la première paraît avoir les plus graves.

Sans doute l'abaissement du rapport fixe à 1/20e ne constituerait plus un encouragement excessif à la production des mines et au monnayage, nous serions préservés de l'inondation, au moins pour quelques années ; mais pour établir ce rapport, quel métal ajusterait-on ?

Si c'est la monnaie d'or dont on abaisserait le poids,

comme le fit jadis M. de Calonne, il faudrait réduire la pièce de 20 fr. du poids de 6 grammes 45 à celui de 5 grammes; on ferait une opération qui ressemblerait singulièrement à un faux-monnayage, et qui serait beaucoup plus choquante aujourd'hui qu'en 1785. Alors, les évaluations commerciales étaient faites en monnaie d'argent, comme le prouvait l'agio sur l'or. A présent, elles s'établissent en monnaie d'or, comme l'indique la perte sur l'argent. On ferait donc varier la monnaie la plus fixe, celle du moins qui sert de mesure au commerce international et qu'il importe le plus de rendre certaine, et l'on prendrait justement pour terme constant la monnaie dépréciée : cela paraît contraire au bon sens et serait évidemment de nature à troubler profondément les transactions et les contrats.

Ce serait donc l'argent qu'il semblerait rationnel d'ajuster au nouveau rapport légal ; il faudrait alors donner à l'écu de 5 francs, qui pèse actuellement 25 grammes et qui semble déjà si lourd, un poids de 32 grammes 1/4. Ce serait une monnaie écrasante à laquelle il faudrait substituer le papier, avec tous les frais qu'il entraîne et tous les risques de falsification. En outre, cette augmentation du poids de la monnaie d'argent imposerait à ses détenteurs actuels ou aux États une perte de 22 1/2 0/0, soit au moins de 700 millions de francs pour l'Union latine.

La dernière solution (le *statu quo* avec limitation de la valeur libératoire de la monnaie d'argent) paraît offrir beaucoup moins d'inconvénients. Comme, en l'adoptant, on ne démonétiserait pas les écus, on ne diminuerait en rien la masse monétaire, et on n'amènerait pas de contraction dans les prix. D'autre part, la réduction de la valeur libératoire au-dessous de 1,000 francs ou de 500 francs donnerait une certitude absolue aux règlements du commerce international ou du commerce en gros : les négociants et les banquiers du monde entier seraient sûrs que leurs traites de 1,000 francs, je suppose, seraient payées en or, que les billets de banque de 1,000 francs seraient remboursables en or, et le cours des changes en deviendrait plus régulier.

A la vérité, il se présente une objection : la même personne qui aurait encaissé plusieurs créances inférieures chacune à 1,000 francs, ne pourrait plus, avec leur somme, s'acquitter d'une dette supérieure à 1,000 francs. Pour parer à cette difficulté, que je crois beaucoup plus théorique que réelle, il y aurait lieu d'établir des comptoirs de change, soit aux guichets du Trésor, soit à ceux de la Banque, pour procurer de l'or ou des billets contre de l'argent, jusqu'à concurrence d'une certaine somme. Toutes les fois que ce change serait onéreux et imposerait des frais au Trésor ou à la Banque, ce serait le signe certain que la monnaie d'argent excéderait les besoins du commerce de détail et des échanges inférieurs ; on y verrait l'indication qu'une certaine partie de la monnaie d'argent devrait être démonétisée ou du moins immobilisée jusqu'à ce que des demandes d'écus en rendissent la libération utile.

On obtiendrait ainsi, à peu de frais, je le crois du moins avec un assez grand nombre d'économistes, la régularisation de notre régime monétaire ; et si les prévisions sur la baisse ultérieure de l'argent ne se trouvaient pas justifiées, s'il y avait un retour inespéré de valeur en faveur de ce métal, rien ne serait plus facile que de relever le pouvoir libératoire des écus et d'en permettre de nouveau la frappe.[1]

---

[1] Cette solution ne s'applique, il est vrai, exactement qu'aux pays d'Europe et surtout à l'Union latine. La Grande-Bretagne,

# CHAPITRE XI

## LES MOYENS DE CIRCULATION (Suite)

### LE CRÉDIT ET SA REPRÉSENTATION CONFUSE PAR LE BILLET DE BANQUE

### § 1er. — La lettre de change, les banques de dépôt et le billet de banque

Nous avons suivi l'évolution de la monnaie jusqu'au temps présent : il nous faut maintenant reprendre la série du crédit dans son ensemble.

Dès que les métaux précieux ont été d'un usage assez général pour qu'on spécifiât tous les échanges en valeur monétaire; dès que, d'autre part, une certaine confiance entre les contractants put s'établir par suite de la régularité des rapports commerciaux, il est né un titre de crédit, dont l'origine est fort ancienne, dont on prétend avoir trouvé des spécimens inscrits sur des briques à Babylone, et que les Juifs ont réinventé au moyen âge : c'est la traite ou lettre de change.

Pour en comprendre la fonction très utile, supposons

---

qui souffre beaucoup, dans ses relations commerciales et financières avec l'Inde, de la différence de régime monétaire entre la métropole, qui a l'unique étalon d'or, et l'empire des Indes, qui a l'unique étalon d'argent, devrait d'abord commencer par établir ou rétablir aux Indes le double étalon, avec rapport légal fixe et limitation de la frappe de l'argent. Le bimétallisme est la transition nécessaire pour amener ultérieurement l'Inde au régime anglais ; mais l'Angleterre commettrait une grande faute économique, elle serait infidèle à ses meilleures traditions, si elle abandonnait, par considération pour des intérêts passagers, le régime monétaire qui a fait sa force et sa prospérité commerciales.

une série d'opérations commerciales représentées par le tableau suivant :

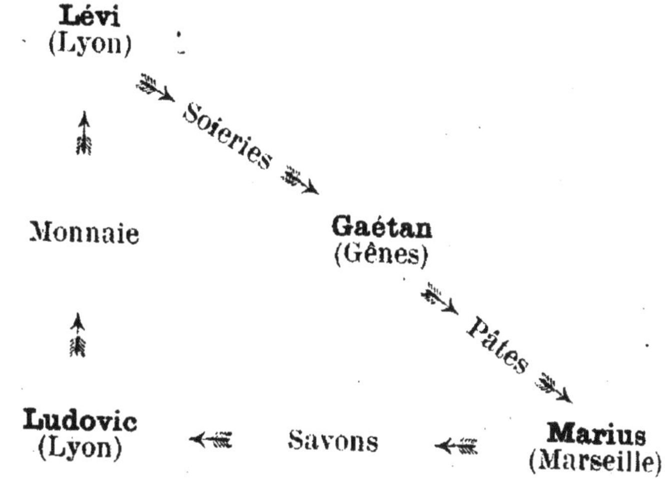


Lévi (de Lyon) a vendu des soieries à Gaétan (de Gênes), celui-ci a vendu des pâtes d'Italie à Marius (de Marseille), et Marius a vendu des savons à Ludovic (de Lyon); comment régler cette série d'opérations le plus simplement possible ?

Marius envoie à son débiteur Ludovic un ordre de payement ainsi conçu : *A telle date, veuillez payer à mon ordre telle somme, valeur reçue* (par vous) *en marchandises.* Signé : *Marius.* Ludovic écrit en travers de la traite : *Accepté pour telle somme*, et il signe ; puis il renvoie la traite acceptée à Marius. Marius, qui est débiteur de Gaétan, de Gênes, lui endosse la traite, c'est-à-dire qu'il écrit au dos (en s'adressant toujours à Ludovic) : *Payez à l'ordre de Gaétan, valeur en marchandises.* Signé : *Marius.* Gaétan, qui est débiteur de Lévi, endosse à ce dernier la traite suivant la même formule. Enfin Lévi, dernier porteur de l'effet, le présente à l'échéance à son concitoyen Ludovic, qui lui en paye le montant en espèces.

Lévi, de Lyon, ainsi payé dans sa propre ville, donne sur cette lettre de change l'acquit de toutes les dettes successives qu'elle a représentées ; et ainsi les espèces métalliques de Ludovic, au lieu de circuler de Lyon à Marseille, puis à Gênes, pour revenir à Lyon, font leur office et servent à régler plusieurs ventes sans nul déplacement.

Les lettres de change évitent donc le transport des métaux précieux d'un lieu à un autre. Elles servent aussi à représenter le crédit pendant toute sa durée, et à permettre au créancier d'anticiper sa rentrée en se substituant par endossement un créancier nouveau, moyennant un léger rabais qu'on nomme l'escompte.

Cela dit, voyons le rapport qui s'est établi entre la monnaie et les lettres de change ou autres effets de commerce (mandats non acceptables, billets à ordre, délégations, etc.).

A l'époque où les commerçants redoutaient les grands transports d'espèces à cause de l'insécurité des voyages, il régnait aussi une grande diversité monétaire. Les Etats, souverains ou feudataires, les villes libres, les républiques, étaient beaucoup plus nombreux qu'aujourd'hui ; ils avaient chacun leur monnaie, plus ou moins juste de titre et de poids, plus ou moins altérée, soit par les monnayeurs soit par les faux-monnayeurs, plus ou moins usée par la circulation. Il fallait, dans les payements, tenir compte de toutes ces différences et se servir à chaque instant du trébuchet et du touchau. C'était un des gros embarras du négoce, surtout dans les petits pays très commerçants, dans les ports et les villes libres, où affluaient les monnaies de tous les pays.

Pour remédier à cet inconvénient, il se fonda à Venise en 1156, à Gênes en 1407, à Amsterdam en 1609, à Hambourg en 1619, à Nuremberg en 1621, à Rotterdam en 1635, à Stockholm en 1668, des banques de dépôt pour la vérification et la garde des monnaies et des lingots.

Ces banques reçurent en dépôt les monnaies de tous les pays au même titre que des lingots d'or et d'argent, c'est-à-dire qu'elles en expertisaient la valeur avant de les encaisser. Elles créditaient les déposants en une monnaie de compte, le plus souvent fictive, mais représentant un poids et un titre de métal parfaitement déterminés.

Bientôt les négociants, ayant un compte à la Banque, trouvèrent commode, au lieu de retirer leurs dépôts métalliques, de transmettre en paiement à leurs confrères les récépissés de dépôt qu'ils avaient reçus de la Banque. Pour faciliter d'ailleurs cette circulation fiduciaire, les récépissés de dépôt furent souvent libellés remboursables au porteur et établis en coupures uniformes : telle est l'origine des billets de banque.

Au début, ils n'étaient que les titres représentatifs du métal déposé dans les coffres d'une banque, mais ils ne tardèrent pas à devenir autre chose. La Banque de dépôt, en effet, put constater assez vite que la plupart de ses récépissés ou billets ne venaient point au remboursement, qu'ils continuaient à circuler en laissant une masse considérable de dépôts métalliques en permanence à la Banque. Elle se mit alors peu à peu à en employer une partie à l'escompte de bonnes lettres de change, et bientôt l'usage s'établit de ne laisser à l'état de réserve que la moitié ou le tiers des sommes déposées.

Dès lors, les billets de banque ne représentèrent plus que :

1° Pour moitié ou un tiers, des espèces métalliques ;

2° Pour moitié ou deux tiers, des effets de commerce. Ils devinrent alors une véritable monnaie de papier, non plus substituée à d'autres instruments monétaires qu'on retirait de la circulation, mais ajoutée à ces instruments monétaires et concourant à leur dépréciation, tout comme les produits métalliques extraits des mines du Pérou.

On cite la Banque de Londres (1694) comme la première qui se soit fondée ouvertement sur ce double principe de l'émission des billets au porteur et de l'escompte des valeurs commerciales.

C'était, en définitive, la consécration d'une véritable révolution monétaire, aussi importante que la découverte de nouvelles mines de métaux précieux.

A mesure, en effet, que les banques se sont multipliées, que la coupure des billets s'est abaissée, et que le crédit commercial s'est étendu, le billet de banque a gagné la confiance d'une couche plus profonde et plus nombreuse d'échangistes; il a mis peu à peu en circulation tous les capitaux que les commerçants et les particuliers réservaient jusque-là par devers eux.

Un commerçant est-il porteur d'une traite, il va l'escompter à la Banque, qui lui remet en échange un billet au porteur. Avec ce billet, il peut aller chez son fournisseur acheter les denrées qui lui conviennent; le fournisseur, qui n'aurait peut-être pas reçu la traite, recevra le billet de banque en payement de ses marchandises. Quand il aura besoin lui-même de monnaie, il n'ira pas à la Banque : il changera le billet chez un commerçant voisin, lequel le prendra dans sa caisse à l'égal d'une valeur métallique. Aujourd'hui, les encaisses particulières comptent beaucoup plus de billets de banque que d'espèces d'or et d'argent.

Evidemment, ce phénomène ne s'est pas généralisé du

premier coup, et la confiance dans le billet de banque n'est venue que lentement et progressivement. Mais dans la mesure où elle est acquise, elle a ce résultat de faire sortir des magasins les denrées qui y attendent l'acheteur, et des caisses particulières l'argent qui, autrement, continuerait à y séjourner.

On raconte que dans les chasses à courre, lorsque le cerf, le chevreuil ou le lièvre se trouve fatigué, il bondit hors de sa piste, et trouve moyen de débusquer de son gîte une autre bête toute fraîche, qui fait prendre le change aux chiens et aux chasseurs.

Quelque chose de pareil se passe en matière de circulation. Les billets de banque viennent débusquer les capitaux réels qui reposaient momentanément dans leur gîte. Ils prennent la place de tout capital inactif, sauf à se remettre en route dès que le capitaliste aura besoin d'utiliser ses propres capitaux; alors les billets de banque iront débusquer d'autres oisifs, et ainsi de suite.

La limite des services qui peuvent être rendus par les signes représentatifs en général et les billets de banque en particulier, est donc précisément dans l'importance des capitaux existants non utilisés. Le problème est d'atteindre ces capitaux, non de les dépasser, car autrement la dépréciation du signe représentatif commence aussitôt [1].

Dès l'origine, les banques de dépôt et d'émission rendirent de grands services et réalisèrent de gros bénéfices. Les Etats ou les villes ne furent pas longtemps sans reconnaître l'analogie du billet de banque avec la mon-

[1] On peut consulter sur ce fonctionnement du billet de banque mon étude plus détaillée dans les *Questions sociales contemporaines*, p. 77 et suivantes.

naie, et sans s'apercevoir de l'importance des bénéfices des banques. Au lieu, dès lors, soit de falsifier les monnaies, soit d'émettre pour leur propre compte du papier-monnaie, soit d'emprunter à chers deniers aux juifs et aux argentiers, ils se firent tout simplement allouer des avances considérables par les banques, auxquelles ils constituèrent des privilèges. Le billet de banque prit ainsi, pour partie du moins, le caractère du papier-monnaie, et fut généralement reçu en paiement des impôts.

Ce n'est pas tout. Les banques, peu à peu habituées à ces affaires de plus en plus considérables, depuis l'escompte des traites et les avances sur marchandises jusqu'aux avances à l'Etat et aux villes, voyant d'ailleurs grossir leurs dépôts et s'étendre la circulation de leurs billets, se mirent à s'intéresser dans de grandes entreprises et même à les susciter, en inaugurant la forme des sociétés par actions : compagnies coloniales, compagnies minières, compagnies d'assurances, etc. Law, de 1716 à 1720, est un de ceux qui poussèrent le plus activement à cette ingérence des banques dans les opérations financières et dans les affaires industrielles. Sa tentative, véritablement outrée, échoua et aboutit à une catastrophe, mais on peut dire que, sur une moins vaste échelle, depuis lors et jusque vers le milieu de ce siècle, la plupart des banques d'émission se sont livrées aux opérations multiples que je viens d'indiquer.

Sous ce régime, le billet de banque représente l'équivoque à son maximum :

Il est certificat métallique, en tant qu'il circule à la place d'une encaisse d'or et d'argent.

Il est titre représentatif d'un omnium de valeurs commerciales escomptées;

Il est papier-monnaie, en tant qu'il représente des

avances à l'Etat et qu'il est reçu comme argent aux guichets du Trésor ;

Il est enfin titre représentatif d'un omnium de valeurs industrielles, en tant qu'il est gagé par un portefeuille de titres mobiliers ou par des prêts sur ces titres.

Le bon sens indique qu'il y a grand péril à monétiser ainsi, en billets à vue, des crédits à long terme d'une rentrée lointaine ou incertaine, et d'une anticipation souvent très difficile.

Plusieurs crises ont mis en lumière les dangers résultant de cette équivoque du papier-monnaie ou du billet de banque.

La première est celle qui fut la conséquence du *système* de Law en 1720.

## § 2. — L'histoire du *système* de Law [1]

L'écossais John Law de Lauriston, né à Edimbourg en avril 1671, financier habile et joueur très heureux, était grand partisan de la monnaie de papier ; il croyait que, sous la direction de l'Etat, elle pouvait parvenir à une régularité et même à une fixité de valeur plus grande que la monnaie d'or et d'argent. Il lui voulait d'ailleurs des gages sérieux, mais il ne paraît jamais s'être préoccupé de la nature de ces gages. Dans ses *Considération sur le commerce et sur l'argent* (1700), il pro-

[1] Consulter sur ce point les *Recherches historiques sur le système de Law* par M. Levasseur, l'*Histoire des Banques en France* par M. Alphonse Courtois, et l'étude de M. Thiers sur *Law* et son système, d'abord insérée dans l'Encyclopédie progressive, fondée par mon père, Jacques Coste, en 1826. L'étude de M. Thiers est très lumineuse, mais renferme des erreurs de chiffres.

posait de fonder la valeur de la monnaie de papier sur les biens-fonds.

Ses propositions ne furent acceptées ni dans son pays ni en France sous Louis XIV, mais après la mort de ce dernier, au milieu des graves embarras de la Régence, le duc d'Orléans se montra favorable à une partie des projet du financier écossais, et lui concéda, par lettres patentes du 2 mai 1716, le privilège d'une Banque générale.

Cette banque était autorisée : à escompter les lettres de change, à se charger des comptes des négociants au moyen des virements de parties, et à émettre des billets payables au porteur, en écus du poids et titre du jour de l'édit, par conséquent en *argent de banque* soustrait aux variations du monnayage. De plus, les valeurs déposées dans les caisses de la Banque et appartenant à des étrangers étaient affranchies du droit d'aubaine.

C'était importer en France l'excellent fonctionnement des banques de dépôt, qui ne pouvait avoir que de très bons résultats. Cependant une arrière-pensée de spéculation financière se manifestait dès lors par la manière dont fut constitué le capital. Le fonds social de 6 millions de livres, divisé en 1,200 actions nominatives de 5,000 livres, dont un quart seulement appelé, avait été ainsi composé : 25 0/0 en espèces (375.000 livres), 75 0/0 en billets d'Etat, qui ne valaient que 70 à 80 0/0 de leur valeur nominale. Les billets d'Etat étaient la forme unique donnée, après vérification et réduction, à la dette flottante laissée par le grand roi. Il y en avait pour 250 millions de livres, auxquels un intérêt de 4 0/0 était promis jusqu'au remboursement. L'absorption d'une partie de ces billets d'Etat, pour en soutenir le cours, était évidemment le prix dont Law avait payé la concession de sa banque. C'était bien, du reste, une conception de spéculateur que cette combinaison qui devait rapidement ramener près du pair un papier déprécié de 20 ou 30 0/0, et faire empocher un beau bénéfice aux souscripteurs bien informés.

Cette banque réussit fort bien, et le régent favorisa la circulation de ses billets en donnant l'ordre aux officiers de finance de les recevoir en payement d'impôts et de les employer pour leurs remises de fonds. Jusque-là, on ne pouvait critiquer qu'une chose, à savoir la faiblesse du capital-espèces de la Banque pour garantir sa circulation fiduciaire.

Mais en 1717, Law eut un projet beaucoup plus hardi : il fusionna quatre compagnies qui avaient des privilèges de commerce au Canada, dans la Louisiane et sur les côtes occidentales de l'Afrique, et de cette fusion il forma la Compagnie d'Occident, dite du Mississipi. Par une exagération du premier procédé suivi pour la Banque, les 100 millions de livres du capital, divisé en 200,000 actions de 500 livres au porteur, entièrement libérées (premier exemple de ce genre de titres), furent payables en billets d'Etat. Le capital entier de cette grande compagnie de commerce était donc placé en effets publics dépréciés, qui étaient remis à l'Etat, et dont celui-ci s'engageait à payer l'intérêt à raison de 4 millions par an. Les premiers 4 millions devaient former le fonds de roulement de la Compagnie ; les suivants contribueraient au dividende des actionnaires. Les compagnies fusionnées avaient dû apporter un actif assez important, mais il est à croire que le fonds de roulement de 4 millions devait paraître insuffisant aux yeux de Law lui-même, et qu'il comptait sur les crédits de sa banque, c'est-à-dire sur la circulation des billets, pour développer les opérations commerciales très réelles de sa Compagnie. En tout cas, il dut recourir aux ressources de sa banque et les engager entièrement pour assurer la formation même du capital de la Compagnie d'Occident, dont la souscription fut très lente et dura du 20 août 1717 au mois de juillet 1718.

En 1718, la Banque générale devint Banque royale ; le régent en reprit les actions au compte du roi, en les remboursant soit en numéraire soit en billets d'Etat. A cette époque, l'institution était prospère ; en avril 1719, elle était parvenue à une circulation de billets de 110 millions de livres.

Sur ces entrefaites, les frères Pâris avaient établi leur *antisystème* en copiant les procédés de Law, mais en les appliquant beaucoup plus justement à la ferme des impôts indirects ; et la faveur du public leur venait plus qu'à la Compagnie d'Occident, dont les actions languissaient à 300 livres. C'est alors que Law mit en jeu d'habiles artifices d'agiotage ; il inventa ou pratiqua sur une vaste échelle les marchés à prime, et fit regagner le pair à ses actions. Puis il obtint la ferme des tabacs, il absorba les deux Compagnies des Indes occidentales et de la Chine, et donna à sa compagnie le titre de Compagnie des Indes. Le capital alors en fut porté à 125 millions de livres par l'émission de 50,000 actions de 500 livres, qui furent offertes contre espèces ou billets de banque au cours de 550 livres. L'empressement de souscrire fut si grand qu'il fallut mettre pour condition (20 juin 1719) que l'on posséderait quatre actions anciennes (*mères*) pour avoir droit à une nouvelle (*fille*). A la même époque, autre absorption de la Compagnie d'Afrique ; les actions montent à 1,000 livres ; obtention du privilège de la fabrication des monnaies. Le capital de la Compagnie des Indes est encore porté à 150 millions par la création de 50,000 actions de 500 livres émises à 1,000 livres : il faut cinq actions anciennes (4 *mères* et 1 *fille*) pour obtenir une action nouvelle (*petite-fille*).

Law paraissait donc avoir assuré le succès de sa seconde entreprise comme de la première, lorsqu'il renchérit encore sur ses deux audaces. Il proposa, et le régent accepta, de faire rembourser par la Compagnie des Indes environ 1,500 millions de rentes et offices sur lesquels l'Etat devait servir un intérêt de 3 0/0. Les 13 septembre, 28 septembre et 2 octobre, on émit chaque fois 100,000 actions nouvelles de 500 livres au prix de 5,000 livres, sur lequel 50 livres seulement étaient versées en souscrivant, arrhes bien minimes, qui semblaient pourtant suffisantes, étant donné le cours des actions anciennes, cotées 8,000 livres. Avec une dernière émission de 24,000 actions, le 4 octobre, on se trouva de la sorte avoir porté le nombre total des actions à 624,000 pour un capital nominal de 312 millions, émis au prix de 1,797 1/2 millions ! Quels bénéfices commerciaux ou financiers pouvaient assurer la rémunération d'un tel déboursé ? Cependant, à l'assemblée générale du 30 décembre 1719, Law annonce un dividende de 200 livres par action ; le titre monte immédiatement à 15,000 livres, il atteint son apogée le 6 janvier 1720, à 18,000 livres. Il est évident qu'alors on ne capitalisait plus un revenu quelconque, mais on escomptait les plus-values éventuelles à espérer des conceptions de Law et des faveurs du régent. Il avait triomphé, le 28 octobre, de l'*antisystème*, en obtenant la résiliation du contrat avec les frères Pâris et en se faisant adjuger la ferme des impôts indirects. Law lui-même semblait poursuivre une martingale, ou croire à la transformation soudaine de la richesse de la France par la vertu magique du papier de crédit.

Cependant une faute grave avait été commise dans

la vaste opération de conversion des 1,500 millions de rentes et offices en actions nouvelles de la Compagnie des Indes ; on n'avait point pris les mesures nécessaires pour que les actions fussent remises directement aux créanciers de l'Etat en échange de leurs titres ; les rentes et autres créances à convertir étaient d'abord échangées contre des récépissés remboursables, tandis que les actions nouvelles étaient simplement mises en souscription. La souscription alla beaucoup plus vite que la délivrance des récépissés remboursables ; la hausse excessive se fit aussitôt, et quand les porteurs des récépissés ne purent plus se procurer des actions à des cours voisins du prix d'émission (elles étaient à 15,000 ou 18,000 au lieu de 5,000 livres), ils se contentèrent du remboursement en billets de banque. Les souscripteurs d'actions, qui avaient les 9/10es du titre à verser et qui ne trouvaient plus d'acquéreurs parmi les porteurs de récépissés, furent forcés de réaliser. Ils y étaient enclins d'ailleurs par les hauts prix, et par les occasions de spéculations analogues qui s'offraient alors en Hollande et en Angleterre.

A la fin du mois de décembre 1719, l'émission des billets de banque s'élevait à 1 milliard ; au 6 février 1720, elle était de 1,200 millions. La circulation s'était d'abord développée par la commodité très grande qu'on trouvait aux billets de banque pour les transactions de la rue Quincampoix; ils faisaient prime de 10 0/0 sur la monnaie. et l'on avait versé de grosses sommes d'argent à la Banque pour s'en procurer ; ensuite, les billets s'étaient multipliés par les prêts sur actions pour faciliter les souscriptions (Thiers parle de 540 millions de prêts), et par les émissions supposées provisoires pour le remboursement des récépissés. Toujours est-il que cette masse de billets en circulation ne pouvait pas ne pas altérer considérablement les prix de toutes choses. C'est alors qu'on vit les *réaliseurs* enrichis acheter des terres et des hôtels, des pierreries, de l'or et de l'argent, et faire monter à des prix inconnus les denrées de luxe. En même temps, les porteurs de billets venaient puiser aux réserves métalliques de la Banque, et l'on commençait à exporter du numéraire à l'étranger.

A ces effets naturels de toutes les réalisations, Law opposa des mesures violentes. Pour protéger ses billets de banque, il fit varier le cours légal des monnaies ; il défendit de payer en argent au-dessus de 100 livres, en or au-dessus de 300 livres, c'est-à-dire qu'il donna cours forcé aux billets de banque de 1,000 et de 10,000 livres; il limita strictement la quantité des espèces qu'on pouvait posséder chez soi sans les déposer à la Banque; il encouragea les dénonciations ; il prohiba la vente de la vaisselle d'or et d'argent; il en réglementa la fabrication ; il interdit de porter des diamants et des pierres précieuses, etc. Pour arrêter la dépréciation des actions de la Compagnie des Indes, il fit imposer la conversion aux créanciers de l'Etat, sous peine d'une réduction de leurs intérêts au taux de 2 0/0 ; il interdit aux particuliers l'usage des marchés à terme sur les actions, au moyen desquels lui-même en avait obtenu la hausse : enfin, le 5 mars 1720, il *fixa* le cours des actions à 9,000 livres en billets de banque, et il donna la faculté, soit d'échanger à ce taux les billets contre des actions, soit de se faire rembourser en billets de banque les actions qu'on possédait. Il pensait que dans le premier cas (billets donnés en payement d'actions) l'opération soutiendrait la valeur des billets, et que, dans le second cas (actions remboursées en billets), le nombre des actions étant diminué, le dividende de chacune serait plus considérable et leur cours serait relevé.

Le public, lui, alla au titre le plus voisin de la monnaie; il échangea ses actions contre des billets de banque: on arriva ainsi à une circulation, inouïe pour l'époque, de 2,696 millions, savoir :

| | |
|---|---|
| En billets de 10,000 livres...... | 1.134 millions |
| En billets de 1,000 livres....... | 1.223 — |
| (les uns et les autres ayant cours forcé). | |
| En billets de 100 livres......... | 299 — |
| En billets de 10 livres.......... | 40 — |
| Total..... | 2.696 millions |

dont 339 millions remboursables en espèces.

Toutes ces mesures furent vaines, la baisse des titres continua, ainsi que la dépréciation des billets de banque. On voulut du moins régler cette baisse et la limiter : un arrêt du 21 mai 1720 établit une échelle de réduction successive : 1° de la valeur des titres, de 8,500 livres à 5,500 (moyennant une perte de 500 livres par mois); 2° de la valeur des billets de banque, de 80 0/0 à 50 0/0 (moyennant une perte de 5 0/0 par mois). Cette admirable application de la direction de l'Etat à la fixation des valeurs, si conforme d'ailleurs aux principes de Law, fut le signal de la panique et des émeutes. Six jours après, on révoqua l'arrêt, on rétablit le cours légal de l'or et de l'argent, on défit la conversion des rentes ; puis, on transforma les billets de banque de 10,000 et de 1,000 livres en bons de virement sur les comptes de banque, on réduisit le nombre des actions, etc. Rien n'y fit; les demandes de remboursement des billets de banque ne discontinuèrent pas; malgré toutes les lenteurs mises en œuvre, il fallut en venir à suspendre le remboursement des billets de 100 livres (17 juillet); du coup, Law fut obligé de se réfugier chez le régent, au Palais-Royal. « La Banque, à dater de ce moment, dit M. Courtois, demeura fermée, même pour les porteurs de billets de 10 livres. En sous-main on les remboursa aux plus mutins et turbulents. »

En octobre 1720, les actions qui, dix mois auparavant valaient 18,000 livres, ne se vendaient plus que 2,000 livres-billets, lesquels valaient à peine 200 livres-espèces.

« Le système disparut enfin en entier, dit M. Thiers, dans le mois de novembre 1720, un an après le moment de la grande vogue. Tous les billets furent changés en rentes ou en actions rentières (véritables obligations de la Compagnie des Indes, rapportant un revenu fixe de 2 1/2 0/0), et toutes les actions furent déposées à la Compagnie. Alors, on annonça un *visa* ayant pour but de faire la revue de la masse entière du papier, et d'annuler la plus grande partie de celui qui appartenait aux riches agioteurs. »

Law partit secrètement de Paris, le 13 décembre, absolument ruiné, mais inconscient de la catastrophe qu'il avait causée. On prétend que, dans son dernier entretien avec le régent, il lui répéta encore sa maxime que « c'est au prince à donner le crédit et non à le recevoir. » L'expérience était pour lui non avenue.

### § 3. — Les assignats en France [1] et le cours forcé en Angleterre

Cette immense et funeste aventure du système de Law nuisit considérablement au développement du crédit en France. De longtemps, on n'osa créer de banque, et quand on tenta d'en créer, on les appela d'un

---

[1] Consulter l'*Histoire des Banques* de M. Courtois et l'article *Assignats*, de M. Jules Cohen, dans l'Encyclopédie du XIXe siècle.

non moins impopulaire. C'est ainsi qu'en janvier 1767, une Caisse d'escompte fut fondée timidement ; elle languit deux années, et fut supprimée en mars 1769.

Une deuxième Caisse d'escompte put s'établir en 1776, pendant que Turgot était aux finances, sous la forme modeste d'une société en commandite (Besnard et Cie). Son capital d'opérations ne dépassa pas 12 millions jusqu'en 1783. A cette date, le contrôleur général d'Ormesson exigea d'elle un prêt de 6 millions, ce qui occasionna, durant deux mois, une suspension du remboursement des billets. M. de Calonne, en 1784, remboursa le prêt, et fit porter le capital à 15 millions. En 1787, la Caisse d'escompte, avec ces faibles ressources, arrivait à un chiffre d'escompte de 493 millions et demi; elle avait des comptes courants pour une dizaine de millions, et une circulation en billets de banque d'une centaine de millions. C'est alors que de Calonne fit encore augmenter son capital. Sur les 100 millions auxquels il fut porté, 5 millions furent donnés en prime aux anciens actionnaires, 10 millions nouveaux se joignirent aux 15 millions anciens pour les opérations de banque, 70 millions furent versés à l'Etat (en juin 1788) sous couleur de cautionnement. Necker ne fut pas plus sage : il se fit avancer, sous le manteau, de mois en mois, une série de sommes qui s'élevaient, en octobre 1789, à 90 millions. Il fallut, pour régulariser cette situation, porter le capital à 150 millions, et autoriser une émission de 240 millions de billets de banque, destinés aux prêts à l'Etat et revêtus de la garantie de l'Etat. Malgré cela, la Caisse était autorisée à surseoir au remboursement de ses billets, faculté dont elle n'usa jamais entièrement.

Toutes ces précautions, pour arriver à des résultats si insuffisants, démontraient l'infériorité et l'impuissance de cet instrument. Une banque indépendante et solidement assise sur un passé séculaire eut pu donner un bien autre appui aux finances de la royauté. C'est ce défaut d'une institution puissante qui fit recourir aux assignats, ressource dangereuse entre les mains de révolutionnaires improvisés financiers. Il semble ainsi que ce soit encore par la faute première de Law, qui avait arrêté l'essor du crédit que l'on retomba presque fatalement et encore plus profondément dans l'abîme que Law avait creusé le premier.

C'est le 19 décembre 1789 que fut rendu le premier décret relatif aux assignats. Ils devaient porter jour par jour un intérêt de 5 0/0, réduit à 3 0/0 avant l'émission. Il était dit qu'ils seraient émis jusqu'à concurrence des biens à vendre sur le domaine royal, et qu'ils seraient admis de préférence dans l'achat de ces biens. C'était presque, on le voit, la monnaie territoriale préconisée par Law. On ajouta, le 16 avril, que les assignats auraient cours de monnaie entre toutes personnes, dans toute l'étendue du royaume, et seraient reçus comme espèces dans les différentes caisses publiques et particulières. Sur les 400 millions à émettre, il est dit, le 2 mai, que 150 millions seront en assignats de 1,000 livres, 120 millions en assignats de 300 livres et 130 millions en assignats de 200 livres. L'émission commença le 1er août à raison de 10,000 livres par jour. Une partie de ces 400 millions fut remise à la Caisse d'escompte, qui put rembourser ses billets de banque en cette nouvelle monnaie.

Dès le mois de septembre, les premiers 400 millions sont épuisés ; on décide une nouvelle émission de 800 millions, on abroge la clause de l'intérêt de 3 0/0 à partir du 16 janvier 1791, et on ordonne cette fois la fabrication d'assignats de 50 livres. La coupure est ensuite abaissée, le 7 mai 1791, à 5 livres; le 17 décembre, à 50 sous; le 24 janvier 1792, à 10, 15 et 25 sous.

La dépréciation commença dès la première émission; mais elle était très variable suivant les coupures. Le cours moyen mensuel tomba au-dessous de 95 0/0 en mars 1790, au-dessous de 90 0/0 en avril 1791, au-dessous de 85 0/0 en août 1791. Voici un aperçu des quantités d'assignats en circulation à différentes dates, déduction faite des quantités retirées ou annulées. Je mets en regard le cours moyen de l'assignat durant le mois qui suit chacune des dates indiquées.

### La circulation des assignats [1]

| Dates | Quantités | Cours moyen | du mois de |
|---|---|---|---|
| 1791 1er juin | 912 millions | 85 0/0 | juin 1791 |
| 1791 1er octobre | 1.151 1/2 — | 84 | octobre 1791 |
| 1792 22 septembre | 1.972 — | 71 | octobre 1792 |
| 1793 1er janvier | 2.826 — | 51 | janvier 1793 |
| 1793 1er août | 3.776 — | 22 | août 1793 |
| 1794 1er mai | 5.891 1/2 — | 34 | mai 1794 |
| 1794 1er juillet | 6.082 — | 34 | juillet 1794 |
| 1794 1er octobre | 6.618 — | 28 | octobre 1794 |
| 1795 1er janvier | 7.229 — | 18 | janvier 1795 |
| 1795 1er avril | 8.327 — | 10.71 | avril 1795 |
| 1795 1er juillet | 12.338 — | 3.09 | juillet 1795 |
| 1795 1er octobre | 17.879 — | 1.36 | octobre 1795 |
| 1796 1er janvier | 27.565 — | 0.46 | janvier 1796 |
| 1796 1er avril | 36.672 — | 0.36 | mars 1796 |
| 1796 7 septembre | 45.578 — | | |

Le dernier décret de la Convention nationale autori-

[1] J'emprunte ces chiffres à la sérieuse *Histoire des Banques* de M. Alphonse Courtois. Cet auteur n'en indique pas la source, mais il me paraît que le cours des assignats a été calculé d'après le cours des changes étrangers, et notamment du papier sur Amsterdam. C'est le 24 août 1795 que le *Moniteur* cote pour la première fois le louis à 910 livres-assignats (2.63 0/0); en novembre il valait 3,390 livres (0.70 0/0), fin mai 1796, 8,000 livres (0.30 0/0).

sant une émission d'assignats est du 1er février 1793 ; depuis lors jusqu'à la fin, les émissions furent faites sans décret préalable, par conséquent sans contrôle législatif. Le 11 avril, on édicta la peine de six ans de fers pour quiconque vendrait du numéraire ou stipulerait pour les marchandises un prix différent en numéraire ou en assignats ; le 4 mai, on ordonna que les cultivateurs déclareraient leurs quantités de blé, et qu'ils seraient soumis à un prix de vente *maximum* ; le 24 août, Cambon fit voter l'établissement d'un grand-livre de la dette publique, pour faire disparaître les titres anciens sur la royauté qui étaient plus recherchés que les assignats de la République ; le 3 septembre, on décida un emprunt forcé sur les riches pour faire rentrer un million d'assignats, et notamment 558 millions d'assignats royaux, qui furent démonétisés parce qu'ils étaient préférés aux autres, on supprima les compagnies de finances (Compagnie d'assurances sur la vie, Caisse d'escompte, etc.). Les assignats, ainsi débarrassés de tout titre concurrent, furent, en outre, protégés par la peine de mort contre les accapareurs des marchandises de première nécessité ; le maximum fut étendu à ces marchandises, puis à leurs matières premières, aux profit des commerçants, des fabricants, des détaillants, des transporteurs, etc. Les magasins se fermant, on parla de revenir aux contributions en nature et à la répartition des produits par l'Etat.

Ces mesures dictatoriales arrêtent un instant la dépréciation, mais ne peuvent naturellement empêcher l'accomplissement fatal du phénomène économique. Après la Terreur, les rigueurs se relâchent, les émissions se multiplient, et la dépréciation s'accélère : en un an, du 1er octobre 1794 au 1er octobre 1795, l'assignat tombe de 28 0/0 à 1.36 0/0, trois mois après à

36 centimes pour 100. C'est le dernier cours officiel ; les cours des assignats ont cessé d'être fixés à partir du 17 mars 1796, mais ils se sont encore avilis. « C'est alors, dit Joseph Garnier, que nos pères déboursaient 8 à 10,000 fr. papier pour une paire de bottes, les cuisinières 6 à 700 fr. pour une livre de beurre, et les bonnes d'enfants 20 à 30 fr. pour un sucre d'orge [1] ».

En février 1796, la planche des assignats avait été solennellement brisée, pour être remplacée par celle des mandats territoriaux, nouvel avatar de la monnaie territoriale: on remboursait les assignats avec des mandats à raison de 30 capitaux pour un, tandis qu'il aurait fallu opérer l'échange à raison de 300 capitaux pour un. Les mandats cotés, en avril 1796, 17.45 0/0, ne valaient plus en juin que 7.04 0/0, en septembre que 4.57 0/0, et en décembre que 2.49 0/0: leur dernier cours est du 25 décembre 1796.

Ce cours de 2.49 0/0 pour les *promesses* de mandats territoriaux, car la baisse ne laissa pas même le temps de délivrer les titres définitifs, représentait un cours de 0.08 0/0 pour les assignats.

Telle fut la fin de l'expérience.

L'exemple des assignats donne la démonstration la plus complète, si excessive même qu'elle en paraît grotesque, du danger du papier-monnaie. Ses effets furent si déplorables qu'il semblait qu'un tel exemple ne pourrait plus être suivi. Il le fut pourtant aussitôt, mais, il est vrai, sur une échelle beaucoup moins vaste, et avec le concours d'une puissante institution de crédit.

L'Angleterre, pour soutenir sa lutte contre la France, prononça, en 1797, la suspension du remboursement à

---

[1] *Éléments de l'économie politique*, première édition (1845), p. 345.

vue des billets de banque. Le cours forcé de ce papier ne parut pas d'abord avoir de graves inconvénients. Après deux années, 1801 et 1802, où il perdit de 7 à 8 1/2 0/0, il se maintint avec une faible dépréciation; mais, à partir de 1810, les cours se troublèrent : on passa d'une perte de 2 1/2 0/0 à une perte de 13 1/2 0/0, puis à 21 0/0 en 1812, à 23 0/0 en 1813 et à 25 0/0 en 1814; je ne cite que les moyennes, mais le maximum de la perte par rapport à l'or alla jusqu'à 29 0/0. La répercussion fut encore plus grave sur les subsistances, et, à une époque d'abondance pour l'Europe entière, le prix du blé en Angleterre s'éleva jusqu'à 40 et 50 fr. l'hectolitre, un prix de famine. Ce n'est qu'en 1816 que le papier commença à se rapprocher de l'or; la perte ne disparut entièrement qu'en 1821 [1].

Ces exemples, et bien d'autres que l'on pourrait invoquer, démontrent les vices du papier-monnaie et du billet de banque. Cependant ils ne suffisent pas à les condamner absolument.

Les billets de banque à cours forcé ont mis l'Angleterre en état de fournir à la coalition européenne, contre le grand perturbateur Napoléon Ier, les énormes subsides qui lui étaient nécessaires. Les assignats eux-mêmes avaient permis à la Révolution française de lutter contre l'invasion étrangère; ils lui avaient fourni des ressources considérables, évaluées à quatre milliards effectifs [2], en même temps qu'ils surexcitaient jusqu'à

---

[1] *Dictionnaire d'économie politique*, article Papier-monnaie, par Courcelle-Seneuil.

[2] C'est à ces quatre milliards que paraissent devoir se réduire les 45 milliards 1/2 nominaux des assignats. (Voir l'*Histoire des Banques* de Courtois, p. 106). En partant des premières avances de la Caisse d'escompte, on peut considérer les assignats comme un emprunt forcé permanent qui dura huit

la fièvre l'activité du pays. Jean-Baptiste Say a fait le tableau «de la prodigieuse circulation qui eut lieu pendant que le discrédit des assignats allait en croissant ». « Tout le monde, dit-il, était ingénieux à trouver un emploi pour un papier-monnaie dont la valeur s'évaporait d'heure en heure; on ne le recevait que pour le placer; il semblait qu'il brûlât quiconque le touchait. Dans ce temps-là, des personnes qui n'avaient jamais fait le commerce, s'en mêlèrent; on fonda des manufactures, on bâtit, on répara des maisons; on meubla ses appartements; on n'avait regret à aucune dépense, même pour ses plaisirs, jusqu'à ce qu'enfin on eût achevé de consommer ou de placer ou de perdre tout ce qu'on avait de valeurs sous forme d'assignats [1]. »

## § 4. — La réglementation du billet de banque

Abstraction faite de ces excès, il faut reconnaître qu'en général l'équivoque du billet de banque a servi au développement des affaires. A une époque où le public n'était pas encore familiarisé avec les titres du crédit public ou du crédit industriel, où il n'aurait pas souscrit couramment à des émissions de rentes, d'actions et d'obligations, le billet au porteur a permis aux banques de suppléer à ce défaut de concours et de fournir par ce moyen indirect, aux entreprises publiques et aux compagnies industrielles, les capitaux dont elles avaient besoin.

années et qui imposa à la nation une contribution de 500 millions par an. Ce fut une opération analogue au faux-monnayage de Philippe le Bel et de ses successeurs.

[1] *Traité d'économie politique*, livre 1er, chap. XVI.

Mais il est arrivé un moment où, d'une part, les banques d'émission se multipliant et abusant du billet de banque, et où, d'autre part, le marché des valeurs mobilières étant suffisamment constitué, les abus devinrent à la fois moins nécessaires et plus évidents.

C'est alors que sont généralement intervenues les réglementations des banques d'émission.

En Angleterre, dans l'année 1844, sir Robert Peel fit rendre un *act* aux termes duquel la circulation des billets de banque, non gagés par des espèces métalliques, ne devait plus dépasser la somme existante au mois d'avril 1844. Tout ce qui excéderait cette limite devait désormais être gagé par des espèces monétaires en caisse. En outre, le nombre des banques d'émission ne pouvait plus s'accroître ; la Banque d'Angleterre était appelée à hériter, dans une mesure réduite, du droit d'émission de toutes celles qui viendraient à cesser leurs opérations. Cette législation peut se résumer ainsi : respect du fait accompli, limitation du découvert à un maximum invariable, prépondérance croissante de la Banque d'Angleterre, décroissance du billet de banque.

En France, la pluralité des banques, réservée par la loi du 24 germinal an XI (1803), a fait place, en 1848, au privilège unique de la Banque de France. Aucune limite effective n'est imposée à l'émission des billets, qu'ils soient ou non gagés par des espèces[1]. Les billets non représentatifs d'espèces payent seulement un droit de timbre plus élevé. Cependant les statuts de la Banque sont plus restrictifs qu'en Angleterre. Elle ne peut se livrer qu'à l'escompte des effets de commerce français à

---

[1] Le maximum de 3 milliards 500 millions, fixé par la loi du 30 janvier 1884, ne peut être considéré comme une limite effective, la circulation n'ayant jamais dépassé le chiffre de 3,162,500 francs, qui a été atteint en 1884.

trois signatures, à l'achat des métaux précieux et aux prêts sur lingots, à des avances sur certains titres : effets publics français, actions et obligations de chemins de fer français ou algériens, obligations foncières et communales. Le taux de l'escompte n'est pas limité, mais, au delà de 6 0/0, les bénéfices qu'il procure doivent être mis à une réserve spéciale, en augmentation du capital, ce qui signifie en augmentation des placements en rentes françaises ou des avances au Trésor.

Aux Etats-Unis, les banques d'émission sont libres, mais la loi du 25 février 1863 leur impose l'unité du billet de banque. C'est le Trésor fédéral qui fournit aux banques nationales les billets de banque, jusqu'à concurrence de 90 0/0 des *bonds* de la dette fédérale que les banques nationales lui remettent en garantie [1]. En outre, les banques sont astreintes à des clauses spéciales : taxe de 1 0/0 sur le montant de la circulation, maintien d'une réserve en caisse d'un tiers du montant des dépôts; enfin les porteurs de billets sont privilégiés sur tous les autres créanciers des banques.

Ces trois systèmes ont leurs avantages et leurs inconvénients.

Il faut louer en France et en Amérique l'unité du

---

[1] Lorsque les fonds publics ne représentent plus, comme en Amérique, qu'un placement à très faible intérêt, les banques nationales sont fort peu intéressées à développer leurs émissions pour monétiser en quelque sorte leurs titres de la dette fédérale; la circulation, dans ce cas, tend donc à se modérer d'elle-même. Mais il n'en serait pas de même si une baisse des fonds publics venait à se produire : la législation américaine ne servirait alors qu'à faciliter une gigantesque spéculation sur les fonds de l'Etat, et le marché monétaire s'en ressentirait grièvement. (Les *Questions sociales contemporaines* p. 384.) On trouvera dans cet ouvrage (dixième étude) une discusssion complète de la question de la liberté ou du monopole des banques d'émission.

billet de banque; en France, la restriction des opérations de la Banque; en Angleterre, la limitation des émissions, sauf à la faire fléchir en temps de crise. Plus la circulation fiduciaire est rigoureusement maintenue dans les temps ordinaires, plus elle réserve de ressources pour les moments difficiles.

Par contre, il faut regretter que, dans les trois pays, la loi favorise l'équivoque du billet de banque, en lui faisant représenter à la fois, et des valeurs immobilières, et des fonds publics à cours variable, et des prêts sur titres. En Amérique notamment, les billets de banque sont de véritables assignats sur les fonds publics; ils s'écartent ainsi de leur rôle, qui est de mobiliser les effets de commerce à court terme.

La tendance judicieuse qui perce cependant sous toutes ces réglementations diverses, c'est que les banques d'émission doivent être toujours prêtes à payer en espèces métalliques les billets de banque qui leur sont présentées au remboursement.

On estime généralement que cette clause de la convertibilité en espèces (qui n'est suspendue que dans des circonstances extrêmes par une loi de l'État) suffit à maintenir l'équivalence exacte entre le papier et la monnaie métallique, et à préserver le marché de la surabondance du papier.

A cet égard, il ne faudrait pas se faire trop d'illusion, et je crois qu'il y aurait lieu de discerner certains cas où cette protection serait insuffisante.

Quand il s'agit d'un pays neuf, qui achète ou emprunte beaucoup au dehors, et qui doit payer des rentes à des créanciers extérieurs, la convertibilité des billets doit préserver, en effet, de la surabondance du papier, parce que les paiements à l'étranger exigent de l'or et de l'argent ou des valeurs réelles. La monnaie de papier se déprécierait tout de suite si elle était surabondante. Mais il n'en va pas de même quand un pays ancien et riche, et se suffisant à lui-même, est créancier d'autres pays dont il touche annuellement des rentes considérables : alors, il n'y a pour lui aucune nécessité d'exporter de l'or, de l'argent ou des valeurs réelles ; c'est l'étranger au contraire qui doit le payer, et qui, pour le payer, recherchera sa monnaie de papier. Les billets de banque peuvent alors être surabondants sans qu'il y paraisse, sans qu'une dépréciation se manifeste par rapport à l'or et à l'argent. C'est probablement, dans ce cas, le numéraire tout entier qui se déprécie, et qui cause une hausse factice de la main-d'œuvre et des produits nationaux, hausse défavorable à la lutte commerciale contre l'étranger.

Quoi qu'il en soit de ces doutes qui subsistent à l'égard de la réglementation des banques d'émission, le fait dominant qui s'en dégage, c'est que l'équivoque du billet de banque tend à se dissiper. Peu à peu, le crédit commercial à court terme se sépare du crédit public et du crédit industriel, qui sont à long terme.

Simultanément à cette évolution, on peut observer deux faits considérables :

1° La constitution régulière d'un marché des valeurs mobilières (rentes, actions et obligations) avec ses organes spéciaux : bourses de valeurs mobilières, banques de crédit mobilier, agents de spéculation ;

2° Le développement des dépôts en compte courant dans les banques et du système perfectionné des compensations, qui aboutit à la restriction du billet de banque.

En Angleterre, où ce système est le plus en vigueur, la circulation fiduciaire, non métallique, s'est abaissée de 32,090,557 liv. st., en 1844 [1], à 11,977,754 liv. st. fin 1385, soit, en chiffres ronds, de 800 à 300 millions de francs. Mais il s'en faut que les autres pays d'Europe soient aussi avancés économiquement que l'Angleterre.

De 1850 à 1885, la circulation à découvert de la France a progressé de 26 à 675 millions.

Pour l'Italie, l'Autriche-Hongrie et la Belgique, l'augmentation des billets de banque et du papier-monnaie paraît dépasser 1,700 millions. Il est à remarquer que tous les Etats à circulation de papier, y compris la France, sont aussi sous le régime de l'étalon d'argent ou du double étalon. Ce sont là des circonstances qui les prédisposent à être des pays de cherté plus grande que les pays à étalon d'or et à circulation fiduciaire décroissante, tels que l'Angleterre, l'Allemagne et les Etats scandinaves.

---

[1] C'est le chiffre toléré par l'act de Robert Peel, que je suppose représenter la circulation fiduciaire effective de cette époque.

# CHAPITRE XII

## LES MOYENS DE CIRCULATION (suite)

### LE CRÉDIT ET SA REPRÉSENTATION PRÉCISE PAR LE TITRE MOBILIER ET LE CHÈQUE

Nous avons vu, au précédent chapitre, que le billet de banque, dont le règne succède à celui des métaux précieux, voit à son tour son autorité décroître. A la confusion des pouvoirs ou du moins des crédits qui marquait son privilège équivoque, succède un régime beaucoup plus conforme à la vérité des choses, marqué par le fonctionnement distinct du crédit commercial et du crédit mobilier, et par le perfectionnement de deux instruments de circulation : le titre mobilier et le chèque.

Examinons ce double organisme.

#### § 1er. — Le titre mobilier

La création des valeurs mobilières, négociables par transfert ou par tradition, a été due aux emprunts d'États et de Villes donnant lieu à des constitutions de rentes. En France, les premières constitutions de rentes perpétuelles sur l'Hôtel de Ville de Paris furent créées par le chancelier Duprat, sous François Ier, en 1522. Ensuite sont venues les parts ou actions des banques et des compagnies autorisées par l'Etat ;

puis, les obligations (d'abord actions rentières), représentant des prêts aux compagnies de commerce, aux compagnies de chemins de fer et de transport, aux compagnies industrielles et aux sociétés de crédit foncier.

Titres de rentes perpétuelles ou amortissables, parts sociales ou actions à revenu variable, bons ou obligations à revenu fixe, avec ou sans privilège hypothécaire: voilà ce qu'on appelle d'un mot les *valeurs mobilières*. Elles font l'objet d'un commerce actif, ayant pour marchés les Bourses de fonds publics; pour magasins de gros, les sociétés de crédit, les banques anonymes; pour négociants, les spéculateurs, les banquiers; pour courtiers, les agents de change; pour détaillants, les agences financières, les changeurs, etc. Il y a tout un monde vivant de ce commerce de papier qui, au fond, est un commerce de capitaux. Sur chaque valeur, l'offre et la demande pèsent à tout instant en sens opposé; des opérations fictives ou réelles se nouent à terme, pour se dénouer à chaque liquidation de quinzaine ou de fin de mois.

Dans ce commerce des valeurs mobilières, les opérations fictives des spéculateurs ont leur utilité, en ce sens qu'elles fournissent une contre-partie toujours prête aux acheteurs et aux vendeurs de titres. Grâce au mécanisme des opérations à terme, un gros vendeur de titres est toujours sûr de trouver un acheteur pour la fin du mois. L'échéance arrivée, l'acheteur, si c'est un capitaliste, paye et prend livraison des titres ; si c'est un spéculateur, il se fait *reporter*, c'est-à-dire qu'il se fait prêter des capitaux flottants sur le gage des titres dont il devait prendre livraison ; et ce concours des capitaux flottants, sous la forme du *report*, se prolonge jusqu'à ce que l'acheteur à découvert se soit substitué un acquéreur sérieux[1]. Inversement, un gros acquéreur est toujours sûr de trouver un vendeur pour la fin du mois. En liquidation, le vendeur, s'il n'est qu'un spéculateur dépourvu de titres, s'adresse à un détenteur sérieux qui fournit les titres pour un mois, jusqu'à ce qu'on ait trouvé la contre-partie réelle de l'acquéreur : ce détenteur qui vend ses titres au comptant pour les racheter à terme perçoit une indemnité appelée *déport*. Lorsque les opérations réelles font défaut sur le marché, acheteurs à découvert et vendeurs à découvert se trouvent en présence et s'annulent réciproquement ; leurs opérations fictives se dénouent, comme de simples paris, par le payement d'une différence, qui n'exerce aucune action définitive sur les cours.

Sur un marché bien constitué, quand les spéculateurs présentent une solidité suffisante et sont servis par des intermédiaires nombreux et consistants, la spéculation a pour effet de régulariser les cours, en amortissant les mouvements excessifs de hausse et de baisse. Elle concentre à une même échéance, soit aux quinzaines, soit aux fins de mois, la masse des titres à vendre en présence de la masse des capitaux à placer. Si les capitaux sont en excédent, les acheteurs sont encouragés, les reports sont faciles, il y a hausse : hausse solide quand elle provient des capitaux de placement, hausse précaire quand elle n'est due qu'aux capitaux flottants et aux reports. Si, au contraire, les capitaux sont inférieurs aux titres à vendre, les prix du comptant s'écartent du prix

[1] Le report n'est pas à proprement parler un prêt sur titres, c'est un achat au comptant avec revente à terme. Le prix du *report* est, normalement, l'accroissement de valeur des titres par suite de la plus-value du coupon durant le mois. Mais il peut tomber au-dessous de ce prix normal, et même devenir négatif ; dans ce cas, on dit qu'il y a *déport*.

du terme, les reports deviennent chers, les vendeurs sont favorisés, la baisse survient.

Sur un marché mal constitué ou appauvri, quand, d'une part, les spéculateurs sont peu solvables, et, d'autre part, quand les courtiers ou agents de change sont trop peu nombreux, trop surchargés de clients, ce mécanisme délicat cesse de fonctionner utilement. Dès qu'un mouvement de hausse ou de baisse un peu accentué se dessine, les agents, se voyant entourés de spéculateurs suspects et craignant pour eux des différences trop fortes, ferment leurs carnets ; la spéculation est supprimée, les capitaux de report ou les titres de déport ne sont plus provoqués et garantis par elle ; le marché se trouve ramené aux ressources et aux irrégularités du comptant. Bien plus, les anciennes opérations de spéculation sont brusquement liquidées, et viennent encore artificiellement peser sur un marché déjà embarrassé. Alors, les mouvements des cours, au lieu d'être prévenus et amortis, sont au contraire exagérés et affolés. Loin d'être utile, la spéculation devient nuisible. C'est ce qui s'observe assez fréquemment, sous le régime du monopole des agents de change, à Paris. Il n'y a que soixante agents, comme au siècle dernier, et le haut prix des charges fait que leurs capitaux disponibles sont assez faibles tandis que leurs frais généraux sont très élevés. Les agents sont donc amenés à préférer les opérations de jeu, qui exigent de leur part une faible mise de fonds et qui leur procurent des profits abondants ; en revanche, à la moindre alerte, ils s'abritent derrière des mesures de rigueur qui aggravent la situation du marché. C'est un régime des plus défectueux.

Sur les marchés de l'étranger les plus réputés pour leur solidité, le commerce des capitaux est libre. A

Londres, le Stock-exchange, qui forme une sorte de cercle, compte plus de 2,000 spéculateurs et courtiers (*stock-jobbers* et *stock-brokers*). La notoriété publique désigne aux tribunaux et aux administrations ceux des membres qui méritent d'être choisis annuellement pour remplir les fonctions d'officiers ministériels, soit pour constater les cours authentiques de la Bourse, soit pour exécuter les opérations concernant les incapables et les corps moraux.

Grâce à cette organisation, le marché des fonds publics a pris à Londres une régularité extraordinaire ; les rentes sur l'Etat, les obligations des Compagnies, y sont devenues des valeurs presque monétaires ; les gens d'épargne les plus prudents les préfèrent aux placements fonciers et aux prêts hypothécaires ; les capitalistes, les banques, les caisses d'épargne, les Compagnies, peuvent utiliser leurs capitaux disponibles dans des reports ou des placements temporaires aisément réalisables. Ils ne sont plus obligés de se constituer longtemps à l'avance des réserves improductives. Sûrs d'obtenir rapidement les sommes dont ils pourront avoir besoin, ils n'empruntent ou ne réalisent qu'au dernier moment, sans perte d'intérêt ni de capital.

Ainsi les non-valeurs disparaissent de plus en plus, et le capital est de mieux en mieux utilisé, au grand avantage de la production.

### § 2. — Le compte courant, le chèque, la compensation

Simultanément au crédit mobilier, se développe le crédit commercial.

Nous avons vu que c'était le premier en date et comment le billet de banque avait facilité l'escompte des effets de commerce. Le billet de banque, va débusquer dans toutes les bourses, dans toutes les caisses, les fonds monétaires qui attendent le créancier ; et dans tous les magasins, les denrées qui attendent l'acheteur. Il n'est pas aujourd'hui de possesseur d'une réserve quelconque en numéraire, ou de fournisseur d'une denrée quelconque, qui n'accepte des billets de banque en échange de ses espèces ou de ses marchandises. Ces billets de banque ne sont pourtant pas autre chose que des effets de commerce à vue, ou plutôt à échéance indéterminée puisqu'ils circulent indéfiniment. Les particuliers et les fournisseurs se trouvent donc en réalité consentir une opération d'escompte, mais ils le font inconsciemment et n'en tirent aucun profit. C'est la banque d'émission qui touche l'escompte à leur place.

Tant que l'émission a été libre, ce régime ne s'est pas beaucoup modifié. Dès qu'elle a été strictement réglementée et que les bénéfices procurés par le billet de banque ont été réduits, les banques se sont ingéniées à provoquer un autre fonctionnement.

Le public, c'est-à-dire la masse des industriels, des commerçants, des propriétaires, des rentiers, des membres des professions libérales, des employés, des ouvriers, a été sollicité par les banques de déposer à leurs caisses tous les capitaux flottants dont il disposait : revenus attendant la dépense, épargnes ou capitaux attendant le placement, fonds de roulement attendant l'heure de l'utilisation, etc. Ces dépôts, reçus en compte courant, ont été déclarés toujours exigibles : les titulaires des comptes peuvent à tout moment en réclamer le remboursement, soit par eux-mêmes, soit par des tiers auxquels ils délivrent des *chèques* ou ordres de paiement ainsi libellés : *Veuillez payer à M..., ou à son ordre, la somme de fr....* Signé : *(le déposant ou son mandataire*); la formule ne comporte ni délai de payement ni motif de l'ordre donné.

En outre, les banques de dépôt ont pris en garde les titres mobiliers des capitalistes, petits et grands, et se sont chargées d'en encaisser les coupons au crédit des comptes de chèques; envers les commerçants, elles se sont engagées à encaisser leurs valeurs et à payer, moyennant provision préalable, les effets qu'ils souscriraient payables aux guichets de la banque.

Pour tous ces services, elles n'ont réclamé que des commissions très modiques; bien plus, elles ont servi un léger intérêt pour les sommes laissées en dépôt.

Ces banques, en faisant ainsi la collecte de tous les fonds momentanément inutilisés, arrivent à un résultat analogue à celui des banques d'émission, mais avec bien plus de sincérité, en laissant une part de profit aux possesseurs des capitaux, et en leur rendant par surcroît les services d'un caissier et d'un comptable. Il y a donc, dans ce fonctionnement, de nombreux avantages pour les particuliers. Le profit public est encore plus considérable. On arrive de la sorte à réduire de plus en plus le rôle de la monnaie, cet instrument improductif et coûteux, en y substituant le système des compensations.

Supposons, en effet, qu'une banque de dépôt soit chargée des encaissements et des payements d'une nombreuse clientèle, il est évident que beaucoup de clients seront en relation d'affaires: ils se délivreront entre eux des chèques, ils feront traite les uns sur les autres; même s'ils ne contractent pas ensemble, d'aucuns voudront acheter des titres, tandis que d'autres voudront en vendre. Toutes ces opérations, au lieu de donner lieu à des mouvements de fonds, se régleront à la banque par de simples écritures. Le client qui a délivré le chèque, ou souscrit l'effet, ou acheté le titre, sera débité dans son compte ; le client qui avait droit à l'encaissement du chèque ou au recouvrement de l'effet, ou qui a vendu le titre, est crédité sur son compte. La somme passe d'un compte à l'autre. Un virement y suffit.

Mais il peut arriver que les bénéficiaires des chèques ou des effets, ou les vendeurs des titres, soient les clients d'une autre banque. Voici alors comment on a résolu la difficulté.

Chaque banque est convenue d'envoyer une ou deux fois par jour, à la même heure, en un lieu commun de réunion appelé « chambre de compensations » *(clearing house, clearing room)*, un employé porteur de tous les chèques ou effets qu'elle aurait à encaisser sur les autres banques. Les employés des banques, ainsi réunis, font entre eux l'échange de leurs créances respectives, et établissent le compte de ce que chaque banque a à recevoir ou à payer. Le solde, qui est toujours extrêmement faible par rapport à la masse des valeurs compensées, est réglé en espèces ou, mieux encore, en mandats sur la Banque nationale, dont toutes les banques particulières sont clientes, et qui fait ainsi l'office d'une chambre de compensations au deuxième degré[1].

C'est par un tel système que le *Clearing house* de Londres a pu liquider sans argent plus de 175 milliards de transactions en 1888 (6,942 millions de livres sterling), et que le Royaume-Uni tout entier, malgré sa richesse et son activité commerciale, ne compte guère plus de 3 milliards de numéraire en or et argent, et de 300 mil-

---

[1] Je ne parle ici que de la compensation des chèques et effets entre banquiers ; mais les agents de change opèrent de même, aux liquidations de quinzaine ou de fin de mois, pour établir les soldes qu'ils se doivent en titres et en espèces.

lions de billets de banque non gagés par une réserve métallique. Les Etats-Unis, qui ont suivi l'exemple de l'Angleterre, compensent pour environ 250 milliards par an ; on estime qu'ils n'avaient en 1885, outre une circulation fiduciaire non métallique de 1 milliard à 1 milliard 1/2, qu'un fonds monétaire, or et argent, de 4 milliards et demi. Nous, au contraire, nous avons encore besoin en France de 7 1/2 à 8 milliards d'or et d'argent, et nous y ajoutons près de 700 millions de billets de banque à découvert.

Il s'en faut, en effet, que, dans notre pays, chaque commerçant ou chaque particulier ait un compte dans une banque ; même lorsqu'on a un compte, il s'en faut qu'on centralise toutes ses opérations à ce compte, et que toutes les banques opèrent entre elles des compensations. A Paris, une douzaine de banques seulement se sont réunies en chambre de compensations, et arrivent à compenser, par an, 3 à 4 milliards (au lieu de 175 en Angleterre et de 250 aux Etats-Unis). La Banque de France, qui semble vouloir s'arroger le monopole des compensations, a passé, en 1888, à ses comptes particuliers, pour 38 milliards de mandats de virement. Voilà tout. L'infériorité de notre système compensateur est donc manifeste.

Si nous parvenions à imiter, en France, l'excellente méthode des Anglais et des Américains, c'est, au bas mot, 4 ou 5 milliards d'espèces métalliques dont nous cesserions d'avoir besoin, et tout autant d'effets de commerce de plus que nous pourrions faire créer en représentation de marchandises en magasins ou de matières en élaboration.

Les banques n'ont, en effet, pour les fonds qui leur sont confiés en dépôt à vue, qu'un seul emploi rationnel : c'est l'escompte des effets de commerce.

L'effet de commerce représente une opération commerciale appelée à se dénouer normalement dans les trois ou quatre mois (sauf renouvellement d'accord avec les intéressés en cas de mécomptes imprévus), et qui offre, par conséquent, toutes les échéances, depuis 120 jours jusqu'à 1 jour. Revêtu de trois signatures : celle du tireur de la traite (qui a vendu la marchandise), celle du tiré ou accepteur (qui a acheté la marchandise à crédit), et celle de l'endosseur-garant (qui a escompté le premier la lettre de change), l'effet de commerce représente la valeur la plus sûre et la plus facilement négociable qui soit au monde.

Son montant n'est soumis à aucun risque de dépréciation, puisque la valeur à recevoir est fixée d'avance; et il est facile à une banque de composer son portefeuille d'effets à différentes dates, de telle façon que ses rentrées coïncident avec ses payements prévus.

Il faut comprendre, en effet, que les remboursements d'une banque de dépôt sont généralement susceptibles de prévisions très régulières.

Bien que chacun des déposants ait le droit de retirer ses fonds quand bon lui semble, et bien que tous les dépôts soient successivement exigés au fur et à mesure des besoins de chacun, leur somme totale à la banque reste à peu près constante. La raison en est simple. Les besoins de tous ces déposants ne coïncident jamais entre eux. Le rentier, le capitaliste, l'employé, ont leur maximum de dépôt, quand le fournisseur qui attend le payement de son compte et le propriétaire qui attend le payement de son loyer ont, au contraire, leur minimum de dépôt ; et, après le payement des fournisseurs et du loyer, c'est le rentier, le capitaliste, l'employé, qui ont le minimum de dépôt quand le fournisseur et le propriétaire ont au contraire leur maximum. Il y a donc une balance qui s'établit en permanence, et qui est d'autant plus fixe que la banque de dépôt est plus considérable et possède une clientèle plus nombreuse et plus diversifiée.

Quant aux nécessités imprévues, aux demandes soudaines de remboursement, ils ne coïncident pas non plus à la fois dans toutes les banques; les banques qui sont sous le coup de retraits importants, y pourvoient d'abord avec leur encaisse, puis avec les ressources qu'elles se procurent en négociant leur portefeuille.

Le papier de commerce revêtu de deux ou trois signatures, et qui s'offre sur le marché avec la troisième ou quatrième signature de la banque de dépôt, est un titre très facilement négociable, qui trouve instantanément un grand nombre de preneurs parmi toutes les autres sociétés de crédit, ainsi que parmi les grandes compagnies par actions (chemins de fer, assurances, etc.), lesquelles ont des recettes qui s'accumulent de semaine en semaine et qu'il y a lieu d'uliliser temporairement. Donc, à moins de crise grave et de panique générale, les besoins de placement des uns compensent les besoins de réalisation des autres.

Au pis-aller, en cas de crise ou aux échéances difficiles, les banques vont réescompter leur portefeuille à la Banque nationale.

A cet égard, une Banque nationale forme le couronnement du système des banques de dépôt et de compensation, et le billet de banque, défendu par une certaine réserve métallique, est la ressource suprême qu'il faut conserver aussi bien au crédit commercial qu'au crédit public.

### § 3. — La généralisation du crédit et ses conséquences monétaires

Le développement simultané du crédit à long terme (crédit industriel et crédit public) et du crédit commercial, tel que je viens de le décrire, aboutit à l'utilisation la plus grande possible des capitaux existants. Il constitue une sorte de monétisation générale des valeurs soumises à l'échange.

Toutes les parties du capital de la nation arrivent ainsi successivement à être représentées par des titres de crédit; or, nous avons vu que tout titre de crédit peut servir d'intermédiaire dans les échanges et jouer le même rôle que les lingots et la monnaie d'or et d'argent. Les uns, en effet, peuvent être comparés à des lingots qui circulent d'un pays à l'autre, mais qu'on n'admet que d'après le cours du marché, et sous vérification de poids et de titre. Les autres, déjà plus voisins de la monnaie, sont de véritables lingots authentiqués : tels sont, par exemple, les titres de rentes des Etats placés sous un exact contrôle parlementaire, les obligations des villes et des départements soumis à l'autorisation préalable des gouvernements, les obligations des chemins de fer surveillés par l'Etat et jouissant d'une garantie d'intérêt, enfin les obligations foncières et les obligations communales qui représentent un omnium de créances hypothécaires et municipales, une généralisation de valeurs toutes préalablement vérifiées.

Enfin, une dernière catégorie de titres de crédit arrive à l'équivalence de la monnaie : ce sont les billets de banque et les chèques, qui représentent, pour partie, une réserve d'espèces métalliques et, pour partie, un portefeuille d'effets de commerce.

On conçoit que, sous un tel régime de crédit généralisé, le fonctionnement monétaire se trouve lui-même considérablement modifié : les métaux précieux disparaissent en quelque sorte sous leurs suppléants. Pour le règlement des échanges de pays à pays, les titres sont préférés aux lingots; pour les transactions sur place, les billets de banque et les chèques servent bien plus que la monnaie d'or et d'argent, qui semble lourde et encombrante. Faut-il s'effrayer de cette multiplication du papier, comme on s'effrayerait avec raison d'une profusion inouïe de l'or et de l'argent, au cas où la chimie trouverait la solution du fameux problème, du moyen-âge, de la transmutation des métaux? Non; aucune crainte de ce genre ne doit subsister dans les esprits.

La multiplication de l'or et de l'argent est dangereuse, parce que ces métaux monétaires donnent des droits sur des capitaux préexistants, et que la quantité des métaux varie indépendamment de la masse de ces capitaux. Les titres de crédit, sous toutes les formes, ne sont jamais, eux, que des titres représentatifs; ils sont, normalement, toujours en nombre égal aux capitaux qu'ils représentent; ils ne servent qu'à disposer, sur le marché, des valeurs qu'on y a préalablement conduites. De sorte que, tant que la représentation est exacte, il ne peut pas y avoir d'excédent du papier de chaque nature sur la catégorie correspondante du capital.

Mais la représentation peut n'être pas exacte : des fonds d'Etat peuvent ne représenter que des déficits et point des capitaux publics; des actions peuvent n'être émises qu'en représentation d'apports fictifs; des obligations peuvent dissimuler des actifs compromis; des billets de banque et des chèques peuvent cacher des capitaux soi-disant disponibles, qui ont été immobilisés. Si ces pratiques se généralisaient, il est certain que de tels abus de mobilisation aboutiraient aux mêmes troubles que ceux produits par un immense faux-monnayage ou une inondation d'argent taxé au-dessus de sa valeur réelle. C'est ce qui est arrivé du temps de Law, et ce qui arrive encore périodiquement, sur une échelle beaucoup plus petite, à chaque crise de crédit ; mais ce ne sont là que des abus et des maux partiels et temporaires, parce que, à côté de la circulation de papier, subsiste la circulation métallique, qui sert de contrôle et de correctif. Sans doute, la très grande masse des échanges se fait et se fera de plus en plus avec du papier, mais il faut toujours en venir au règlement d'un solde en espèces, et ce solde est le témoin impartial qui décide si les échanges ont été conclus sur une base positive. Il faut qu'une liquidation puisse toujours avoir lieu; or, la liquidation signifie que l'on doit pouvoir retirer de la circulation les titres représentatifs en restituant les capitaux réels, et que, toutes compensations faites, le débiteur doit être en état de payer à son créancier le solde de sa dette en numéraire. C'est pourquoi il est important, même sous le régime du papier, de conserver une bonne circulation métallique et de la préserver de toutes falsifications, législatives ou autres. Il faut bien subir les variations qui viennent de la nature, puisque nous ne pouvons pas les empêcher, mais il n'en faut pas ajouter qui viennent de notre arbitraire, car nous perdrions aussitôt cette qualité de contrôle sincère et de valeur indépendante qui réside justement dans la monnaie.

Mais on comprend, par exemple, que la question de l'abondance de la monnaie métallique devienne de plus en plus secondaire, à mesure que les règlements des échanges se font davantage en titres. Aussi avons-nous vu les pays les plus riches, les plus avancés dans le système du crédit et des compensations, tels que l'Angleterre et l'Amérique, posséder la moindre proportion de numéraire métallique.

Lorsqu'on est entré dans la voie du crédit, il n'y a aucun avantage à posséder une grande abondance de monnaie, il n'y a aucun danger à multiplier les titres représentatifs dans les conditions normales; le seul danger consiste, je le répète, dans la représentation inexacte, insincère, des capitaux. C'est de là que viennent toutes les crises, et c'est là ce qui prouve qu'elles pourront certainement être de plus en plus évitées avec le perfectionnement des conditions du crédit. Sous un régime d'exacte mobilisation des capitaux, il pourra y avoir des sinistres partiels, comme il y aura toujours des abus de confiance et des faillites, il n'y aura plus de crises générales; il n'y aura pas, en tout cas, de perturbations profondes dans le prix des choses comme du temps de la découverte des mines du Potosi, du temps de Law et du temps des assignats.

### § 4. — Les lacunes et les insuffisances de crédit

Il s'en faut malheureusement que nous soyons parvenus à cet état normal du crédit. Le régime de l'équivoque et de la confusion des fonctions dure toujours.

Le billet de banque n'est point suffisamment réglementé; il représente encore des opérations de crédit public (rentes sur l'Etat, avances au Trésor) et de crédit mobilier (prêts sur titres). — Même observation pour le chèque : les banques de dépôt ne se restreignent point à l'escompte du papier de commerce; elles continuent à être en même temps des banques de spéculation et de crédit mobilier. — Même observation pour les effets de commerce et surtout pour les effets désignés sous le nom de papier de banque : les lettres de change tirées d'un correspondant sur un autre et renouvelées de trois mois en trois mois, masquent des opérations industrielles à long terme. — Même observation pour les bons du Trésor et les obligations à court terme : les uns et les autres sont émis en représentation de capitaux immobilisés dans les travaux publics ou dans des avances à long terme qui ne sont recouvrables que successivement. — Même observation enfin pour les obligations des sociétés par actions. Au lieu de n'être émises que pour représenter la partie immobilière et non dépréciable de l'actif des sociétés, elles suppléent indûment à l'insuffisance des capitaux-actions et sont soumises à tous les risques de l'industrie : confusion du crédit irresponsable avec le crédit responsable, du prêt avec la commandite.

Tous ces vices du régime actuel proviennent, en définitive, des lacunes et des insuffisances du crédit.

Ce qui manque le plus, à mon avis, c'est l'organisation du crédit mobilier ou du crédit industriel à long terme : le jour où ce genre de crédit fonctionnerait aussi bien que le crédit commercial, que le crédit foncier et que le crédit communal, les institutions spéciales qui s'y adonneraient enlèveraient aux banques de dépôt, et même à la Banque de France, tout prétexte de s'y livrer clandestinement ou incorrectement.

Jusque-là, la confusion régnera, et le grand nombre des petites entreprises qui ne jouissent ni de la notoriété publique ni de l'étendue du marché, ne parviendra au crédit que par des procédés équivoques et des expédients périlleux.

J'ai recherché ailleurs [1] comment on pourrait arriver à cette organisation du crédit mobilier, et il m'a semblé que la voie était clairement tracée par les précédents du crédit commercial et du crédit foncier. Les banques d'émission ont mobilisé leur portefeuille d'effets de commerce en le représentant par des billets de banque, investis d'une garantie générale et divisés en coupures commodes et uniformes. Les banques de crédit foncier ont opéré d'une manière analogue : elles ont mobilisé leur portefeuille de créances hypothécaires, diverses de somme et d'échéance, en émettant à leur place des obligations foncières, investies d'une garantie générale et divisées en titres uniformes.

Il faudrait donc que, pareillement, les emprunts des entreprises industrielles ou agricoles, dont la réalisation par voie d'émission publique est impossible ou onéreuse, fussent mobilisés au moyen des obligations uniformes d'une institution de crédit mobilier, qui en mesurerait soigneusement l'émission à la valeur des créances qu'elle aurait admises dans son portefeuille.

C'est dans le contrôle de cette valeur des créances industrielles que gît toute la difficulté. J'ai observé à cet égard qu'il était toujours assez facile pour un prêteur et, par conséquent, pour une institution, d'estimer suffisamment les recettes ou les revenus d'une exploitation industrielle ou agricole, mais qu'il est presque impossible de connaître sûrement l'importance du passif d'une société ou d'un individu ; on ne sait jamais, quand

(1) Voir *Une lacune dans l'organisation du crédit* (*Journal des économistes* d'avril 1884) et les *Questions sociales contemporaines* (neuvième étude, l'*Hypothèque mobilière* constitution d'un grand-livre de la dette privée). Paris 1886. — Voir aussi une communication à l'Association française pour l'avancement des sciences (Congrès de Paris en 1889).

on consent un prêt, avec combien de co-créanciers l'on arriverait au partage de l'actif, en cas de liquidation, pour se rembourser de ce prêt.

Tant qu'on restera dans cette indétermination du passif, il n'y aura pas à songer à organiser le crédit mobilier, mais il semble qu'une législation très simple permettrait de mettre fin à cette indétermination. Il suffirait que la loi permît à un débiteur de fixer volontairement, à l'avance, la limite de son passif privilégié, garanti par l'ensemble de son actif. Cette limite, une fois déclarée par le débiteur et enregistrée à la conservation des hypothèques, devrait être immuable, en sorte que tous les créanciers qui n'y seraient pas compris et qui viendraient en seconde ligne, ne pussent porter atteinte aux sûretés des premiers créanciers. Au moyen de cette hypothèque mobilière et grâce à la constitution d'une sorte de grand-livre de la Dette privée, je crois, jusqu'à preuve du contraire, qu'il serait possible d'organiser le crédit industriel à long terme, le crédit agricole qui n'en est qu'une branche, et même, en certains cas, le crédit personnel, sur le modèle du crédit foncier et du crédit commercial.

Mais, d'une façon ou d'une autre, je crois à la nécessité de séparer nettement le crédit mobilier du crédit commercial, afin de parvenir à la spécialisation et à la moralisation du crédit.

Ce sera l'œuvre de la quatrième phase de l'évolution du crédit. La première était caractérisée par l'aristocratie des métaux précieux ; la seconde, par la monarchie absolue de la monnaie ; la troisième, par la monarchie constitutionnelle du billet de banque ; la quatrième sera caractérisée par une véritable république représentative des capitaux divers, aboutissant à la mobilisation véridique de tous les fonds productifs.

En attendant ce nouveau progrès, nous pouvons déjà constater les immenses résultats obtenus.

Nous avons suivi le développement des instruments d'échange, pour le plus grand profit de l'activité commerciale et industrielle, et l'utilisation de plus en plus complète de toutes les parcelles de l'épargne nationale.

De la mobilisation des capitaux divers est résultée l'augmentation de l'échangeabilité de toutes les valeurs et, simultanément, la multiplication des ressources auxquelles l'Etat peut s'adresser par l'impôt et par l'emprunt. Sous le régime de l'économie domestique ou du socialisme antique, quand l'échange était accidentel, il pouvait y avoir une grande abondance de produits consommables, mais il était très difficile de recueillir l'impôt autrement que sous forme de contributions en nature et de prestations, ce qui laissait l'Etat très besoigneux et très impuissant. C'est la mobilisation successive des capitaux qui a modifié cet état de choses, et qui a donné une impulsion extraordinaire aux travaux publics.

Grâce enfin au grand essor de l'association qui a constitué des entreprises particulières aussi puissantes que des Etats, on est parvenu aux résultats merveilleux, en matière de transport et d'information, qui seront décrits dans le chapitre suivant.

# CHAPITRE XIII

## LES MOYENS DE CIRCULATION (Suite)

### LE TRANSPORT ET L'INFORMATION

#### § 1er — Les progrès et le bon marché du transport

Les Romains, dans l'antiquité, sont le peuple qui paraît avoir le mieux compris les avantages des voies de transport, et il faut bien dire que c'est leur peu de génie maritime et leurs entreprises militaires qui les ont conduits à multiplier les routes et les ponts. La *via Appia*, qui va de Rome à Capoue, et qui date de l'an 311 avant Jésus-Christ, fut leur première voie pavée ; on prétend qu'elle fut construite sur un modèle emprunté aux Carthaginois [1]. Le réseau des routes romaines, au moment de la grande prospérité de l'Empire a été estimé à 14,000 milles romains (de 1,481 m. 1/2), soit environ 500 mètres de voies pavées par myriamètre carré, peuplé de 2,000 habitants [2]. C'est à peu près la même proportion de chemins de fer que possédait la Turquie d'Europe en 1885 : 500 mètres de voies ferrées par myriamètre carré, peuplé de 2,800 habitants. Si l'on s'en tenait à ce seul indice qui, à la vérité, est capital, le dernier des Etats de l'Europe actuelle serait, au point de vue

---

[1] Nicolas Bergier, *Histoire des grands chemins de l'Empire romain*. Bruxelles 1728.

[2] Voir Moreau de Jonnès, *Statistique des peuples de l'antiquité*, II, 556.

économique, supérieur à l'Empire romain, de toute la supériorité du chemin de fer sur la voie pavée. C'est cependant grâce à ce réseau des voies romaines, tout insuffisant qu'il fût, que la civilisation ne s'est pas complètement éteinte sous l'invasion des barbares. Le monde a vécu longtemps sur ce capital public créé par les Romains. Le progrès en avant n'a recommencé qu'avec Sully, Colbert, les ingénieurs du XVIII$^{e}$ siècle et Napoléon, les premiers agissant dans un but commercial, le dernier dans un intérêt militaire. Les grands conquérants ont toujours favorisé la création des routes, parce que la guerre n'est, en définitive, qu'une question de transport, de sorte que, tout en déchaînant les maux innombrables de la guerre, ils ont fait à la fois une œuvre civilisatrice : leurs routes stratégiques sont devenues des instruments de paix.

Avec le XIX$^{e}$ siècle, le transport est entré dans une phase nouvelle, caractérisée par la traction mécanique sur terre et sur eau. En même temps que la route s'adaptait à la locomotive en devenant le chemin de fer, la navigation s'est transformée, la voile a fait place à la machine à vapeur, la rame et le halage au remorquage ou au touage. D'autre part, le chemin de fer, qui exigeait une voie directe et horizontale, a changé les conditions des routes : au lieu de contourner l'obstacle ou de s'y soumettre péniblement, le chemin de fer l'a dompté; il a passé les vallées sur des viaducs ou des remblais, il a traversé les collines ou les montagnes dans des tranchées ou sous des tunnels. De là, des travaux gigantesques et des dépenses colossales, qui ont habitué peu à peu à de plus grands travaux et à de plus énormes dépenses. La navigation à vapeur a réclamé, à son tour, la suppression des obstacles à son libre parcours des fleuves et des mers : il a fallu creuser des bassins dans les ports, approfondir les chenaux et les rivières, percer enfin des isthmes pour raccourcir les trajets interocéaniques. On a percé l'isthme de Suez, on percera l'isthme de Panama et tous les autres à la suite.

Ces transformations successives des moyens de transport, par le perfectionnement de la voie, du véhicule ou du moteur, ont eu trois conséquences : premièrement, l'abaissement du coût du transport; deuxièmement, la sûreté du transport, ce qui est un nouvel élément de bon marché; troisièmement, la rapidité du transport, ce qui est encore un élément de sûreté et de bon marché.

Parlons d'abord de l'abaissement du coût du transport.

P. J. Proudhon, dans un livre intéressant, mais qui concluait mal sur le sens des réformes à opérer dans l'exploitation des chemins de fer, a bien fait ressortir la progression de la puissance des moyens de transport et la décroissance simultanée du prix de revient.

« Le premier véhicule, disait-il, dont l'homme se soit servi pour opérer le transport des objets dont il faisait provision ou qu'il offrait à l'échange, c'est lui-même... » Un homme peut porter un poids de 30 à 36 kilogrammes, soit *la moitié de son propre poids*, et parcourir chaque jour, ainsi chargé, de 20 à 30 kilomètres.

30 kilogrammes à 30 kilomètres, c'est comme 900 kilogrammes à 1 kilomètre. Si l'on évalue la dépense de l'homme à 3 francs par jour, la tonne kilométrique revient à 3 fr. 33.

« L'animal posant sur quatre pieds, la structure de sa jambe est tout autre que celle de la jambe de l'homme : il est tout à la fois plus léger, plus fort et mieux équilibré. Il peut porter *un poids égal à celui de son propre corps* : le rapport de pesanteur entre le véhicule et la cargaison (entre le poids mort et le poids utile) est donc ici comme 1 à 1. Dans le colportage, ce rapport était comme 2 à 1 : en se substituant l'animal comme porteur, en ne se réservant que la direction, l'homme non seulement améliore sa condition, il augmente son produit. »

Un homme peut conduire deux mules, portant chacune un poids de 175 kilogrammes et faisant par jour 30 kilomètres.

| | | |
|---|---|---|
| Dépense de l'homme par jour........... | Fr. | 3 » |
| Dépense des deux mules .................... | | 3 50 |
| Amortissement des mules et harnais ....... | | 1 » |
| Total ......................... | | 7 50 |

En supposant 300 jours de travail pendant l'année, l'homme et ses deux mules auront transporté 3,150 tonnes à 1 kilomètre, au prix moyen de revient de 87 centimes par tonne et par kilomètre.

Passons au roulage.

« Dans le colportage, continue Proudhon, l'*auteur* du transport, le *moteur* et le *véhicule* étaient confondus; dans le transport par bête de somme, l'homme, auteur, a cessé d'agir comme instrument et force motrice; il a renvoyé ce rôle à l'animal. Dans le roulage, nous allons voir ces trois choses séparées : l'auteur ou la pensée, le moteur ou la force, et le véhicule ou l'instrument.

» Une carriole vide pèse 500 kilogrammes et pourrait en porter 2,000. Mais, eu égard à la force du cheval, la charge moyenne d'une carriole n'est, dans la pratique, que de 1,500 kilogrammes. Le rapport du poids mort au poids utile, abstraction faite de l'animal, est donc comme 1 à 3; il pourrait être comme 1 à 4. Prenons note de cette disproportion entre le véhicule et le moteur. Elle montre que la puissance du premier n'a pu, par l'insuffisance du second, être complètement utilisée, et signale, par conséquent, une amélioration à obtenir. Ainsi chargé, un cheval peut fournir de 32 à 36 kilomètres par jour. Un seul homme conduit d'ordinaire trois carrioles... »

D'après ces éléments, Proudhon concluait que le prix moyen du transport par roulage accéléré revient à 16 ou 17 centimes, « à peine le tiers du transport à dos de mule ou de chameau, et le vingtième du transport à dos d'homme[1] ».

Il est vrai que, dans ce calcul, Proudhon faisait abstraction d'un élément très variable suivant les époques, les régions et même les saisons : je veux parler de l'état de la voirie. En faisant entrer ce coefficient en ligne de compte, M. l'ingénieur Nicolas a pu évaluer le coût du roulage sur les routes nationales : à plus de 40 centimes à la fin du siècle dernier, à plus de 30 centimes vers 1814, à plus de 25 centimes vers 1830, et à environ 20 centimes depuis 1847[2].

En regard de ces prix du transport sur route, il faut maintenant citer les prix du chemin de fer, de la batellerie et de la navigation.

---

[1] *Des réformes à opérer dans l'exploitation des chemins de fer*, en collaboration avec G. Duchêne.

[2] *Documents statistiques sur les routes et ponts*, publiés en 1873 par le ministère des travaux publics. — D'après les comptages effectués sur les routes nationales en 1876, le tonnage moyen utile transporté par chaque collier était de 597 kil. 5 et les frais de transport moyens à la charge des usagers, par tonne utile, ramenés à la distance d'un kilomètre, étaient de 30 centimes. (Rapport de M. Mathieu, député, à la Chambre des députés, sur le projet de loi relatif aux travaux d'achèvement et d'amélioration des routes nationales. N° 3393, séance du 7 mars 1881.)

Les tarifs légaux des chemins de fer sont, suivant les catégories de marchandises, de 16 à 4 centimes par tonne et par kilomètre ; mais, en tenant compte des réductions consenties par les tarifs spéciaux et en faisant la part du plus grand nombre des marchandises de classe inférieure, le prix moyen du transport en petite vitesse, sur l'ensemble des chemins de fer français, a été de 9 cent. 9 en 1850, de 6 cent. 9 en 1860, de 6 cent. 2 en 1869, de 6 centimes en 1880 et de 5 cent. 7 en 1883, avec des prix encore plus bas pour les combustibles minéraux. La moitié environ de ces prix représente les frais d'exploitation, et l'autre moitié l'intérêt et l'amortissement des capitaux engagés dans la construction. On voit quelle réduction on peut encore espérer quand on sera parvenu à amortir les capitaux anciens.

Quant aux canaux, le prix des transports par eau entre la Belgique et Paris, par exemple, qui était, d'après M. Krantz, de 4 cent. 05 par tonne et par kilomètre de 1835 à 1849, et qui s'était abaissé à 3 cent. 23 de 1849 à 1865, s'est encore réduit à 1 cent. 93 en 1868. On ne comptait, en 1878, que 1 centime environ pour les houilles belges sur les canaux du Nord ; or, depuis 1880, on a supprimé tout péage sur les canaux : le prix du transport a donc encore diminué.

Par mer, pour les longs trajets, le fret varie de 1 à 3 centimes la tonne kilométrique. Sur l'Atlantique, la fréquence des voyages, les subventions postales et la concurrence, ont réduit le prix des transports jusqu'à un demi-centime par tonne et par kilomètre.

Récapitulons maintenant cette série décroissante. Je mets, pour être juste, en regard du prix du transport proprement dit, l'intérêt et l'entretien du capital public calculés approximativement. Ces derniers éléments constituent le *péage*, tantôt payé par l'usager sur les chemins de fer, tantôt supporté par l'Etat sur les routes et les canaux.

**Transport d'une tonne à un kilomètre**

| Mode de transport | Coût | Péage | Prix total |
|---|---|---|---|
| A dos d'homme ......... | 3.33 | nul | 3.33 |
| A dos de mulet ......... | 0.87 | mémoire | 0.87 |
| Par roulage[1] ........... | 0.20 | 0.05 | 0.25 |
| Par chemin de fer....... | 0.03 | 0.03 | 0.06 |
| Par canal[1] .............. | 0.015 | 0.015 | 0.03 |
| Par grande navigation.. | 0.015 | mémoire | 0.015 |

On ne saurait trop insister sur l'importance de l'abaissement du coût de transport, étant donnée la nécessité pour l'homme du déplacement incessant des matières et des denrées. Voici, en effet, les mouvements de marchandises constatés par des statistiques récentes :

**Tonnage kilométrique des marchandises transportées**

| Mode de transport | Millions de tonnes à 1 kilomètre |
|---|---|
| Routes nationales (1882) ............... | 1.500 |
| Routes départementales . ............. | 1.250 |
| Chemins vicinaux .................. .. | 2.500 |
| Total du roulage.............. | 5.250 |
| Chemins de fer (1883)................. | 11.181 |
| Navigation intérieure (1883) ......... ... | 2.383 |
| Tonnage kilométrique total.... | 18.814 |

« Ce tableau, dit M. Alfred de Foville, auquel je l'emprunte, ne comprend d'ailleurs ni les rues des

[1] Ces chiffres varient beaucoup suivant les réseaux. Je me suis inspiré, pour l'évaluation ci-dessus, de la discussion qui a eu lieu à la Société de statistique de Paris en mai 1887, janvier et février 1888.

villes, ni les chemins ruraux, ni le cabotage (plus de 2 millions de tonnes transportées à une distance inconnue), ni la navigation maritime (17 millions de tonnes transportées à une distance inconnue). On peut donc admettre que les transports de marchandises qui se font en France ou pour le compte de la France représentent annuellement de 20 à 25 milliards de tonnes kilométriques, soit 600 tonnes kilométriques par habitant[1]. »

Ainsi, pour vivre dans l'état de civilisation où nous vivons actuellement, il faut que, pour chaque unité individuelle de la population, plus d'une tonne et demie de marchandises soit transportée chaque jour à un kilomètre.

Avec le transport à dos d'homme, cela exigerait, pour chaque individu, 5 fr. par jour, plus que son revenu quotidien.

Avec le transport à dos de mulet, cela exigerait, toujours pour chaque individu, 1 fr. 30 par jour.

Avec le transport en voiture, ce serait encore, suivant les routes, de 30 à 45 centimes par jour.

Aujourd'hui, grâce à l'emploi combiné des canaux, des chemins de fer et des routes, et à leur perfectionnement respectif, ce mouvement de transport ne représente probablement qu'une contribution moyenne individuelle de 15 centimes par jour.

C'est grâce à cette modique contribution, que les prix anciens auraient jadis rendue écrasante, que tous les produits pondéreux ont été en quelque sorte libérés de leur enchaînement au sol et appelés à entrer dans le grand courant de la vie industrielle. Les chemins de fer et les canaux ont généralisé l'usage de la houille, l'ali-

[1] *La France économique*, p. 247.

ment des machines. Les chemins de fer et les canaux ont mis un terme aux terribles famines et aux jacqueries qui les accompagnaient quelquefois. Ils ont peu à peu aboli le monopole alimentaire des propriétaires fonciers, tout en compensant pour eux cette apparente défaveur par l'ouverture de débouchés réguliers pour tous les autres produits de la culture : ils ont ainsi fait rentrer la terre au rang des capitaux ordinaires.

### § 2. — La sûreté et la rapidité du transport.

Ayant ainsi constaté les principaux avantages de l'abaissement du coût du transport, examinons maintenant les deux autres conséquences du perfectionnement des moyens de locomotion : la sûreté, la rapidité, — deux conditions qui ont entre elles beaucoup de connexité.

Les risques de route autrefois étaient énormes, si considérables que ce sont eux qui ont fait inventer l'assurance.

Pour la navigation maritime, les mauvais temps, les vents contraires ou les calmes plats, la connaissance imparfaite des écueils, les mauvais ancrages, l'entrée difficile des ports, rendaient la navigation à voiles très lente, sujette à des variations considérables de délais et de frais, soumise enfin à des périls qui entraînaient souvent la perte totale ou partielle des cargaisons. On y a remédié par une meilleure construction des bateaux, par l'emploi de la vapeur, par la description exacte des routes de mer, par l'amélioration des rades et des ports, par l'éclairage des côtes et le balisage des passes, par l'organisation du pilotage et, d'une manière générale, par l'instruction des marins ; les traversées sont devenues notablement plus régulières, les sinistres ont diminué, les frais de navigation et d'assurance se sont réduits. Je ne parle pas des risques de piraterie qui ont disparu des côtes civilisées, non plus que des risques de guerre qui sont devenus exceptionnels. La sûreté plus grande, sous toutes ces formes, s'est traduite en bon marché.

Pour la batellerie, des progrès aussi ont été réalisés, quoique moindres : on a pu approfondir les rivières et les canaux, élargir les portes d'écluse et les arches des ponts, augmenter, comme on dit, le tirant d'eau et le tirant d'air, prévenir ainsi des échouements et des abordages, en même temps qu'on étendait le réseau praticable et qu'on diminuait les chômages, mais on n'a pu supprimer ni les brouillards, ni les glaces, ni les débordements, ni les sécheresses, qui viennent fréquemment suspendre la navigation, et qui la mettent dans des conditions si défavorables pour supporter la concurrence des chemins de fer.

Pour les transports par terre, les progrès ont été non moins considérables, quoique d'une autre nature. Là, les risques de route ne provenaient pas tant des dangers naturels que des dangers humains : il y a relativement peu de cargaisons de voitures qui se perdent dans les précipices, mais il y en avait beaucoup jadis de détournées par des brigands. Aujourd'hui encore, il ne serait pas sûr de confier des marchandises de valeur à de simples voituriers, surtout en Espagne, en Algérie, dans l'Italie méridionale et dans les pays d'Orient. Partout au contraire où il existe des chemins de fer, même dans les contrées les moins policées d'Europe, le transport est sans risque. Enfin, si les pertes totales par accident sont assez peu à redouter sur terre, il n'en est pas de même des avaries, surtout pour les marchandises délicates et encombrantes. L'infériorité des véhicules, l'insouciance du personnel, les cahots du chemin, les longs jours pendant lesquels les chargements se trouvaient exposés au soleil, à la poussière, à l'humidité ou au froid, le mauvais arrimage dans des voitures étroites, la multiplicité des manutentions, exposaient certainement les marchandises à de fréquentes détériorations. D'ailleurs, certains produits volumineux, les grandes pièces de bois ou de métallurgie, les blocs de pierre, etc., ne pouvaient presque pas être déplacés, au moins sans occasionner des frais extraordinaires. Le chemin de fer a remédié à tout cela, par la puissance de sa traction, l'excellente appropriation de ses véhicules à toutes les natures de marchandises, la bonne organisation du personnel et enfin la rapidité du transport.

Nous arrivons ainsi à la rapidité du transport comme condition à la fois de bon marché, de sûreté et, par une considération nouvelle, d'économie dans les capitaux.

La rapidité est un élément de bon marché : cela est évident puisque les frais quotidiens, les frais qui croissent avec la durée du voyage, sont en partie économisés: nourriture des hommes et des animaux, combustible des machines, entretien des véhicules, etc.

La rapidité est un élément de sûreté ; cela est certain aussi. Car si les dangers ne peuvent pas être prévus d'avance à une date précise, on peut les considérer comme uniformément répartis dans le temps, et alors plus le temps du voyage sera long, plus la probabilité des accidents sera grande ; si, au contraire, les dangers peuvent être prévus à date fixe, comme il arrive souvent pour les mauvais temps en mer, la rapidité du voyage permet de s'y soustraire, en effectuant les traversées dans les périodes de tranquillité.

La rapidité, enfin, est un moyen considérable d'économiser les capitaux.

On économise d'abord les capitaux mobiliers employés au transport lui-même, puisqu'on les emploie plus efficacement, le même engin de locomotion suffisant à faire plusieurs voyages au lieu d'un.

On économise enfin les capitaux circulants de l'industrie et du commerce.

Je ne saurais mieux faire, à cet égard, que de citer le passage suivant d'une lecture de M. Ferdinand de Lesseps, dans une séance publique des cinq Académies, le 25 octobre 1883 :

« Jadis un navire à voiles chargeait le coton dans un port de l'Inde, accomplissait un pénible voyage d'aller et retour de plus d'une année par la voie du Cap ; il apportait le coton à Liverpool, où les manufacturiers de Manchester le recevaient pour en fabriquer des cotonnades, transportées ensuite dans les colonies, dans l'Inde surtout. Ainsi, depuis le moment où le natif de Bombay avait livré son coton brut contre payement, jusqu'au jour où le négociant de Manchester avait tissé et vendu son étoffe, une somme importante avait été dépensée en intérêts, en commission, en nolis et en assurances.

» En 1879, un membre du Parlement britannique disait : « Actuellement, par suite de l'ouverture du canal de « Suez, les marchandises des Indes ne mettent qu'un « mois pour venir en Europe. On a cité ce fait qu'un « filateur d'Angleterre avait pu faire venir du coton de « Bombay, qu'il payait avec une traite à trois mois, le « faire filer et tisser en Angleterre, renvoyer les étoffes « à Bombay et payer sa traite avec le prix de la marchandise ouvrée, c'est-à-dire sans l'emploi d'un fonds « de roulement. »

» Le bulletin du ministère des travaux publics citait dernièrement le fait suivant : « L'assurance des mar- « chandises qui suivent l'itinéraire du canal de Suez est

« officiellement inférieure de un pour cent à celle « qu'elles devraient payer en passant par le cap de « Bonne-Espérance. Cette différence, qui équivaut à dix « francs par tonne, couvre exactement le péage du « canal et laisse intacte l'autre économie tenant à l'in- « térêt des capitaux engagés. »

» Cette prime d'assurances, ce bénéfice prosaïque de un pour cent, que font l'armateur et le négociant sur la seule assurance des marchandises envoyés par le canal, devient très grave si l'on considère qu'elle constate la sécurité et la rapidité des voyages par la nouvelle voie, et qu'elle rappelle les continuels sinistres de la longue navigation par le cap des Tempêtes. Combien d'existences précieuses vaut au monde l'ouverture du canal de Suez, combien de femmes doivent aux petites gens qui l'ont creusé l'existence de leurs pères, de leurs maris, de leurs enfants! »

Et M. Ferdinand de Lesseps concluait :

« Couper les isthmes, approfondir les fleuves pour qu'ils soient la continuation, la rentrée des mers dans les continents, c'est faire œuvre de progrès, œuvre de paix surtout. »

On ne saurait trop applaudir à de telles paroles, mais ici notre rôle est plus modeste et nous devons nous contenter d'enregistrer ce résultat: « Le trafic spécial entre l'Inde et l'Europe a plus que doublé depuis l'ouverture de l'isthme de Suez, c'est-à-dire depuis treize ans (1883). »

Voilà le résultat de la rapidité des transports combinée avec la sécurité.

### § 3. — L'unique obstacle vaincu par les progrès du transport

Bon marché, sûreté, rapidité : à quoi tiennent tous ces progrès?

à un seul phénomène obtenu par les moyens les plus divers : l'atténuation de la pesanteur, la diminution du frottement.

Lorsqu'on soulève un fardeau, il faut déployer une force *égale* à la pesanteur du fardeau ; et, quand on marche sous ce fardeau, il faut renouveler l'effort à chaque pas.

Dès qu'on peut substituer au soulèvement un glissement sur une surface lisse ou lubréfiée, ou un roulement, ce qui n'est en définitive qu'une sorte de glissement de l'essieu sur la courbure interne du moyeu de la roue, l'effort de la traction n'est plus qu'une *fraction* de la pesanteur du fardeau déplacé, et cette fraction est d'autant plus faible que la surface de glissement ou de roulement offre moins de pente et d'aspérités.

Sur une surface plane, on a la série suivante des efforts de traction pour une charge représentée par 1, à la vitesse du pas d'un cheval :

**L'effort de la traction suivant la surface**

| | |
|---|---|
| Terrain naturel non battu, argileux | 0.250 |
| — siliceux | 0.165 |
| Chaussée en sable et cailloutis, neuve | 0.125 |
| Chaussée empierrée, entretien ordinaire | 0.08 |
| Terrain naturel battu, très uni | 0.04 |
| Chaussée empierrée, entretien parfait | 0.033 |
| Chaussée pavée, en cailloux roulés | 0.03 |
| — en pavés d'échantillon | 0.025 |
| Voie en madriers de chêne | 0.022 |
| Voie en dalles de granit uni | 0.01 |
| Voie en fer, rail à ornière, entretien ordinaire. | 0.009 |
| — — entretien parfait | 0.007 |
| Voie en fer, rail saillant, entretien ordinaire | 0.007 |
| — — entretien parfait | 0.005 |
| Voie d'eau | 0.0008 1/3 |

Ainsi, sur un terrain ordinaire, il faut déployer un effort égal au $\frac{1}{4}$ du poids de la charge ; sur une route empierrée, l'effort n'est plus que du $\frac{1}{12^e}$ ; sur une chaussée bien pavée, du $\frac{1}{40^e}$ ; sur une voie en dalles unies, du $\frac{1}{100^e}$ ; sur un bon chemin de fer, du $\frac{1}{200^e}$, et sur un canal, du $\frac{1}{1,200^e}$ : un enfant suffit à faire mouvoir un bateau avec lenteur, de même qu'on peut manier dans l'eau un poids considérable, l'objet ayant perdu, comme l'on sait, une partie de son poids égale au poids du volume d'eau qu'il déplace.

Tous ces coefficients de résistance s'augmentent naturellement en raison de la pente, d'après une formule assez simple. La chaussée pavée, qui a un coefficient de résistance de $\frac{25}{1,000^{es}}$, s'augmente d'autant de millièmes que la rampe compte de millimètres d'élévation par mètre : avec une rampe de 5 millimètres, la résistance devient $\frac{30}{1,000^{es}}$ ; avec une rampe de 10 millimètres, $\frac{35}{1,000^{es}}$ ; de 15 millimètres, $\frac{40}{1,000^{es}}$, etc. Un chemin de fer qui aurait une rampe de 20 millimètres par mètre, présenterait un coefficient de résistance de $\frac{25}{1,000^{es}}$ ; il ne vaudrait donc pas mieux pour le transport qu'une chaussée bien pavée horizontale.

Enfin, pour les chemins de fer, les courbes occasionnent des frottements latéraux, de la roue des véhicules contre le rail, qui exigent un surcroît de travail. D'après M. Krantz[1], le coefficient de résistance supplémentaire peut être ainsi indiqué :

| | | | | | |
|---|---|---|---|---|---|
| Pour un rayon de | 1000 | mètres, | 0.00084, | soit une augm. de | 12 0/0 |
| — | 900 | — | 0.00093 | — | 13 0/0 |
| — | 700 | — | 0.0014 | — | 20 0/0 |
| — | 500 | — | 0.00168 | — | 24 0/0 |
| — | 400 | — | 0.00209 | — | 30 0/0 |
| — | 300 | — | 0.00279 | — | 40 0/0 |
| — | 250 | — | 0 00336 | — | 48 0/0 |
| — | 200 | — | 0.00418 | — | 60 0/0 |

[1] *Observations au sujet des prix de transport, des tarifs et du rachat des chemins de fer* (Delamotte fils, éditeur).

Ainsi, un chemin de fer dont les courbes auraient un rayon de 200 mètres et qui présenterait des rampes de 33 millimètres par mètre, ne vaudrait pas, comme surface de traction, un terrain naturel bien battu et très uni.

Ceci nous indique que, pour les routes, l'entretien d'abord et l'horizontalité ensuite, et que, pour les chemins de fer, l'horizontalité d'abord et la rectitude ensuite, sont des conditions essentielles.

Pour établir la comparaison d'une route à une autre, ou d'un chemin de fer à un autre, c'est-à-dire pour calculer les frais de transport et l'économie résultant de telle ou telle voie, il ne faut donc pas se borner à consulter la longueur de la route, car le chemin le plus direct n'est pas toujours le plus court, du moins le plus économique. Aux longueurs kilométriques, il faudrait substituer logiquement les *longueurs virtuelles*. C'est ainsi que les ingénieurs appellent les longueurs idéales d'un chemin parfaitement horizontal et sans courbes, sur lequel il y aurait équivalence de frais de traction avec un chemin réel ayant des rampes et des courbes.

Ainsi, pour prendre les exemples donnés par M. Krantz, la ligne de Paris à Lyon a une longueur réelle de 511 kil. 30, et une longueur virtuelle de 742 kil. 92, soit environ *une fois et demie* la longueur réelle ; la ligne de Barbezieux à Châteauneuf a une longueur réelle de 18 kil. 70 et une longueur virtuelle de 59 kil. 28, soit plus de *trois fois* la longueur réelle; la ligne du Soemmering en Autriche a une longueur réelle de 41 kil. 20 et une longueur virtuelle de 216 kil. 96, soit *cinq fois et un quart* la longueur réelle.

On voit par là que si la tarification des transports ne devait être basée que sur la traction, elle devrait être en général proportionnelle à la longueur virtuelle, non à la longueur réelle.

Il en est de même pour les routes de terre ; mais ici la virtualité se complique d'un autre facteur, l'état d'entretien de la route, qui peut faire varier la résistance à la traction de 1 à 4, et introduire dans le coût des transports un élément des plus onéreux. C'est ainsi que, dans l'examen des conditions de viabilité d'un pays comme mesure d'une partie importante de ses frais de production, il ne faut pas se borner à l'étude des voies du transport lointain : chemins de fer, canaux et grandes routes ; il faut envisager la voirie tout entière, et notamment les chemins vicinaux et ruraux. Une agriculture desservie par de mauvais chemins d'exploitation, et qui est obligée de doubler ou de tripler ses attelages pour effectuer ses nombreux transports, est une agriculture qui se trouve dans des conditions d'infériorité notable par rapport à la concurrence étrangère. La petite voirie des communes est donc d'intérêt national et non pas seulement local.

## § 4. — Le voyage et l'information

Le bon marché, la sûreté, la rapidité des transports ne profitent pas seulement aux choses, mais encore plus aux personnes, par les faciles communications qui s'établissent entre elles. Les bonnes routes de terre, les services réguliers de navigation et par-dessus tout les chemins de fer et les bateaux à vapeur, ont créé le voyage et la poste. Ultérieurement, les voies perfectionnées ont suscité la télégraphie, qui n'est ni un transport de choses ni un transport de personnes, mais un transport d'idées tout aussi précieux.

Le voyage et la poste exigeaient spécialement que l'industrie du transport eût résolu le problème de la vitesse. Les chemins de fer et les bateaux à vapeur seuls pouvaient la donner, tandis que la mer, les rivières, les canaux fournissaient déjà le bon marché.

Du temps de la diligence et des malles-poste, on ne pouvait pas évaluer à moins de 14 centimes par personne et par kilomètre le prix du transport d'un voyageur[1]; les chemins de fer français abaissent ce prix en 1850 à la moyenne de 6 centimes 4, en 1860 à 5 centimes 6, en 1869 à 5 centimes 3, en 1880 à 5 centimes, et en 1883 à 4 centimes 8. Si l'on augmente ce prix de l'impôt sur la grande vitesse, qui est de 23.20 0/0, le prix moyen du voyage est d'environ 6 centimes, ce qui représente une amélioration de 57 0/0 sur le prix de la diligence. L'amélioration semble moins grande pour les voyageurs que pour les marchandises; en réalité, elle est plus importante.

Pour tout homme, en effet, qui voyage dans un but industriel ou commercial, le prix du passage se complique à la fois de ses frais de route (hôtel et nourriture) et de la valeur de son temps, soustrait, pendant la durée du voyage, à l'occupation productive.

La *Liste générale des postes de France pour 1782* nous apprend qu'à cette époque il n'y avait qu'un départ par semaine de Paris pour Marseille, et que le voyage durait *treize jours*. Actuellement, non compris les trains de luxe, il y a sept départs par jour (49 fois plus par semaine qu'il y a un siècle) et le trajet, en deuxième ou troisième classe, est de 21 heures; en première classe, de 15 heures 25 minutes (vingt fois plus rapide que jadis). Il est évident, d'après ces chiffres, qu'un voyageur très pressé ne pouvait guère, dans ce

---

[1] A. de Foville, *La transformation des moyens de transport.*

temps-là, aller à Marseille, y faire ses affaires et en revenir, sans dépenser un mois de son temps. Mettons que chaque jour d'absence lui fît perdre 30 francs de gain habituel et dépenser 10 francs de frais supplémentaires, cela faisait 1,200 francs, et, avec l'aller et le retour en diligence, un total de 1,520 francs Aujourd'hui, le voyageur pressé, partant de Paris à 7 heures du soir, est à Marseille le lendemain matin avant 11 heures; il peut passer toute une après-dînée à Marseille, et en repartir à 6 heures du soir, pour être de retour chez lui à 10 heures du matin : coût, 213 francs de chemin de fer, et une journée de voyage que nous évaluons à 40 francs, soit 253 francs, ou six fois moins qu'il y a cent ans. Il est certain que, dans ces conditions, les voyages d'affaires peuvent être infiniment plus nombreux et plus efficaces que par le passé[1].

Cette fréquence et cette rapidité des voyages ont un résultat plus précieux encore que le facile déplace-

---

[1] On trouve dans le livre de M. de Foville d'autres exemples intéressants : *Paris à Toulouse* : en 1782, un départ par semaine, 8 jours de voyage; en 1832, 110 heures en diligence, 70 heures en malle-poste; en 1848, 80 heures en diligence, 54 heures en malle-poste; en 1881, quatre départs quotidiens : trajet en chemin de fer, 17 heures. — *Paris à Bordeaux :* en 1782, deux départs par semaine, 6 jours de voyage; en 1832, 72 heures en diligence, 46 heures en malle-poste; en 1848, 60 heures en diligence, 36 heures en malle-poste; en 1881, cinq départs quotidiens, trajet en chemin de fer en 13 heures (toutes classes) et 9 h. 18 (premières). — *Paris à Lyon :* en 1782, cinq départs par semaine, 5 jours de voyage; en 1832, 84 heures en diligence, 47 heures en malle-poste; en 1848, 55 heures en diligence, 33 heures en malle-poste; en 1881, sept départs quotidiens, trajet en chemin de fer en 12 h. 3/4 (toutes classes) et 9 h. 51 (premières). — *Paris à Lille :* en 1782, trois départs par semaine, 2 jours de voyage; en 1832, 30 heures en diligence, 22 heures en malle-poste; en 1848, 20 heures en diligence, 16 en malle-poste; en 1881, huit départs quotidiens, trajet en chemin de fer en 6 h. 1/4 (toutes classes) et en 4 h. 1/2 (premières).

ment des hommes d'affaires : c'est la promptitude et le bon marché des transmissions postales.

Le roi Louis XI, reprenant une ancienne institution de l'empire romain, avait créé, en 1464, pour son service personnel, le service des postes. A sa mort, il n'y avait encore que 230 relais organisés. En 1506, le roi Louis XII autorisa les particuliers à user de ses relais de poste. Sully, le grand voyer de Henri IV, généralisa ce service sur toutes les routes. Je ne sais à quel moment la transmission des messages fut établie régulièrement, mais, en 1760, il y avait environ 900 bureaux de poste; en 1791, 1,419; en 1829, 1,799 seulement. Il fallait alors se rendre au chef-lieu de canton, souvent même au chef-lieu d'arrondissement, pour retirer ses lettres[1].

Quant au prix de la poste, il était considérable.

Les avantages dont nous jouissons aujourd'hui sont tout récents. Le tarif postal de 1827, qui resta en vigueur jusqu'en 1848, conservait encore la taxation progressive par zones[2]. Du centre de la France à la zone frontière, on payait en moyenne 70 centimes, et d'une extrémité du pays à l'autre 1 fr. 20. Les délais de la réponse étaient fort longs. Deux réformes capitales sont survenues : celle de la vitesse amenée par les chemins de fer (nous en avons donné les chiffres), et celle de la taxation simplifiée.

L'Angleterre, qui est presque toujours en avant

---

[1] Alfred Rambaud, *Histoire de la civilisation française.*

[2] Une lettre de 7 grammes 1/2 payait 20 centimes jusqu'à 40 kilomètres, — 30 centimes de 40 à 80, — 40 centimes de 80 à 150, — 50 centimes de 150 à 220, — 60 centimes de 220 à 300, — 70 centimes de 300 à 400, — 80 centimes de 400 à 500, — 90 centimes de 500 à 600, — 1 franc de 600 à 750, — 1 fr. 10 de 750 à 900, — et 1 fr. 20 au-dessus de 900 kilomètres.

sur la voie du progrès matériel, comprit la première que le coût du transport, réparti sur un grand nombre de lettres, représente une si faible fraction qu'elle peut être pour ainsi dire négligée; les frais postaux ne consistent véritablement qu'en frais de manipulation : classement et paquetage au départ, distribution à l'arrivée. Ces frais étant sensiblement les mêmes pour toutes les lettres, quelle que soit leur destination, prochaine ou éloignée, l'administration anglaise institua, dès 1840, la taxe unique pour toutes les lettres indistinctement ; c'est ce qu'on appelait le *penny postage*. Nous avons mis près de dix ans à appliquer cette excellente méthode[1]. Ce n'est qu'à partir du 1er janvier 1849 qu'on a établi une taxe unique de 15 centimes pour l'intérieur de chaque ville ou département, et une autre taxe unique, qui a varié de 20 à 25 centimes, pour les envois d'un département à un autre; en même temps, on introduisait l'usage du timbre-poste.

Le dernier progrès s'est réalisé en 1875, par la constitution d'une *Union postale internationale*, qui est venue régulariser les communications postales de presque tous les pays entre eux. Depuis 1878, sous l'empire de la réglementation libérale qui est issue de cette *Union*, nous sommes entrés définitivement dans le régime de

---

[1] Les chemins de fer de l'Etat hongrois, mettant à profit les études d'un savant statisticien allemand, le docteur Engel, tentent en ce moment (août 1889) une expérience analogue pour le transport des voyageurs. Ils ont substitué au tarif kilométrique une tarification par zones, avec un prix invariable à partir de 225 kilomètres. Si cette expérience réussit, un tel abaissement de prix pour les longs parcours aura des conséquences économiques considérables. La mesure se justifie d'ailleurs par ce fait qu'il y a dans le transport des voyageurs des frais constants de gare et de personnel sédentaire qui sont communs aux voyageurs de tout parcours : le prix du voyage ne devrait donc être que partiellement proportionnel à la distance parcourue.

la taxe unique; chaque lettre de 15 grammes est taxée à 15 centimes pour l'intérieur de toute la France, et à 25 centimes pour les communications avec les pays étrangers.

Ce bon marché est des plus importants pour les communications habituelles, mais, dans certains cas, la rapidité est encore plus nécessaire; c'est à ce besoin qu'a pourvu la télégraphie électrique, qui ne remonte pas à beaucoup plus de trente ans, et qui a été complétée par les câbles sous-marins. Grâce à l'électricité, les dépêches se transmettent à d'énormes distances en quelques secondes, allongées en quelques heures par l'accumulation des dépêches sur le même fil, les délais de la distribution à l'arrivée et la distance du bureau télégraphique au domicile du destinataire. Les perfectionnements matériels des appareils[1], une meilleure organisation administrative et la multiplication des fils et des bureaux, rendront ce procédé de communication de plus en plus efficace, et le mettront davantage à la portée de tous. On jugera des progrès déjà obtenus par ce seul fait qu'une dépêche de 20 mots, de Paris à Marseille, rendue à domicile, coûtait, en 1850, 13 fr. 85; en 1853, 11 fr. 10; en 1861, 2 francs; en 1868, 1 franc, et peut s'abaisser depuis 1878 à 50 centimes, si l'on n'emploie que 10 mots (minimum), chaque mot en sus étant taxé à 5 centimes[2].

Les conséquences économiques de ces progrès des

---

[1] Les appareils sextuples Baudot, qui fonctionnent entre Paris, Lyon, Marseille et Bordeaux, peuvent transmettre par le même fil jusqu'à 50,000 signes par heure, soit environ 10,000 mots qui s'impriment automatiquement à l'arrivée.

[2] Pour l'étranger, la taxe est par mot de 10 centimes pour l'Algérie et la Tunisie, de 15 centimes pour la Belgique et la Suisse, de 20 centimes pour l'Allemagne, l'Espagne, l'Italie, les

communications postales et télégraphiques sont considérables. Elles procurent, d'une part, l'information particulière par les lettres, les dépêches privées, et, d'autre part, l'information générale par les dépêches publiques, les journaux, les circulaires. Il en est résulté une précision plus grande dans les opérations commerciales et une beaucoup meilleure direction industrielle. Le négociant d'aujourd'hui n'est plus cet ancien marchand forain qui transportait péniblement sa marchandise sans être certain de pouvoir la placer, et qui, dès lors, devait prélever un bénéfice énorme sur chaque opération. Il sait maintenant où il doit acheter pour s'approvisionner à meilleur compte, et où il peut vendre pour trouver le prix le plus avantageux; les marchandises ne s'expédient plus au hasard, mais la plupart du temps déjà vendues sur échantillons; il n'y a presque plus de frais de transport inutiles. Par le moyen des communications, on arrivera de plus en plus à éviter des déplacements onéreux.

Tel cultivateur de Sens vend son blé à Paris, pendant que tel minotier de Troyes y achète également sa provision; si le courtier en grains en est prévenu, il peut par une lettre, qui coûte 0 fr. 15 centimes, donner l'ordre au cultivateur de Sens d'expédier son blé à

---

Pays-Bas et le Portugal, de 25 centimes pour l'Autriche-Hongrie et la Grande-Bretagne, de 30 à 55 centimes pour les autres pays d'Europe, de 60 centimes à 1 fr. 25 pour l'Amérique anglaise et les Etats-Unis, de 1 fr. 70 pour l'Egypte (Alexandrie, Caire, Suez), de 2 fr. 50 pour la Havane et le Sénégal, de 3 fr. 10 pour la Russie d'Asie, de 4 fr. 50 pour les Indes anglaises, de 5 fr. 20 pour Panama, de 5 fr. 75 pour la Cochinchine, de 8 fr. pour la Chine et les îles de la Sonde, de 8 fr. 60 pour la République argentine, de 9 fr. 05 pour Lima (Pérou), de 9 fr. 35 pour le Japon, de 9 fr. 75 pour le Cap et pour Rio-Janeiro (Brésil), de 10 fr. 90 pour le Chili, de 11 fr. 15 pour Victoria (Australie), de 13 fr. 10 pour la Guadeloupe, de 14 fr. 25 à 16 fr. 85 pour la Bolivie.

Troyes : 66 kilomètres, au lieu de 280; économie, 214 kilomètres. Voilà 0 fr. 15 centimes assurément bien employés. Pour que de telles économies de transport, qui sont l'équivalent des compensations dans les échanges, puissent s'opérer, il a fallu évidemment la construction du chemin de fer, l'institution de la poste, la concentration des ordres d'achat et de vente sur des marchés principaux, comme la halle de Paris, et l'emploi d'intermédiaires qui, par eux-mêmes ou leurs collègues, réunissent tous les ordres entre leurs mains. A cet égard, l'institution des bourses et des marchés rentre certainement dans les moyens de circulation.

Ainsi, nous voyons que le perfectionnement des moyens de transport arrive à économiser le transport lui-même : ce n'est pas un paradoxe de dire que le roulage accéléré et le chemin de fer, en créant la poste, ont supprimé beaucoup de transports et de voyages inutiles.

Pareillement, après avoir occasionné une plus grande charge d'impôts en argent ou en travail (corvées, prestations), la route, le chemin de fer et le télégraphe économisent les dépenses publiques ou du moins en ralentissent la progression. Il faut remarquer, en effet, l'influence considérable des moyens combinés de transport et d'information sur l'ordre social et la sécurité publique. Il suffit aujourd'hui d'environ 20,000 gendarmes et 6,000 agents de police pour maintenir l'ordre et la sécurité dans quatre-vingt-cinq départements (la Seine et Paris mis à part), soit 1 gendarme ou 1 agent de police pour plus de 1,400 habitants. Au moindre trouble, les brigades se prêtent main forte, et l'on expédie sur le lieu menacé la gendarmerie mobile ou la troupe. Il ne semblerait plus possible désormais qu'une tentative comme celle de l'île d'Elbe pût réussir.

Concluons que les progrès du transport et de l'information transforment véritablement le fonctionnement économique et social.

D'une part, ils réduisent l'obstacle du poids et permettent de triompher de l'altérabilité des produits. Ils mettent donc en valeur un grand nombre d'utilités qui ne pouvaient auparavant être consommées que sur place. Ils font même monter au rang de richesses, appréciées dans lés pays les plus divers, des valeurs qui jusque-là restaient confinées dans leur pays d'origine. Cela équivaut à jeter dans le courant général une grande quantité de produits qui s'en trouvaient exclus.

D'autre part, ils rendent la personne humaine plus mobile. Ils facilitent la pénétration réciproque des populations, même sans déplacement, ils permettent aux échangistes, aux contractants, de communiquer entre eux rapidement; ils régularisent donc le mécanisme de l'offre et de la demande, et font successivement disparaître les écarts anormaux qui s'observaient sur les marchés. Ils ont enfin une grande influence sur le progrès de la sécurité et du droit. D'un seul mot, ils diminuent l'obstacle moral à l'échange aussi bien que l'obstacle matériel.

Or, quelle est la cause de tous ces progrès? Uniquement la puissance du capital qu'il a été possible d'appliquer aux travaux publics. Nous les avons déjà évalués pour la France à une vingtaine de milliards au minimum.

Ils représentent à peu près le dixième du capital national.

Pour obtenir une telle somme, dont les deux tiers au moins ont été fournis depuis trente ans, il a fallu que l'Etat, les provinces, les villes et les grandes entreprises industrielles, aient puisé ce capital dans les ressources disponibles des producteurs français ; il a fallu que le crédit et l'association aient multiplié les échanges, et solidarisé les efforts de la nation tout entière. Les moyens de transport, qui sont l'instrument des progrès à venir, résultent donc déjà d'immenses progrès dans le passé.

Nous verrons dans le chapitre suivant la mesure que ces conditions mêmes imposent à l'échange.

# CHAPITRE XIV

## LE LIBRE ÉCHANGE

### SES CONDITIONS ET SES LIMITES

### § 1er — L'effet direct et l'effet inverse, ou le contre-coup du progrès de la circulation.

L'influence des modificateurs de l'échange — sécurité sociale, monnaie, crédit, transport — est considérable, immense même, mais non sans limites; je veux dire que, pour toute époque, il y a un certain degré au delà duquel le progrès de l'échange lui-même peut nuire à la production.

A cet égard, il faut étudier le développement de la circulation dans son effet direct et dans son effet inverse résultant de la concurrence.

Tout progrès dans la circulation ouvre un débouché nouveau dans le pays même où il se réalise. Les consommateurs devenant plus nombreux, leur demande des produits s'accroît. Il en résulte que les producteurs peuvent, soit tirer un meilleur parti de leur production existante, soit étendre cette production sans en abaisser les prix : de toute façon il y a pour eux bénéfice.

La production étant ainsi en veine de croissance et de prospérité, l'emploi des capitaux est rémunérateur, les bénéfices de toute nature (loyers, intérêts, profits, salaires) sont abondants ; l'espérance ou l'ambition de les accroître stimule l'épargne et l'association ; la formation des capitaux et le crédit en sont fortement activés.

Tel est le fait général auquel il faut évidemment applaudir ; mais il ne faut pas croire qu'il s'accomplisse toujours sans heurts et sans dommages. Cet accroissement des échanges fait passer, en définitive, du régime de l'économie domestique à celui de l'économie politique, ou d'une économie politique peu active à une économie politique très active : c'est là souvent une des révolutions les plus graves qu'un pays ait à traverser. Je viens de dire l'effet direct du progrès de la circulation ; voyons-en maintenant l'effet inverse, en d'autres termes, observons la répercussion de la concurrence ; nous arrivons ainsi à la question si troublante du libre échange.

Il est clair que la sécurité légale, le crédit et le transport, qui profitent à tout le monde, sans acception de personnes ni de nationalités, ont pour conséquence inévitable d'aviver considérablement la concurrence des pays étrangers.

Sous le régime de la liberté des échanges, la demande accrue de la consommation ne profite pas seulement à la production indigène ; elle doit faire face à la fois, et à cette production, et à l'importation du dehors, compensation faite de l'exportation.

Ainsi, nos exportations ont soustrait au fonds de la consommation nationale une quantité notable de vin et de laitage ; la boisson nationale et le beurre ont, par conséquent, enchéri. Simultanément, des importations de l'Amérique, de l'Inde, de l'Australie, sont venues ajouter des denrées similaires à notre blé, à notre laine, à notre viande : il y a eu baisse de ces produits.

Sur la première catégorie de denrées, les producteurs ont gagné et les consommateurs ont perdu ; sur la deuxième catégorie, les producteurs ont perdu et les consommateurs ont gagné. Mais il est mauvais d'opposer ainsi les consommateurs aux producteurs, comme on est trop souvent tenté de le faire : tout le monde est à la fois consommateur et producteur. Il faut dire exactement : certains producteurs ont gagné, certains producteurs ont perdu.

Il y a de ce fait une balance à établir, non entre les importations et les exportations, ce serait un jeu de comptabilité illusoire, mais entre les bénéfices et les pertes. La balance est difficile à chiffrer, je le reconnais, mais ce n'en est pas moins un problème qui s'impose à l'économie politique. Les sciences se heurtent quelquefois à des problèmes très compliqués, et elles ne sont pas libres de s'y soustraire.

Dans la balance des gains et des pertes, il peut y avoir compensation et même avantage pour le pays dans son ensemble. C'est alors, si l'on passe outre, comme si l'on expropriait pour le bien général toute une catégorie de producteurs spéciaux. Tel fut, en 1860, le cas des forges au bois du centre de la France et des Pyrénées ; tel peut être le cas prochain de certains producteurs de céréales dans les terres où la culture n'est pas améliorable.

Lorsque la lutte économique se poursuit dans l'intérieur d'un même pays, il n'y a pas d'hésitation possible, il faut sacrifier les industries mal constituées. Les chemins de fer en ont ainsi fait disparaître un certain nombre, en même temps qu'ils favorisaient extraordinairement toutes les entreprises d'avenir.

L'incertitude non plus n'est pas très grande quand la liberté des échanges met sous le régime de la concurrence des pays contigus, liés entre eux par des rapports si pacifiques et si constants, qu'ils forment en quelque sorte les provinces d'un même Etat, ou du moins les parties d'une même confédération. Dans ce cas, la sécurité nationale n'ayant rien à craindre, la prospérité commune ne peut que gagner à une division internationale du travail. Tant pis pour les débiles! Hurrah pour les robustes et les bien portants!

Mais il y a d'autres cas où le problème du libre échange vient mettre l'économiste sincère et patriote dans un cruel embarras.

Je dis, par exemple, qu'un économiste de bonne foi est parfaitement en droit d'hésiter à supprimer toutes les barrières entre deux pays, lorsque les relations politiques entre ces pays ne constituent pas un état de paix bien assuré. Il en a aussi le droit lorsqu'il ne lui paraît pas démontré que la division internationale du travail doive être finalement avantageuse au pays qui subit le plus grand nombre d'expropriations sans recevoir des accroissements équivalents.

Lorsque Adam Smith préconisait le libre échange, même pour les pays neufs, il admettait toujours implicitement que ces pays nouveaux possédaient quelque avantage caché, quelque supériorité naturelle, bien que masquée, que le temps suffirait à mettre en relief, et qui ressortirait plus vite sous le régime de la liberté que sous celui de la protection. Mais qu'aurait-il dit s'il avait été citoyen d'un pays inférieur aux autres, à la fois industriellement et naturellement? Où serait, dans ce cas, la compensation des expropriations subies? Qui oserait prétendre que le progrès des échanges a été avantageux aux Aztèques, aux Peaux-Rouges, aux Nègres et aux Hindous, lorsqu'il n'a été, en définitive, qu'une forme brutale ou insidieuse de la conquête et de l'asservissement [1] ?

D'une manière générale, la liberté est désirable en toutes choses, c'est une grande présomption favorable qui doit nous guider lorsque nous n'avons point d'autres motifs plus directs de nous conduire, mais ce n'est pourtant qu'une présomption, et celui qui s'y livre aveuglément obéit au sentiment et non à la raison, à une sorte de religion et non à la science.

---

[1] Bastiat, l'auteur des *Harmonies économiques*, et Proudhon, l'auteur des *Contradictions économiques*, ont émis, sur ce point, deux opinions très opposées. Ecoutons leur dialogue :

BASTIAT. — Mais, dit-on, si l'étranger nous inonde de ses produits, il emportera notre numéraire. Eh qu'importe ? L'homme ne se nourrit pas de numéraire, il ne se vêt pas d'or, il ne se chauffe pas avec de l'argent. (*Sophismes économiques*, p. 14.)

PROUDHON. — Du moment que nous ne payons pas nos achats en valeurs agricoles ou industrielles, mais avec nos métaux précieux, nous aliénons progressivement notre domaine et devenons réellement tributaires de l'étranger. Car, pour que nous ayons toujours de quoi payer, il nous faudra acheter de l'or et de l'argent, ou laisser prendre hypothèque. Mais le premier parti est impossible par le commerce ; reste donc le second, qui est, à proprement parler, l'esclavage. (*Contradictions économiques*, t. II, p. 43.)

BASTIAT. — Ecoutons ce que disait un manufacturier anglais à la Chambre de commerce de Manchester : « Autrefois, nous exportions des étoffes ; puis cette exportation a fait place à celle des fils... ; ensuite à celle des machines... ; plus tard à celle des capitaux... ; et enfin à celle de nos ouvriers et de notre génie industriel..., et l'on peut voir aujourd'hui, en Prusse, en Autriche, en Saxe, en Italie, d'immenses manufactures fondées avec des capitaux anglais, servies par des ouvriers anglais et dirigées par des ingénieurs anglais. (*Sophismes économiques*, p. 33.)

PROUDHON. — Ne voilà-t-il pas une merveilleuse justification

Revenons aux incertitudes que l'établissement du libre échange peut inspirer.

Je suppose encore un pays où des industries seraient certainement ruinées par la concurrence étrangère, et pourraient cependant résister à cette concurrence avec un meilleur outillage, un capital plus considérable et un savoir mieux adapté chez les metteurs en œuvre. Peut-on dire, en pareil cas, que les sanctions rigoureuses de la liberté suffiront toujours à rétablir l'équilibre, et à ramener les capitaux ou les intelligences là où ils font défaut ? Bastiat l'affirmait. La chose n'est point sûre. Le crédit et l'instruction spéciale ne vont pas

---

du libre commerce ! (*Contradictions économiques*, t. II, p. 34.)

Il y aurait à l'établissement prématuré du libre échange et au régime de grande production spécialisée qui en est la conséquence, une autre objection, plus grave que celle de l'aliénation du sol, présentée par Proudhon : ce serait. si la chose était sûrement constatée, le fait de l'abaissement ou de la stagnation des salaires. Un petit pays comme la Belgique, bien pourvu de capitaux et habilement dirigé par des industriels de premier ordre, a réussi à lutter non seulement contre de grands pays ouverts à la liberté commerciale (Angleterre), mais même contre des pays excessivement protégés (Etats-Unis): alors, se dresse la question de savoir si ce n'est pas la rémunération du travail qui a supporté les frais de la guerre industrielle. Il est clair que les capitaux mobiliers que l'on sollicite à nouveau exigent toujours une rémunération normale, sous peine de se dérober; mais les travailleurs immobilisés, qui se trouvent dans l'alternative du chômage ou de la diminution du salaire, sont bien forcés de subir les conditions qu'on leur impose. Ainsi s'expliquerait l'infériorité de situation des travailleurs en Belgique, comparativement à ceux de France, bien que la Belgique, relativement plus riche que la France, dût traiter ses ouvriers mieux qu'elle. On peut répondre que, sous le régime plus libéral de la Belgique, le coût du vivre est moins élevé. Le fait est certain; mais y a-t-il compensation suffisante pour les travailleurs? Tel est le problème qui se pose : et il semble que le paupérisme, l'alcoolisme, le socialisme et l'émigration croissante, en ce pays, ne répondent pas d'une manière très affirmative.

volontiers aux industries souffrantes. Les transformations du progrès se réalisent surtout en temps de prospérité, sous la stimulation du bénéfice. Au contraire, l'émulation cesse quand la distance devient trop grande, et brise le courage des retardataires. D'ailleurs, pendant le temps que la nation concurrencée mettrait à se relever au niveau de ses rivaux, qui nous dit que, ceux-ci ayant pareillement mis le temps à profit, l'inégalité ne se serait pas maintenue ou même aggravée ?

La liberté, dans ce cas, n'apparaît pas comme le moyen certain du relèvement d'une industrie ou d'une nation. Ainsi, notre agriculture manque de chemins et de canaux, de machines et de bâtiments ; les bestiaux, les bonnes semences, les engrais opportuns lui font défaut; les terres sont mal disposées et auraient besoin d'être remembrées ; nos paysans n'ont pas assez d'instruction. Est-ce la liberté toute seule qui stimulera suffisamment l'intérêt personnel et la prévoyance, et fera disparaître ces lacunes ? Mais si l'intérêt et la prévoyance étaient les ressorts spontanés que l'on croit, comment se fait-il qu'ils n'aient pas déjà conduit à l'amélioration de la culture ? Comment l'instruction et le crédit n'ont-ils pas accompagné les derniers perfectionnements du transport ? Quoi que puisse dire une certaine école d'économistes absolus, il y a là un désaccord dans les conditions du progrès, une déséquilibration des fonctions, qui peut faire craindre qu'une période de protection ne soit devenue inévitable. Je ne dis pas désirable comme les protectionnistes, je dis inévitable pour bien montrer qu'il ne s'agit pas d'une mesure bonne en soi, mais d'un expédient fâcheux à employer comme défense contre un plus grand mal.

Qu'est-ce, en effet, que la protection ? C'est une restriction de l'échange, un mouvement de retraite en arrière, vers le régime de l'économie domestique.

Or, ce qui me semble évide t, c'est que ce mouvement de recul s'opérerait de lui-même et peut-être encore plus accentué sous l'influence d'une liberté excessive.

On paraît croire que l'activité des échanges est indispensable à l'existence d'une nation. Nécessaire au progrès, oui; mais indispensable à l'existence, non. Du moment où l'échange agricole deviendrait onéreux, on verrait l'agriculture rentrer dans l'économie domestique. Le propriétaire rural, le paysan, vivraient sur la terre, de ses propres produits. Nourriture, vêtement, mobilier, outillage, chauffage, éclairage, logement : ils tireraient presque tout du sol. Les ouvriers des champs, les artisans des bourgs, seraient remis au régime du payement en nature.

Les campagnes n'achèteraient plus aux villes que ce dont elles ne pourraient se pourvoir elles-mêmes, et les villes se fourniraient de blé, de viande, de sucre, de laine, de cuir, par l'importation étrangère. Elles travailleraient principalement pour l'étranger, comme autrefois Tyr, Carthage, Venise, etc. Il arriverait alors une sorte de dislocation sociale. Mais la production générale se réduirait considérablement, les impôts ne rentreraient plus qu'avec difficulté; on aurait le libre échange, et fort peu d'échanges. Ce serait comme un retour de barbarie au sein de la civilisation.

J'exagère à dessein, mais soyez sûrs que plutôt de voir se réaliser, à un degré quelconque, ce mauvais rêve, l'instinct national se rejettera toujours vers la protection temporaire, autrement dit vers la réduction du mouvement des échanges avec l'étranger, pour conserver à l'intérieur le maximum de ce qu'on peut conserver.

Je sais que les théoriciens absolus, libéraux à outrance, blâment une semblable concession ; j'en gémis tout le premier, mais je ne crois pas au succès de la liberté sans les conditions qui la rendent possible.

Les partisans aveugles du libre échange ne considèrent que la richesse totale dans le monde entier, ils font abstraction des nationalités ; or, les peuples ne sont pas cosmopolites, les nationaux tiennent à la vie ; ils acceptent le développement de la richesse sur toute la surface du globe, mais à la condition que chaque pays, pour le moins, en ait sa part proportionnelle.

Cet instinct de conservation patriotique leur donne le sentiment confus, mais énergique, que l'échange a des limites nécessaires, posées par des lois inéluctables.

## § 2. — Les limites de l'échange

Où sont-elles ces limites ? Il appartient, suivant moi, à la science économique de les indiquer en s'appuyant sur deux observations essentielles : 1° l'importance du capital dont dispose l'industrie d'un pays ; 2° le savoir professionnel des agents de cette industrie.

Cette formule, qui paraît tout d'abord un peu vague, va nous conduire à deux conclusions très précises.

Il en résulte, premièrement, que la construction des chemins de fer, canaux, ports, routes, etc., ne doit pas absorber la totalité des capitaux de nouvelle formation. Bien au contraire, il faut se dire que tout instrument perfectionné de transport ne peut être utilisé par le pays même que si la plus grande part des capitaux de la nation a été réservée à l'industrie et à l'agriculture indigènes. Autrement, l'instrument perfectionné de transport ne servira qu'aux concurrents étrangers. Je précise par des chiffres conjecturaux: si le chemin de fer à créer doit coûter cent millions, il en faudra peut-être dix fois plus, il faudra probablement un milliard à l'agriculture et à l'industrie pour se mettre au niveau du moyen d'échange perfectionné, et soutenir la concurrence qu'il va déchaîner. Donc, en raisonnant sur ces chiffres, on ne devrait consacrer au développement des voies de communications que le dixième, par exemple, de l'épargne annuelle, ou autrement s'attendre à une crise et à un retour offensif du protectionnisme [1].

En second lieu, il faut raisonner de façon toute semblable à l'égard du capital-savoir. Nous nous sommes livrés, en matière d'instruction générale, aux mêmes entraînements qu'en matière de chemins de fer, et nous avons négligé l'essentiel, c'est-à-dire l'instruction professionnelle, celle qui incite l'enfant à rester dans la profession de son père, tout en déposant dans son esprit les germes qui lui permettront de la féconder par la suite.

L'instruction secondaire n'est aujourd'hui qu'une contrefaçon de l'instruction supérieure, et l'instruction primaire qu'une contrefaçon de l'instruction secondaire. Il semble que nous n'ayons visé qu'à faire des électeurs et des politiciens, et non plus des producteurs. Cela équivaut à dire que nous avons excité outre me-

---

[1] Averti de ces conséquences, un gouvernement éclairé, lorsqu'il ne peut résister à un entraînement aussi général que celui de la création des chemins de fer, devrait chercher d'autant plus à éviter le détournement des capitaux indigènes par les emprunts improductifs ou par les placements à l'étranger. Il y verrait la nécessité de prendre toutes les mesures qui sont capables de retenir librement ces capitaux dans l'industrie et l'agriculture nationales; il s'attacherait, par conséquent, à favoriser la bonne organisation du crédit commercial, du crédit mobilier et du crédit foncier.

sure le système nerveux du géant social au détriment de ses fonctions de nutrition et de croissance.

Il serait sage de revenir à des données plus saines, et dans les écoles où s'instruit la majorité du peuple, avant de viser au maximum superflu, de lui assurer le minimum nécessaire : la lecture, l'écriture, les éléments du calcul et de la rédaction la plus usuelle, le système des poids et mesures (qui renferme à lui seul toute une encyclopédie rudimentaire), et les notions scientifiques utiles à l'intelligence et au perfectionnement du métier. L'apprentissage ultérieur, éclairé mais non dominé par la théorie, apporterait ensuite son contingent expérimental.

C'est encore ce savoir professionnel, à tous les degrés de l'échelle sociale, qui confère l'aptitude au crédit, qui mesure l'efficacité du capital, et qui fournit, par conséquent, la limite du développement des échanges.

Je n'insisterai pas davantage sur ces observations : elles suffisent à indiquer que la liberté du commerce international n'est point uniquement une affaire de doctrine, qu'elle ne peut pas être résolue au nom de principes absolus, et qu'elle est, bien plutôt, subordonnée à l'importance relative du capital et du savoir industriel des nations.

Sous réserve de ces conditions limitatives ou plutôt temporisatrices, il est évident que nous devons tendre de toutes nos forces à l'universalisation du crédit, comme à l'extension des voies de communication, comme à la liberté de plus en plus grande des échanges, puisque ce sont là, en définitive, les seuls moyens de développer la production, la prospérité générale, la puissance de la nation.

Pour en revenir à notre thème habituel, les géants sociaux sont des êtres vivants qui, pour grandir et se développer, s'unissent entre eux étroitement, comme des frères siamois, et finissent, en anastomosant leurs artères, par confondre leurs cœurs et leurs cerveaux. Mais cette agrégation et cette pénétration réciproques ne se font que lentement ; et, quand il y a des obstacles internes à la combinaison physiologique, les géants se détachent, en tranchant les soudures déjà faites ; et ils reviennent chacun à leur existence séparée, jusqu'à ce qu'une occasion plus favorable leur permette de tenter de nouvelles alliances et de nouvelles fusions.

# CHAPITRE XV

## LA RÉPARTITION

### L'ANALYSE DES ÉLÉMENTS DE LA PRODUCTION. — LES CINQ PARTIES PRENANTES DE LA RÉPARTITION

A mesure que l'on sort de l'économie domestique et du patriarcat, que les échanges se multiplient, que la division du travail se poursuit dans les différentes branches de l'activité humaine, la production change de caractère. Elle cesse de s'opérer intégralement dans l'intérieur d'un atelier, dans le sein d'une famille. Elle se fractionne entre toutes sortes de coopérateurs, et alors elle donne lieu à un nouveau problème social : la répartition du produit entre tous les coopérateurs.

Toutefois, il faut bien comprendre qu'il ne s'agit point là d'une répartition arbitraire, suivant une convention qui se serait librement établie entre les participants, mais d'une répartition résultant de la force des choses, et due principalement aux proportions du capital sous ses trois formes principales : capital public, capital industriel, capital personnel.

Ce sont les lois positives, les lois non écrites qui président à cette répartition, qu'il nous faut étudier maintenant.

Tout d'abord, rappelons-nous que la valeur à répartir préexiste en quelque sorte à l'œuvre des producteurs, qu'elle la dicte plutôt qu'elle n'en résulte. En sorte que la valeur du produit est la donnée première dans laquelle doit se renfermer la répartition ; c'est une limite qu'elle ne peut reculer à son gré. Ce n'est pas, en effet, le montant des parts de la répartition, autrement dit le total des frais de production, qui constitue la valeur ; c'est uniquement l'état du marché, ce sont les quantités respectives des utilités à vendre et des ressources dont le consommateur dispose pour les acheter. La valeur est révélée par l'échange, elle reflète la richesse générale, elle obéit à la consommation beaucoup plus qu'à la production.

Cette première réserve formulée, abordons immédiatement les faits, voyons comment dans la réalité s'établissent les frais de production, comment se constituent les parties prenantes de la répartition.

### § Ier. — L'analyse des éléments de la production

Si nous avions sous les yeux la comptabilité des exploitations agricoles, extractives, manufacturières, commerciales, voiturières, etc., nous verrions que le prix d'une marchandise quelconque peut toujours se répartir en huit principaux chapitres :

I. Les *matières* employées, soit pour la confection des produits, soit pour l'entretien du matériel et des machines.

II. Les *combustibles* consommés par ces machines, ou les aliments des moteurs animés.

III. Les *frais généraux et accessoires* (administration, frais de bureau, chauffage, éclairage, assurance, etc.)

IV. Les *impôts* payés à l'Etat, au département ou à la commune.

V. Les *salaires* de la main-d'œuvre.

VI. Les *intérêts* des capitaux mobiliers et circulants.
VII. Les *loyers* ou rentes des capitaux immobiliers.
VIII. Les *profits* de l'industriel ou de l'exploitant.

A leur tour, les matières, combustibles et frais, formant l'objet des trois premiers chapitres, se résolvent en éléments similaires, c'est-à-dire en autres matières, combustibles, frais, impôts, salaires, intérêts, loyers et profits, jusqu'à ce que l'on arrive à l'une des sources primitives de la production, comme l'agriculture, par exemple, qui n'emploie guère que du travail et du capital fixe pour fournir la plupart des matières à élaborer par l'industrie.

On arrive alors, après l'évanouissement de trois éléments sur huit, à ne plus rencontrer que les cinq éléments essentiels qui sont : les impôts, les salaires, les intérêts, les loyers et les profits ; et qui forment les cinq modes de rémunération des différents coopérateurs.

Ces cinq sortes de participation ne sont cependant pas des éléments derniers. L'impôt, par exemple, se compose, pour une grande part, de traitements ou salaires aux fonctionnaires et agents, pour une autre part d'intérêts de capitaux (le service de la dette publique); il renferme des profits, si l'on veut assimiler à un profit la dotation des chefs du pouvoir; il comprend enfin des emplois de matières, combustibles et aliments, qu'il faudrait soumettre encore à une nouvelle analyse.

Quant aux intérêts, rentes et profits, ils forment ensemble la rémunération du capital.

Les frais de production pourraient donc se ramener théoriquement à ces deux éléments premiers : rémunération du travail, rémunération du capital. Mais le salaire contient la rémunération d'un capital fixe, personnel ou mobilier, et le profit renferme la rémunération d'un travail de direction; en sorte que, si l'on voulait séparer rigoureusement ce qui se rattache à ces deux grandes catégories, on arriverait à des éléments premiers abstraits, différents de ceux qu'on découvre par l'observation directe, et véritablement peu utiles à connaître. Il vaut donc beaucoup mieux n'opérer qu'une analyse immédiate, et s'en tenir à la distinction facile de ces cinq éléments essentiels : impôts, salaires, intérêts, loyers et profits.

Avant de poursuivre l'examen particulier de chacun d'eux, donnons ici, comme un *schéma*, l'indication chiffrée de la répartition d'une valeur échangeable en ses diverses attributions.

L'auteur de la Statistique industrielle publiée en 1873 [1], a cru pouvoir conclure de ses observations que, en France, sur 100 francs de produits industriels, il y a :

55 francs de matières premières ;
7 francs de combustibles ;
15 francs de main-d'œuvre, non compris les traitements des employés ;
3 francs pour l'intérêt à 5 0/0 du capital immobilisé (ce que nous appelons loyer ou rente) ;
20 francs pour les frais d'administration, les impôts, les assurances, les intérêts et les profits.

Total 100 francs.

Pour arriver à éliminer les 55 francs de matières, nous admettrons qu'elles sont principalement composées de produits agricoles rentrant dans la formule que l'on peut déduire de l'Enquête agricole, et d'après laquelle 100 francs de produit brut agricole représenteraient

[1] Résultats généraux de l'enquête effectuée dans les années 1861-1865. Nancy, Berger-Levrault, 1873.

14 0/0 de matières, 3 0/0 d'impôts fonciers et de prestations, 40 0/0 de gages et salaires, 25 0/0 de loyer et 18 0/0 d'intérêts et profits[1].

Pour éliminer les combustibles, j'emprunte à la Statistique industrielle les chiffres de la formule de l'industrie extractive, d'après laquelle 100 fr. de produit brut représenteraient 16 0/0 de matières, 5 0/0 de combustibles, 42 0/0 de main-d'œuvre, 18 0/0 de loyers et 19 0/0 de frais généraux, d'impôts, d'intérêts et de profits.

Voici la répartition qui résulte de ces formules approximatives :

**Analyse du prix d'un objet commercial**

| | | Portions à sous-répartir | | Portions réparties | | | |
|---|---|---|---|---|---|---|---|
| | Valeur à analyser | Matières | Combustibles | Impôts fonciers | Salaires | Loyers | Divers impôts intérêts profits |
| Prix d'un objet commercial... | 100 » | 55 » | 7 » | » | 15 » | 3 » | 20 » |
| 1re sous-répartition des matières............ | 55 » | 7.70 | » » | 1.65 | 22 » | 13.75 | 9.90 |
| 1re sous-répartition des combustibles...... | 7 » | 1.10 | 0.35 | » | 2.95 | 1.25 | 1.35 |
| 2e sous-répartition des matières (7.70 + 1.10) | 8.80 | 1.25 | » » | 0.25 | 3.50 | 2.20 | 1.60 |
| 2e sous-répartition des combustibles..... | 0.35 | mém. | mém. | » | 0.15 | 0.10 | 0.10 |
| 3e sous-répartition des matières............ | 1.25 | mém. | » » | 0.05 | 0.60 | 0.35 | 0.25 |
| | | | | 1.95 | 44.20 | 20.65 | 33.20 |
| | | | | 100 | | | |

[1] Voici comment je déduis cette formule des évaluations de l'enquête agricole de 1882 :

D'après ce tableau, qui ne doit être considéré que comme une sorte de schéma, la répartition finale serait la suivante :

| | | |
|---|---|---|
| Salaires | 44 | 100 |
| Loyers | 21 | |
| Impôts, administration, Intérêts et Profits | 35 | |

La dernière colonne de ce tableau, afférente aux frais et impôts divers, aux intérêts et aux profits, ne présente que des chiffres complexes. Il est clair que les frais généraux et accessoires devraient, après avoir été mis à part, faire l'objet d'une sous-répartition, comme les matières et les combustibles. Les impôts industriels devraient être groupés avec les impôts fonciers; les traitements des employés d'administration devraient être réunis aux salaires; les intérêts des capitaux mobiliers et circulants devraient figurer, autant que possible, dans une colonne spéciale; et l'on pourrait alors faire ressortir le chiffre exact des profits proprement dits.

Avec les données insuffisantes dont on dispose actuel-

---

| | | |
|---|---|---|
| Production végétale, moins les semences et les pailles, fourrages et grains pour les bestiaux | 7.115 | millions. |
| Production animale, moins le travail des animaux et le fumier | 3.328 | — |
| Ensemble | 10.443 | millions. |

Ce produit brut se décompose ainsi :

| | | | |
|---|---|---|---|
| 11 0/0 | matières, comprises dans les frais généraux (entretien du matériel, engrais, etc.) | 1.470 | millions. |
| 3 0/0 | impôts fonciers et prestations | 297 | — |
| 40 0/0 | gages et salaires | 4.150 | — |
| 25 0/0 | loyer | 2.645 | — |
| 18 0/0 | intérêts et profits | 1.881 | — |
| 100 | Total égal | 10.443 | millions. |

lement, je n'ai pas osé tenter une analyse aussi précise.

Il résulte néanmoins de ce tableau approximatif une première indication assez importante, c'est que les salaires du travail manuel ou administratif égalent certainement, et dépassent probablement, l'ensemble des chiffres afférents à la rémunération du capital sous toutes ses formes, y compris le profit des entrepreneurs et l'impôt.

Nous examinerons successivement les cinq éléments de répartition, mais je dois signaler tout d'abord l'importance primordiale de deux d'entre eux : l'Impôt et le Profit.

Ce sont historiquement les premiers en date. Dans les temps primitifs où chacun produisait pour son propre compte, en contribuant aux frais dela religion et de la cité, il n'y avait que des impôts et des profits.

A notre époque, l'impôt et le profit, bien que fort transformés, représentent encore la rémunération des deux agents les plus importants au point de vue de l'entretien et de l'accroissement de la vie sociale. Ces deux agents sont : 1° l'Etat; 2° les entrepreneurs responsables, chefs d'exploitation et d'industrie.

L'Etat, qui n'est en grande partie qu'un résidu du socialisme de la cité antique, est devenu le représentant d'un tout autre rôle, c'est l'organe central, faisant contre-poids aux éparpillements de l'activité sociale, et constituant l'unité de vie d'une nation.

Les chefs d'entreprise sont ceux qui groupent autour d'eux, à leurs risques et périls, les propriétaires, les capitalistes et les travailleurs (employés et ouvriers), et qui rendent leur association productive. C'est de leur intelligence, de leur activité, de leur prospérité même, que résulte le succès des entreprises, d'où dépend la rémunération des propriétaires, des capitalistes et des travailleurs.

Ce qui prouve l'importance primordiale de ces deux agents, c'est qu'ils sont également contestés par deux écoles opposées. Les économistes absolus ne sont pas loin de considérer l'Etat comme un énorme parasite, qu'il serait bon de réduire à son minimum, à défaut de pouvoir l'abolir. Les socialistes, au contraire, notamment les collectivistes, voudraient faire disparaître les chefs d'industrie et attribuer leur rôle à l'Etat.

Concluons-en que l'Etat et les chefs d'industrie sont également nécessaires et prépondérants dans la société.

## § 2. — L'impôt

Nous aurons à revenir spécialement sur les fonctions de l'Etat et sur les moyens divers de pourvoir à ses dépenses. Je me bornerai ici à poser en principe que l'impôt est une contribution générale à prélever sur les ressources annuelles d'un pays et, par conséquent, sur tous les revenus quels qu'ils soient, non pas en raison d'une certaine théorie, mais parce que, en fait, il en est ainsi, régulièrement ou irrégulièrement.

On discute souvent la question de savoir si les travailleurs doivent ou non payer l'impôt. Les uns prétendent qu'ils ne le doivent pas, parce que les avantages des services publics vont presque entièrement à la propriété, au capital; les autres disent qu'ils doivent être taxés, et même proportionnellement plus que les riches, parce que l'action de l'Etat se fait sentir sur les personnes plus que sur les biens.

Toute cette discussion est sans issue, parce qu'elle se tient en dehors de l'économie positive.

Le seul problème intéressant est de déterminer dans quelle mesure les travailleurs supportent effectivement l'impôt, qu'ils le payent ou non. L'économie politique, en effet, a pour mission de constater les faits sociaux, d'observer ce qu'on nomme les effets des lois naturelles, et de chercher ensuite à en régulariser l'application.

Si les travailleurs ne supportent pas l'impôt, il est inutile de le leur faire payer; s'ils le supportent, il faut le leur faire payer, dans la mesure où ils le supportent.

On évitera ainsi, autant que possible, les phénomènes de répercussion, qui sont inégaux, irréguliers, pesant tantôt trop sur les uns et trop peu sur les autres, tantôt excessivement en un temps insuffisamment dans un autre.

Beaucoup d'économistes, se déclarant satisfaits du fait accompli, vantent les effets de la répercussion. C'est aussi bien faire l'apologie de la brutalité des lois de la nature, et renoncer de gaieté de cœur à tout adoucissement fondé sur la science. Sans doute, nulle puissance au monde ne peut faire que les charges annuelles d'une nation ne soient acquittées au moyen de son produit annuel. Mais il importe beaucoup de s'adresser directement aux bénéficiaires de ce revenu. Supposez, en effet, que les capitalistes ne profitent réellement que de la moitié du produit annuel, tandis qu'on leur ferait supporter toute la charge de l'impôt; ils se déroberaient en partie, et placeraient les travailleurs dans l'alternative d'un chômage ou d'une réduction de leurs salaires, probablement même d'une réduction plus forte que ne l'exigerait la raison, car tout répercuteur est un législateur intéressé et arbitraire. Si, au contraire, l'on mettait toutes les charges sur les ouvriers, on assisterait bientôt à la dépopulation, à l'émigration, aux révoltes, aux grèves, jusqu'à ce que la répercussion eût fait son office. Dans un cas comme dans l'autre, il vaut mieux, quand on le peut, régler équitablement le partage de l'impôt en se fondant, non sur la justice absolue, qui est très différemment interprétée, mais sur l'observation du fait en lui-même, qui paraît tendre d'ailleurs à la formule suivante : la proportionnalité aux ressources, dès que les ressources excèdent le strict nécessaire.

Ainsi l'impôt, je le repète, est, en fait, un prélèvement sur le produit annuel, sur le travail de la nation, par la contribution plus ou moins proportionnelle de tous les coopérateurs. Le payement de l'impôt étant ainsi considéré comme général, nous en ferons provisoirement abstraction.

Voyons maintenant ce qu'est le profit.

## § 3. — Le profit

Pour l'homme qui achève intégralement son produit, pour le cultivateur propriétaire de son champ, pour l'artisan propriétaire de son atelier, pour l'homme qui travaille seul ou avec ses enfants, pour Robinson Crusoé, en un mot, le profit, c'est le produit même. Mais quand le cultivateur ou l'artisan n'est pas propriétaire du domaine ou de l'atelier, il doit en payer le loyer à un propriétaire; quand il ne possède pas ses instruments, ses bestiaux, ses matières, son fonds de roulement, il faut qu'il en serve l'intérêt à un prêteur ou à un fournisseur, autrement dit à des capitalistes ; quand il ne travaille pas lui-même, aidé seulement de ses enfants, il faut qu'il se serve d'employés et d'ouvriers auxquels il paye des traitements et des salaires. Le profit alors est ce qui reste du produit, après déduction des loyers, des intérêts et des salaires.

Le profit se calcule donc par différence; c'est le genre de rémunération le plus variable, puisque tous les aléas de la production pèsent sur lui.

La rémunération du propriétaire, celle du capitaliste, celle du travailleur, sont, au contraire, fixées à forfait. indépendamment du résultat de l'entreprise. Elles varient, bien entendu, par périodes de temps, mais durant la période, elles restent fixes, et se calculent proportionnellement à la valeur de l'immeuble loué, proportionnellement à l'importance des capitaux prêtés, proportionnellement à la durée et au talent du travail.

Le chef d'entreprise, si modeste soit-il, fonctionne ainsi comme un assureur vis-à-vis de ses coopérateurs; et il obéit à un double stimulant: il a son intérêt comme participant simple dans les résultats de l'entreprise, et il a son intérêt comme assureur des autres parts, qu'il escompte sous forme de loyers, d'intérêts et de salaires.

Cette combinaison, je le répète, est certainement la plus efficace pour faire surgir les volontés actives, et en tirer le meilleur parti. Partout où l'aléa du profit diminue, partout où il disparaît par la suppression des ré-rémunérations fixes, par exemple: dans le métayage, où le cultivateur ne paye pas de loyer mais donne au propriétaire une part des produits, et dans la coopération de production, où les ouvriers se partagent l'intégralité du profit, on voit aussitôt l'activité se relâcher et l'entreprise languir. Le chef d'industrie n'a plus le même intérêt à faire des affaires, ni la même autorité pour exiger de ses coopérateurs tout ce qu'ils doivent en capital et en travail.

Il semble donc qu'un certain antagonisme soit utile au bon fonctionnement économique entre l'entrepreneur et les autres participants; mais cet antagonisme n'empêche pas la solidarité, en sorte que l'entrepreneur, en poursuivant son intérêt propre, et en résistant le plus qu'il peut aux prétentions de ses co-partageants, n'en travaille pas moins constamment, s'il est intelligent, à l'amélioration de leur situation à tous.

J'en conclus que tout le monde a avantage à la multiplication des entrepreneurs, à l'entraînement de leurs facultés, au développement de leur esprit commercial.

Pour bien comprendre cette répercussion favorable qui, partant du profit, s'étend solidairement aux salaires, aux intérêts et aux loyers, il est utile que nous entrions ici dans le détail précis d'un exemple familier.

Supposons pour un moment qu'un industriel vienne nous livrer ses comptes et nous confier ses projets. Voici le langage qu'il nous tient :

*(Voir d'autre part.)*

« J'élabore tous les ans, dit-il, 300 tonnes de matières premières qui me coûtent 100 francs d'acquisition et 80 francs de transport, ci.............Fr. 54.000

Je dépense en combustibles ............ 7.000

Vingt ouvriers occupés pendant 300 jours à 2 fr. 50 en moyenne, exigent un salaire de 15.000

Ces trois chefs de dépenses qui montent annuellement à.................... Fr. 76.000

m'occasionnent un déboursé permanent d'environ

40.000 fr. de capital circulant, qui ne se renouvelle guère que deux fois par an, étant donnée la lenteur des transports, et qui exige un intérêt de.......................... 2.000

J'ai de plus :

25.000 fr. de machines et d'outillage, dont l'intérêt à 5 0/0, l'entretien et l'amortissement à 10 0/0, font.. 3.750

25.000 fr. de bâtiments et de constructions, dont le loyer à 5 0/0 et l'entretien à 1 0/0 font....... : .... 1.500

10.000 fr. de terrains, dont le loyer à 5 0/0 fait.......................... 500

100.000 fr. est donc le chiffre de mon capital total et mes frais annuels s'élèvent à la somme de........ Fr. 83.750

Comme je vends mes 10.000 articles fabriqués à 10 fr. la pièce, ci............... 100.000

Mon profit brut (y compris les frais généraux, impôts, etc.) ressort à ......... Fr. 16.250

— Voilà un beau résultat, répondons-nous à l'industriel. C'est un taux de profit brut qui dépasse 16 0/0 du chiffre des affaires. Vous ne devez pas être mécontent!

— Mécontent? Non, réplique l'industriel; mais satisfait? Point.

» Dans un pays de vieilles coutumes, séparé des pays voisins par un mur de la Chine, on peut être tenté de s'endormir dans sa situation acquise, mais dans un pays libre, il faut suivre la loi de l'activité, et chercher constamment à ajouter de nouveaux avantages à ceux que l'on a déjà obtenus. Pour moi, dit notre homme, je ne songe qu'à accroître mon bénéfice en développant ma fabrication ; d'autant plus que si je ne le faisais pas de moi-même, des concurrents le feraient contre moi. Dans quelque temps, un chemin de fer va s'ouvrir qui réduira des deux tiers mes frais de transport. L'étude que j'ai faite de la consommation de mon produit, m'a démontré qu'en le vendant seulement 7 francs au lieu de 10, je pourrai doubler mon chiffre d'affaires. Il est vrai que, pour m'approvisionner d'une plus grande quantité de matières premières, je serai forcé de les payer un peu plus cher; que, pour recruter un plus grand nombre d'ouvriers connaissant ma fabrication, je devrai leur donner un salaire un peu plus élevé; mais d'autre part, et grâce à une meilleure organisation du travail, je n'aurai pas besoin d'en doubler le nombre; il ne me sera pas non plus nécessaire d'augmenter en proportion mes machines et mes bâtiments, qui sont susceptibles d'une plus complète utilisation. Tout compte fait, je puis espérer quelques milliers de francs de profit supplémentaire, et cette considération va suffire à me décider. »

L'industriel, en effet, nous communique le devis comparatif suivant :

## Production actuelle de 10,000 articles

| | | |
|---|---|---|
| Matières premières : | | |
| 300 tonnes à 100 fr. | 30.000 | |
| Transport à 80 fr. la tonne | 24.000 | 54.000 |
| Combustibles | | 7.000 |
| Salaires : 6,000 journées à 2 fr. 50 | | 15.000 |
| Ensemble | | 76.000 |
| Exigeant les capitaux suivants : | | |
| 40.000 fr. de capital circulant (renouvelé deux fois), à l'intérêt de 4 à 6 0/0 | | 2.000 |
| 25.000 fr. de machines et d'outillage, intérêt 5 0/0, amortissement 10 0/0 | | 3.750 |
| 25.000 fr. de bâtiments et constructions, loyer 5 0/0, entretien 1 0/0 | | 1.500 |
| 10.000 fr. de terrains, loyer 5 0/0 | | 500 |
| Montant général des dépenses | | 83.750 |
| Profit brut (frais généraux, impôts, etc.) | | 16.250 |
| Chiffre d'affaires : 10,000 articles à 10 fr. | | 100.000 |
| Taux du profit brut : 16.25 0/0. | | |

## Production projetée de 20,000 articles

| | | |
|---|---|---|
| Matières premières : | | |
| 600 tonnes à 105 fr. | 63.000 | |
| Transport à 27 fr. la tonne | 16.200 | 79.200 |
| Combustibles | | 8.500 |
| Salaires : 7,500 journées à 3 fr. | | 22.500 |
| Ensemble | | 110.200 |
| Exigeant les capitaux suivants : | | |
| 40.000 fr. de capital circulant (renouvelé trois fois), à l'intérêt de 4 à 6 0/0 | | 2.000 |
| 35.000 fr. de machines et d'outillage, intérêt et amortissement 15 0/0 | | 5.250 |
| 25.000 fr. de bâtiment / 10.000 fr. de terrains } loyer porté de 2,000 à | | 2.500 |
| Montant général des dépenses | | 119.950 |
| Profit brut (frais généraux, impôts, etc.) | | 20.050 |
| Chiffre d'affaires : 20,000 articles à 7 fr. | | 140.000 |
| Taux du profit brut : 14.32 0/0. | | |

RÉSULTAT : *Le taux du profit brut diminue d'environ 2 0/0, mais son chiffre absolu augmente de 3,800 francs.*

C'est ainsi que l'appât d'un bénéfice supplémentaire déterminera notre industriel à doubler sa fabrication. La seule considération de son intérêt lui fera engager des capitaux nouveaux dans son exploitation ; il soutiendra par là le taux du placement des épargnes, tout en diminuant le taux de son profit relatif (qui, dans notre exemple, se réduit de 16 à 14 0/0).

Il ouvrira un débouché plus considérable aux matières premières, et fera profiter leurs producteurs d'un accroissement de prix ; il augmentera enfin sa propre demande du travail, et, en multipliant le nombre de ses ouvriers, sera nécessairement conduit à se les attacher par un salaire plus élevé.

Tous ces résultats excellents seront dus à la seule initiative du chef d'entreprise, stimulé par la concurrence de ses rivaux ou par la concurrence qu'il se fait à lui-même en poursuivant toujours l'augmentation absolue de son bénéfice [1].

### § 1. — Le loyer ou la rente. L'intérêt des capitaux mobiliers. Influencé du profit sur ces éléments.

Cela dit sur le profit, nous devons parler aussitôt d'un élément de la répartition qui est avec lui dans la

---

[1] J'ai supposé un industriel positif qui ne s'est pas contenté de combiner des chiffres sur le papier, et qui s'est préoccupé avant tout du placement de ses produits nouveaux. Dans ces conditions, l'accroissement de la fabrication n'aboutit jamais à l'excès de production. Réalisé simultanément dans toutes les branches industrielles (car la stimulation de l'intérêt est partout la même), il procure ce résultat final : *qu'un plus grand nombre de produits s'échangent contre un plus grand nombre de produits* (ou des produits plus perfectionnés contre des produits plus perfectionnés). Celui qui fabrique davantage, consomme davantage du produit des autres ; il ouvre un débouché à ceux-là même qu'il fournit plus abondamment. Là est tout le mystère de la prospérité croissante d'un pays.

plus étroite connexité : il s'agit de la rente payée aux prédécesseurs et du loyer des immeubles, qui sont généralement confondus.

Les profits industriels que je viens de décrire sont incessamment menacés, soit par les exigences des coopérateurs, soit par l'inconstance des consommateurs. Pour se défendre contre ces éventualités, qui mettent en péril à tout moment son profit, l'industriel s'efforce de passer des marchés, d'une part avec ses fournisseurs pour le prix des matières et des combustibles, d'autre part avec ses acheteurs pour l'écoulement de ses produits. Ces marchés, quand on peut les obtenir pour un certain nombre d'années, ou, à défaut de marchés, de longues habitudes équivalant à des contrats tacites, régularisent le bénéfice par une sorte d'assurance, et parviennent à le soustraire au risque des variations.

Dans ces conditions, un industriel peut capitaliser une part de ce profit certain, et céder à un successeur, comme fonds d'industrie ou de commerce, droit au bail, etc., la valeur du privilège temporaire qu'il a réussi à se constituer. Désormais, le successeur qui s'établira dans cette situation fortifiée, comptera dans ses frais de production un article de plus : ce sera la rente ou l'annuité à payer pour les avantages cédés par le prédécesseur, rente ou annuité qui diminuera d'autant le profit, et qui tendra de plus en plus à le transformer en intérêt proportionnel au capital d'exploitation, et en salaire proportionnel au travail de direction.

Si je n'ai pas tout d'abord énuméré à part ce chapitre des frais de production, c'est que, dans la réalité, il se confond fréquemment avec le loyer des immeubles et du capital fixe. C'est, en effet, en grande partie, à la situation du magasin que le commerçant doit sa clientèle ; à la commodité de l'emplacement et au bon aménagement de l'usine, que l'industriel doit le principal avantage de sa fabrication ; c'est enfin à la fertilité naturelle et à la situation des terres, ainsi qu'aux bâtiments de la ferme, qu'un cultivateur doit ses meilleures chances de profit. Il en résulte que le propriétaire de la terre ou du local industriel ne se fera pas faute de réclamer au cultivateur ou au chef d'industrie, sous forme de loyer, une part du profit permanent de l'exploitation. Le loyer, dans ce cas, sera donc calculé en raison du profit de l'exploitant, et les succès ultérieurs de l'industriel pourront communiquer à l'immeuble une valeur supérieure à son coût de construction.

On aperçoit ainsi la connexité du loyer des capitaux immobiliers avec les profits industriels. Les loyers de ces capitaux ne sont pas proportionnels au prix de création des immeubles, ils sont une part distraite du profit industriel et commercial.

Observons d'ailleurs que les loyers d'immeubles, étant réglés par des baux d'une certaine durée, ne sont le résultat du profit qu'au moment de la passation du bail. Pendant toute la durée subséquente, ils deviennent une charge du profit, tout comme l'intérêt des autres capitaux.

La remarque que nous faisons ici pour un immeuble industriel, a une importance considérable en ce qu'elle s'applique à la production agricole tout entière.

Le loyer du sol cultivable, ou le fermage, est en définitive le loyer d'un capital immobilier; car, la terre, après tous les travaux, les amendements, les façons, les protections dont elle a bénéficié, représente une énorme dépense de capital accumulé, dépense beaucoup plus forte souvent que le prix dont on la paye. Dans la pratique cependant, ni sa valeur ni son loyer ne se calculent sur les dépenses qu'on y a faites. Ainsi que presque tous les loyers de capitaux immobiliers, le loyer de la terre est originairement un démembrement du profit agricole; il croît et décroît avec lui, à chaque renouvellement du bail, en restant fixe et en influant sur lui pendant toute la durée des contrats. Il n'est pas proportionnel comme l'intérêt de l'argent, il a plutôt un caractère différentiel comme le profit, il se mesure à l'avantage conféré au fermier sur les fermiers des terres voisines.

Ce caractère différentiel a été senti dès l'abord par les grands économistes, mais il a été souvent mal exprimé. Ricardo supposait que la culture des terres s'était successivement étendue des plus fertiles aux moins fertiles, et que la terre la moins fertile, qui était pour lui la dernière cultivée, réglait le prix du blé sur ses frais de production, et déterminait en conséquence une plus-value du loyer sur toutes les autres terres plus fertiles.

C'est cette plus-value du loyer qu'on a nommé la *rente* de la terre, analogue à la rente qu'on paie pour un fonds de commerce cédé.

Il m'a toujours semblé que Ricardo donnait une singulière explication d'un fait très naturel et très général. Il tient le même langage qu'un physicien qui dirait: « Vous voyez ce point où la lumière de la lampe se perd dans la nuit, eh bien, c'est justement ce point qui règle la portée du rayon lumineux! » N'est-il pas d'ailleurs étrange de penser que sur les trente-cinq millions d'hectares qui forment le domaine agricole de la France, ce soient précisément les quelques milliers d'hectares de mauvaise terre qui déterminent la rente des autres? J.-B. Say me paraît avoir beaucoup mieux expliqué ce phénomène économique de la rente. Ce ne sont pas, suivant lui, les mauvaises terres qui sont la cause du profit que l'on fait sur les bonnes ; « c'est l'étendue des besoins de la société, qui porte le blé à un prix qui permet de cultiver les plus mauvais terrains, pourvu qu'on y trouve le salaire de ses peines et le profit de son capital, et qui permet de trouver un profit foncier sur les terres meilleures ou mieux situées [1]. » Il ne faut pas se lasser de répéter que le profit, la rente qui en est issue, les salaires et autres rémunérations des éléments de production sont la conséquence et non la cause directe du prix courant des produits.

Un autre économiste, l'Américain Carey, a renversé également une des prémisses de Ricardo, en démontrant que la culture n'a point passé des terres les plus fertiles aux moins fertiles, mais au contraire des terres maigres, légères et peu productives, aux terres grasses, fortes et difficiles à mettre en culture, qui deviennent les plus fécondes lorsqu'elles sont convenablement exploitées à l'aide d'un capital important. Carey en concluait que la rente d'une terre était toujours en proportion du capital dépensé, et n'avait pas, en somme, d'autre caractère que celui de l'intérêt d'un capital. Carey allait évidemment trop loin. Comme les frais de production ne sont pas la cause directe de la valeur des choses, la dépense des capitaux enfouis dans le sol ne donne pas non plus la mesure du fermage. Il y a des terres dont le profit n'assure pas la rémunération du capital dépensé ; il y en a d'autres dont la fertilité naturelle, dont la situation avantageuse à proximité d'un marché, se prêtent à une rente très élevée, hors de

---

[1] *Traité d'économie politique*, Epitome, p. 404, de l'édition Guillaumin.

toute proportion avec les dépenses qu'on y a faites. En pareil cas, il suffit de l'ouverture d'une route, de la construction d'un chemin de fer, de la création d'une usine, d'un déplacement de population, pour bouleverser les conditions de la terre et en élever ou en abaisser la rente.

Il est juste cependant d'observer, et c'est là une remarque qui peut concilier les diverses théories, que les produits agricoles, répondant aux besoins les plus constants d'une population qui ne se modifie que lentement, sont, de tous les produits, ceux qui, dans leur ensemble, offrent la valeur la plus régulière ; ce sont donc ceux qui permettent le mieux aux producteurs de proportionner leurs frais à la valeur produite ; en sorte qu'il est à croire que le fermage en général, sauf des cas exceptionnels, représente assez bien l'intérêt, à un taux très bas, du capital réellement engagé dans le sol.

Récapitulons maintenant les résultats composés du développement industriel.

Il n'y a point de chef d'entreprise, pour peu qu'il ait l'intelligence de ses intérêts, qui, dans un pays libre, ne cherche à augmenter son chiffre d'affaires, soit sous la pression de la concurrence, soit par la seule considération de son bénéfice, tantôt en étendant son marché au delà de ses limites accoutumées, tantôt, et presque toujours, en développant la consommation sur place par un abaissement du prix de ses produits.

De quelque façon qu'arrive l'accroissement de la production, il a une triple répercussion sur le prix des matières, sur le prix des salaires, sur le prix des loyers.

Quant aux capitaux mobiliers, il est certain qu'une demande plus grande qui leur est adressée doit tendre à produire une hausse de l'intérêt. Mais cette hausse n'est tout au plus que temporaire. Quand le développement de la production est limité à un seul groupe industriel, la demande particulière de ce groupe ne provoque qu'un déplacement de capitaux, et produit assez peu d'effet sur l'ensemble de la circulation. Quand le développement de la production est général, il détermine nécessairement une diminution des prix de consommation, une augmentation du prix des matières, une élévation des salaires, un exhaussement des loyers, un accroissement des profits, qui se traduisent en une épargne fonctionnant en quelque sorte à la cinquième puissance, et donnant lieu à un reflux de capitaux nouveaux. Pour lors, la tendance première à la hausse de l'intérêt se trouve très rapidement conjurée par une offre plus grande de capitaux de récente formation, et cette offre nouvelle amène, avec le temps, la baisse progressive et continue de l'intérêt.

On voit par cet enchaînement quelle est la solidarité véritable de tous les coopérateurs de la production, et l'on voit aussi que le profit forme le nœud de toute la répartition. Le bénéficiaire du profit, qu'il se nomme commerçant, industriel, fabricant, entrepreneur, spéculateur, — spéculateur, c'est-à-dire qui voit de loin, — est, en définitive, l'agent le plus actif de l'égalité dans la répartition, même lorsqu'il ne cherche que son intérêt personnel, pourvu toutefois qu'il le cherche avec intelligence.

# CHAPITRE XVI

## LA RÉPARTITION (Suite)

### L'OFFRE ET LA DEMANDE DANS LA RÉPARTITION LE ROLE DE LA MUTUALITÉ

§ 1er. — Insuffisance de la loi de l'offre et de la demande pour la fixation des impôts, des profits, des intérêts, des loyers.

Après avoir exposé le mécanisme général de la répartition, il faut en constater les irrégularités, et indiquer aussi les procédés sociaux qui permettront de les faire peu à peu disparaître.

Nul doute que le phénomène de la répartition ne soit un cas particulier de l'échange. C'est un échange de services comme le commerce est un échange de produits. La loi de l'offre et de la demande, qui régit tous les échanges, est donc applicable en principe aussi bien aux services qu'aux produits. Si elle ne se faisait point du tout sentir dans la répartition, il n'y aurait évidemment que de l'arbitraire dans la rémunération des services : le salariat lui-même n'existerait pas ; nous en serions encore à l'esclavage, tout au plus au régime corporatif. Mais il s'en faut que la loi fonctionne, dans la répartition, aussi librement et aussi régulièrement que dans le commerce ordinaire.

D'abord, il y a toute une partie de la répartition à laquelle elle ne s'applique pas, c'est l'impôt. L'impôt est réglé par la loi, non par le marché. Je sais bien que certaine école préconise l'impôt volontaire, ce qui serait une manière de le faire rentrer dans la loi de l'offre et de la demande, mais la formule n'est pas très claire.

Qu'est-ce que l'impôt volontaire? Il ne peut s'entendre que de deux manières : ou l'impôt à la consommation, ou le payement direct des services publics chaque fois qu'on y a recours. Dans le premier cas, ce n'est pas l'impôt qui est volontaire, mais tout au plus la consommation, lorsqu'elle n'est point dictée par des besoins impérieux. Dans le second cas, on aurait recours à la forme d'impôt qui entraîne généralement le plus de répercussions, par conséquent le plus d'inégalités et de tricheries. Ce ne serait pas un progrès que de la généraliser.

Donc, l'impôt échappe en principe à la loi de l'offre et de la demande.

Le profit n'est pas non plus directement réglé par elle, puisqu'il n'est pas une rémunération directe de l'entrepreneur, mais seulement un résidu de ce que laissent sur le produit brut les prélèvements du loyer, de l'intérêt et du salaire.

Ce sont donc ces trois derniers éléments seuls qui peuvent rentrer sous l'application de la loi de l'offre et de la demande.

Les intérêts des capitaux prêtés, à titre de simple prêt ou de commandite, y obéissent en effet dans une certaine mesure.

Grâce à la tradition facile des capitaux mobiliers, à leur mobilisation sous forme de titres négociables en banque ou à la Bourse, grâce à l'organisation des marchés et à leurs relations réciproques, nationales et internationales, il se produit constamment une équation entre la somme des capitaux offerts et celle des capitaux demandés; l'équation se détermine à un certain taux d'intérêt ou de revenu, qui constitue la cote du jour. Nous avons vu que de nombreux agents s'entremettent pour en régulariser les cours.

Il ne faut pas croire cependant que la cote de la Bourse ait une influence immédiate et journalière sur le taux des prêts et des crédits consentis aux emprunteurs. Elle n'intéresse presque uniquement jusqu'ici que les porteurs de titres. Elle marque le taux auquel les prêteurs et les commanditaires peuvent se substituer d'autres preneurs plutôt que le taux du crédit aux emprunteurs directs.

Qu'un industriel veuille escompter chez son banquier des effets de commerce qu'on lui a remis en règlement de ses fournitures, le banquier escompteur lui fera payer l'escompte au taux de la Banque de France, plus une commission invariable; mais le banquier escompteur, lui, en faisant réescompter ses effets par une Société de crédit, bénéficiera des fluctuations journalières du taux de l'escompte en banque, au-dessous du chiffre officiel.

Qu'une Société veuille réaliser un emprunt par obligations; il n'est pas probable qu'elle puisse, comme les grandes compagnies de chemins de fer, écouler chaque jour ses titres suivant le cours de la Bourse, elle ne disposerait pas d'une clientèle suffisante et ne serait point sûre de placer toutes ses obligations; elle effectuera donc un emprunt total à un prix inférieur au cours du marché, et ce sont, immédiatement après, les souscripteurs des titres émis qui profiteront de la hausse si elle survient.

Qu'un propriétaire enfin obtienne un prêt hypothécaire du Crédit foncier de France, il le payera toujours le même prix, quelle que soit la cote, sur le marché, des obligations du Crédit foncier ; le Crédit foncier bénéficie seul de la différence des taux.

Certains procédés de crédit pourraient sans doute modifier cette répercussion du taux du marché sur le taux de l'emprunt; je ne sais pas, du reste, si cela serait toujours très avantageux aux emprunteurs, qui préfèrent généralement pouvoir compter sur des conditions certaines; mais en fait, je constate que la loi de l'offre et de la demande, même en ce qui concerne les opérations de crédit les plus actives, n'a qu'une influence assez indirecte sur le taux des prêts consentis aux chefs d'entreprise. A plus forte raison, mon observation pourrait-elle s'appliquer aux opérations de crédit et d'association qui ne sont représentées par aucun titre négociable.

On peut seulement dire que l'intérêt se fixe à peu près aux conditions moyennes du marché.

Mais de quel marché? Ici encore, il faut distinguer. On parle toujours du marché des capitaux, mais il n'y en a pas qu'un seul, il y en a autant que de natures de placement.

Ainsi, je serais tenté de classer les capitaux en quatre ou cinq familles :

1° Les capitaux timides des rentiers, qui vont aux fonds d'Etats et de villes, aux obligations foncières, aux obligations garanties par l'Etat ou présumées telles;

2° Les capitaux des propriétaires ou des aspirants propriétaires, qui peuvent aller provisoirement aux placements de la première catégorie, mais qui vont de préférence à la terre et à l'hypothèque;

3° Les capitaux qui se dirigent vers l'industrie;

4° Les capitaux du commerce, de la banque et de la spéculation, qui cherchent surtout à s'employer à court terme, les uns sur les marchandises et les valeurs commerciales, les autres sur les valeurs de Bourse.

Il n'y a guère que cette dernière catégorie qui constitue le prétendu marché général, parce que les capitaux de cette famille s'appliquent à toutes les opérations, bien que temporairement. En temps de défiance et d'inquiétude, les autres capitaux deviennent craintifs; ils se portent tous soit aux placements de la première catégorie, soit à court terme, en dépôt dans les banques; et, par un phénomène assez singulier, ce sont alors les capitalistes les plus timides qui viennent, sans le savoir et sans le vouloir, au secours des spéculateurs, au moment où ceux-ci sont aux prises avec les embarras du marché.

Sans entrer dans plus de détails, on peut dire qu'en général les capitaux, quelque impersonnels qu'ils paraissent, sont doués des aptitudes de leurs auteurs. Ils vont de préférence au champ où ils sont nés.

L'épargne, à moins qu'elle n'en soit détournée par l'intervention de l'Etat, obéit d'ordinaire aux habitudes de l'épargnant. En sorte que, sur le marché général, il y a autant de marchés distincts où l'offre et la demande des capitaux établissent un taux spécial. Entre valeurs similaires de la même catégorie, la considération du taux pourra bien déterminer le choix du capitaliste; le rentier, par exemple, choisira entre les différentes rentes et les obligations garanties par l'Etat; mais je ne crois pas que, d'une catégorie à une autre, de la rente à l'action industrielle, par exemple, la considération du taux suffise pour provoquer un déplacement de capitaux. Il y faut, en tout cas, une initiation prolongée pendant une série d'années, durant lesquelles ce sont les capitaux de la banque et de la spéculation qui sont seuls à donner l'exemple.

On comprend dès lors pourquoi des taux si distincts se perpétuent sur le marché des capitaux et, combien restreinte est l'influence du taux de l'escompte à la Banque de France sur le taux de capitalisation des autres valeurs, ou sur le taux des prêts hypothécaires. Il n'y a de répercussion que là où la spéculation peut avoir accès, la hausse ou la baisse du taux de l'escompte ayant pour unique effet de réduire ou d'accroître les ressources des spéculateurs.

En définitive, on peut constater que, dans le crédit commercial et mobilier, la loi de l'offre et de la demande ne fonctionne qu'avec beaucoup d'irrégularité. Autant dire que, jusqu'ici, l'intérêt des capitaux n'a été réglé généralement que par la coutume, la Bourse ne faisant sentir son influence que sur les emprunts des Etats ou des grandes Compagnies.

Ce régime se modifiera sans nul doute. Déjà, nous voyons la clientèle des petits capitalistes aller aux grandes banques. Par contre, nous ne voyons pas encore la clientèle des petits emprunteurs, et j'entends par là tous ceux qui ne font pas partie des grandes Compagnies, admise par les grandes banques. Il y a là toute une évolution à accomplir, qui exige au préalable, soit une législation particulière permettant de garantir les prêteurs par la limitation du passif des emprunteurs, soit une diffusion des institutions mutualistes garantissant la solvabilité des individus. Alors, il serait possible pour les banques de former des omniums de créances, de les mobiliser en titres négociables, et de substituer enfin la loi de l'offre et de la demande à la coutume invariable, laquelle a bien cet avantage de maintenir assez longtemps un taux fixe, mais présente aussi l'immense inconvénient de faire suspendre le crédit toutes les fois que le taux fixe n'est pas avantageux au banquier.

En ce qui concerne les capitaux immobiliers, c'est-à-dire les maisons et les terres, l'offre et la demande fonctionnent encore avec moins de régularité que pour les capitaux mobiliers. Pour ceux-ci le marché est étendu et extensible, les déplacements sont faciles, une grande demande d'argent en fait venir de tous les marchés à la fois. Rien de pareil pour les capitaux immobiliers. Le cultivateur traite pour une certaine ferme, l'industriel pour une certaine usine, le commerçant pour un certain magasin, etc.; et en admettant qu'il y ait, tout à côté, des fermes, des usines et des magasins analogues, sur lesquels la demande puisse se rabattre, l'offre n'en est pas moins très limitée, et invariable pour un assez long temps, parce que les immeubles et les fonds de commerce ne s'improvisent pas et ne se transportent pas.

Ici, les procédés de crédit et de circulation n'ont que faire ; on ne peut rien changer à la nature des choses. En revanche, si les capitaux immobiliers sont immobiles, comme leur nom l'indique, les entrepreneurs qui les font valoir peuvent se déplacer. Aussi, les moyens de communication et de transport sont-ils les seuls procédés capables d'améliorer le marché des capitaux immobiliers et d'en régulariser les loyers.

Dans un pays sans communications, où l'absence de diversification des emplois et la routine de la population poussent tout le monde vers la culture, on voit, en ce qui concerne les fermages, la loi de l'offre et de la demande complètement faussée. L'offre restant invariable dans une région circonscrite, et la demande s'exagérant outre mesure par suite de la concurrence et de la surenchère des fermiers, on en arrive quelquefois à des loyers nominaux, que le malheureux fermier ne pourra jamais acquitter, même en y consacrant la totalité de son profit net. C'est ce qu'on observe en Irlande, où l'exagération des loyers a véritablement rétabli le servage.

### § 2. — Les salaires. Insuffisance de la loi de l'offre et de la demande pour leur fixation

Ce que je viens de dire des capitaux immobiliers s'applique en grande partie aux hommes. Les salaires ont bien des rapports avec les loyers. Cela tient à ce que les hommes, qui semblent si libres d'aller et de venir, sont au contraire fort immobiles. Rien n'est plus difficile à déplacer que l'homme, disait Adam Smith [1]. Les hommes ressemblent à des arbres qu'on transplante malaisément [2]. Il me souvient de jeunes filles berbères d'El-Kantara. C'est la première oasis que l'on rencontre au sortir d'une gorge de l'Aurès, en allant de Constantine au désert, pauvre oasis de 20,000 palmiers, entourée de murs de terre tout dégradés, et où les maisons d'argile séchée au soleil ressemblent à des tanières poudreuses. Des artistes, qui voyageaient avec nous, s'amusaient à faire luire aux yeux de ces jeunes filles tous les attraits de la vie française ; ils leur demandaient si elles ne seraient pas curieuses d'aller visiter Paris, mais elles riaient d'un beau rire moqueur et méprisant, elles ne concevaient pas que l'on pût vivre ailleurs qu'à El-Kantara.

Pour le dire en passant, cette immobilité de l'homme, en dépit de sa mobilité apparente, justifie absolument la comparaison que l'on peut faire de la société à un être vivant ; les hommes fonctionnent bien moins comme des cellules libres, comme les globules organisés

[1] *Richesse des nations*, tome I, page 185.

[2] Heureuse expression de M. Cheysson dans une conférence au Congrès de la Société d'économie sociale, en 1885.

qui circulent dans le sang, que comme des cellules accolées les unes aux autres et immobilisées dans les tissus.

L'immobilité matérielle et intellectuelle des hommes est une entrave complète au fonctionnement de la loi de l'offre et de la demande en ce qui concerne les salaires. Dans une contrée fermée aux relations extérieures, l'offre du travail est irréductible, permanente; elle s'accroît même incessamment, bien que lentement, par le développement de la population. Si, par malheur, il ne surgit pas des hommes d'initiative, munis de capitaux et capables de multiplier les entreprises, il se produit pour les salaires un effet analogue, quoique en sens contraire, à celui observé pour les fermages en Irlande; le salaire se réduit de plus en plus, par suite du rabais constant, indéfini, des malheureux qui offrent leurs bras. Ils finissent par travailler pour leur stricte subsistance. A ce degré-là, ils sont esclaves.

C'est donc un grand bienfait social que l'avènement effectif de la loi de l'offre et de la demande dans la fixation du prix des services : il faut y voir la condition de l'affranchissement de l'homme.

Cet avènement est tout à fait graduel. La demande commence d'abord par fonctionner seule, à mesure que des chefs d'entreprise apparaissent. L'offre est beaucoup plus lente à s'organiser; elle ne l'est pas encore dans nos pays de vieille civilisation.

L'immobilité de l'homme, qui est faite d'apathie, de paresse, de timidité, d'imprévoyance, d'impuissance à résister aux avantages immédiats, lors même qu'ils sont dans une disproportion évidente avec des avantages plus lointains, aboutit toujours au même résultat, c'est-à-dire à l'avilissement du salaire, par des voies un peu différentes.

Ainsi, le grand nombre des hommes se précipite vers les

emplois agréables ou faciles ou exigeant peu d'apprentissage : ils en déprécient la valeur. D'autres emplois sont irréguliers, sujets à des interruptions et à des chômages; ils sont, par ce fait, payés plus cher; les ouvriers ne sont surtout frappés que de la haute paye, et leur affluence a pour résultat d'empêcher que la haute paye soit fixée au taux nécessaire pour compenser les risques de chômage. Il arrive alors que les ouvriers imprévoyants vivent dans l'abondance une partie de l'année, et sont dans la détresse le reste du temps. Enfin, l'imprévoyance s'allie d'ordinaire avec un excès d'imagination. Toutes les fois qu'une profession offre des exemples de réussite considérable, on s'y empresse, et le gain tombe au-dessous du taux raisonnable. « Chacun, dit Adam Smith, s'exagère plus ou moins la chance du gain ; quant à celle de la perte, la plupart des hommes la comptent au-dessous de ce qu'elle est. » C'est le fait des chercheurs d'or et de pierres précieuses, des pêcheurs qui espèrent une pêche miraculeuse, des vignerons vivant dans l'attente d'une bonne vendange qui les rémunère de cinq ou six années de labeur infructueux; c'était aussi, jadis, le fait des cultivateurs, qui ne vendaient pas *en moyenne* leur blé plus cher qu'aujourd'hui, mais qui le voyaient parfois atteindre des prix fantastiques, tandis que, de notre temps, il ne s'écarte guère des mêmes cours; l'observation s'applique, enfin, aux militaires, aux littérateurs, aux artistes, qui languissent toute leur vie en acceptant pour salaire effectif un billet de loterie très surévalué.

Bref, le travailleur en général est naïf et timide, ardent et paresseux, impulsif et imprévoyant ; il manque assez souvent du talent le plus essentiel, celui de mettre en lumière sa propre valeur, de faire, en un mot, le commerce de lui-même.

En temps de prospérité, quand les entreprises sont nombreuses et se disputent les ouvriers, l'initiative des patrons supplée à l'apathie des ouvriers, mais, en temps de crise ou de stagnation, l'offre du travail n'étant pas organisée, il n'y a que les « débrouillards », comme on dit, qui savent se tirer d'affaire; les autres pâtissent.

Or, nous assistons depuis quelques années à une transformation des conditions du travail qui rendrait d'autant plus nécessaire cette organisation de l'offre. La production augmente, la matière du travail s'accroît, mais les chefs d'industrie ne se multiplient pas en proportion, ne se font plus autant concurrence les uns aux autres pour l'embauchage des ouvriers : l'entreprise, en effet, a cessé d'être individuelle ou aux mains de petits groupes d'associés, ce sont des compagnies qui se fondent, et qui exercent en fait une sorte de monopole à l'égard de l'emploi du travail.

Dans ces conditions, si le travailleur était abandonné à lui-même, on pourrait craindre qu'il ne tombât dans un nouveau servage.

### § 3. — *Les agents rectificateurs de la répartition : la famille, l'Etat, la mutualité.*

Les remèdes à ce danger sont d'abord dans la bonne constitution des familles, ensuite dans la protection de l'Etat, enfin et surtout dans l'organisation de la mutualité.

Cette prévoyance, cette hardiesse, cette fermeté, qui font si souvent défaut à l'homme isolé, lui manquent beaucoup moins lorsqu'il est soutenu par une famille nombreuse. L'expérience et les conseils du père, l'exemple et le soutien des frères, le concours des parents plus éloignés, forment la première et la plus sûre des mutualités. Un homme se tire presque toujours d'affaire quand il est ainsi entouré. Malheureusement, les familles nombreuses ont presque disparu; on n'a plus de frères ni de sœurs aujourd'hui; quand on est deux ou trois, au maximum, on est jaloux l'un de l'autre; et, cependant, à mesure que l'efficacité de la famille s'amoindrit, la toute-puissance des grands feudataires de l'industrie, du commerce et de la banque augmente. L'organe de protection fait défaut alors qu'il serait le plus nécessaire.

Il faut donc y suppléer par la mutualité. Mais la mutualité est lente à se former. Tant qu'elle n'existe pas ou ne fonctionne pas avec efficacité, on a recours à l'intervention des pouvoirs publics.

Les mêmes observations, faites précédemment au sujet du libre échange, sont applicables à la répartition, c'est-à-dire à la liberté du contrat du travail. Sans doute, on peut soutenir que la concurrence des entreprises et la répercussion finale des salaires sur l'accroissement ou la réduction de la population, sur l'émigration ou l'immigration, suffisent à la longue à produire l'équilibre dans les conditions du travail, mais un tel effet ne se produit que lentement, au prix de grandes misères et d'une grande déperdition de forces. En fait, la réglementation du travail (par exemple : l'abolition de l'esclavage, la protection des travailleurs, l'interdiction du travail des enfants, etc.) et la réglementation de l'association (législation et surveillance des Sociétés, défense de fusionner certaines exploitations, pénalité contre les accaparements, etc.) ont été les procédés sociaux auxquels on a eu recours jusqu'ici pour atténuer à l'égard des travailleurs la brutalité des répercussions économiques.

Quand une telle réglementation est excessive et

inopportune, elle entrave la production, elle diminue le dividende social, elle nuit donc à la répartition qu'elle avait précisément pour but d'améliorer. Il faut assurément que la réglementation disparaisse à mesure que la mutualité s'organise. Mais il ne faut pas se borner à combattre l'intervention du gouvernement, sans se préoccuper de lui substituer quelque autre action sociale. Ainsi compris, le prétendu respect des lois naturelles ne serait pas autre chose qu'une superstition économique. Les lois naturelles de l'économie politique, pour employer une expression qui, à vrai dire, n'est pas très claire, ne fonctionnent pas régulièrement sans organes sociaux : il y faut ou la famille, ou l'Etat, ou la mutualité. Si la famille est impuissante, si l'Etat est redouté comme inefficace et, pis que cela, comme malfaisant, parce qu'il constitue un obstacle à tous les progrès ultérieurs, alors il faut pousser à l'association libre, à la mutualité ; car, à défaut de mutualité, l'Etat ou la municipalité interviendra toujours.

De toutes les mutualités, la plus efficace est celle qui naît spontanément de l'esprit de solidarité des ouvriers, et qui, d'abord à l'état de fait, est peu à peu régularisée par la loi. L'Angleterre est le pays qui, par ses *trade's unions* (unions de métier), nous en offre l'exemple le plus éclatant.

A côté de ces associations spontanées, il en est d'autres, issues de la philanthropie ou de la bienveillance des pouvoirs publics, qui ne sont pas non plus à dédaigner, bien qu'elles n'aient pas la valeur des premières.

Les fins des institutions mutualistes, qu'elles proviennent des sociétés ouvrières, des patrons philanthropes, de l'Eglise, des communes ou de l'Etat, peuvent se décrire sous trois chefs principaux : 1° Instruction; 2° Épargne et crédit; 3° Assurance et protection. Examinons rapidement ces trois ordres de fonctions.

## § 1. — Les fonctions mutualistes. Première fonction : l'instruction

L'État donne à tous les enfants l'instruction primaire, qui consiste principalement en lecture, écriture, grammaire, calcul, poids et mesures, notions de géographie et d'histoire. C'est une première préparation générale, commune aux enfants de toutes les classes et de toutes les professions; on ébauche ainsi le petit citoyen, mais on ne forme pas assez le travailleur.

Aussitôt après l'instruction primaire ou, dans certains cas peut-être, simultanément, il faudrait donner l'instruction professionnelle. Je n'entends pas par là que l'apprentissage du métier doive se faire à l'école. Non, je ne tomberai pas dans ce ridicule de vouloir faire apprendre l'agriculture aux petits paysans par l'instituteur du village, qui ne sait pas même planter ses choux; mais il faudrait qu'à l'école professionnelle, un complément d'études préparât et inclinât l'enfant vers l'exercice de la profession à laquelle il est destiné. Des notions théoriques suffisantes pour qu'il arrive à comprendre *grosso modo* les phénomènes avec lesquels il devra lutter, quelques exercices pratiques élémentaires, le maniement des principaux outils et des machines de sa profession : voilà tout. Il faudrait, à mon sens, que l'enfant fût dégrossi, qu'il eût assez de science pour comprendre la valeur de la science et respecter l'autorité des maîtres, assez d'habileté de main pour être prêt à un apprentissage rapide. Le reste ne peut s'apprendre que dans les champs ou à l'atelier, et il n'y a pas de théorie au monde qui n'ait besoin d'être corrigée par l'expérience et la prudence des praticiens.

Ce qui importerait, c'est que l'école professionnelle fût générique, non spéciale, qu'elle englobât tout ce qui est commun aux différentes spécialités d'une profession, que le petit paysan eût, par exemple, des notions applicables à la fois à l'agriculture, au jardinage, à l'élevage, etc.

Puisque la principale infirmité de l'homme est son immobilité, son apathie intellectuelle, on doit la combattre par une instruction un peu étendue, quoique toujours maintenue dans le cercle professionnel; on communiquerait ainsi un peu d'élasticité à son cerveau et à ses membres, on donnerait à l'individu quelque aptitude à s'adapter aux circonstances diverses et à passer d'une spécialité à une autre, dans la même profession générale. Je suis persuadé que l'école professionnelle ainsi comprise, complétée par quelque voyage à l'instar de l'ancien tour de France, et aussi par le service militaire, amènerait, sans de grands frais, une notable amélioration de la capacité intellectuelle des ouvriers, et par suite une plus égale répartition des salaires. Les hommes ne se précipiteraient pas tous dans le même métier comme des moutons irréfléchis, ils se distribueraient plus également dans les différents emplois.

Mais, à cet égard, il faut craindre de dépasser la mesure, de trop généraliser l'instruction, de détourner les enfants de la profession paternelle, d'en faire des déclassés. C'est le danger de l'enseignement secondaire, qui encombre les professions libérales et administratives, en détournant les enfants de bourgeois des professions industrielles et commerciales; c'est aussi le danger de l'enseignement primaire trop étendu, qui dégoûte les enfants d'ouvriers du travail manuel, pourtant aussi glorieux que tout autre.

Une certaine généralité dans les limites de la profession probable, une élasticité plus grande des muscles et du cerveau, mais point de déclassement, pas d'enseignement secondaire calqué sur l'enseignement supérieur, et pas d'enseignement primaire calqué sur l'enseignement secondaire : voilà la mesure qui est difficile à garder et que l'Etat ne sait point garder, quand il se charge de régler tous les programmes.

C'est la mutualité, principalement, qui devrait y veiller. Partout ou elle n'est pas organisée, et notamment dans les campagnes, c'est la municipalité, assistée par le département, qui peut le mieux la suppléer. En un mot, si l'école primaire générale doit être réglée par l'Etat, l'école préparatoire professionnelle devrait être, à mon avis, l'œuvre spéciale des syndicats, des chambres de commerce et des villes. Je ne dis pas cependant que l'Etat ne puisse intervenir utilement, mais plutôt pour prescrire que pour exécuter.

### § 5. — Les fonctions mutualistes. Deuxième fonction : l'épargne et le crédit.

Je passe maintenant au second objectif : la prévoyance et le crédit.

Ici, l'œuvre mutualiste est plus avancée et, ce qui le démontre, c'est que l'intervention de l'Etat, encore très forte, paraît plutôt en décroissance ; des exemples importants dans les pays voisins permettent d'affirmer qu'elle n'est pas, ou du moins qu'elle n'est plus indispensable.

La forme la plus élémentaire et la plus essentielle

de la prévoyance, c'est l'épargne. Elle obéit à deux forces : l'habitude et l'ambition.

L'habitude peut s'acquérir dès le plus jeune âge, et les caisses d'épargnes scolaires sont, à cet effet, une excellente institution. Le plus difficile en tout est de commencer. Une fois qu'on est engagé dans la bonne voie, on continue presque sans y penser. La caisse d'épargne scolaire conduit à la caisse d'épargne ordinaire.

Ici, nous nous trouvons en présence de deux systèmes.

Le système français, qui consiste à instituer des caisses d'épargne non autonomes, strictement surveillées par l'administration, astreintes à verser tous leurs fonds entre les mains de l'Etat. Ce système a un premier inconvénient, qui est de drainer les épargnes de tous les points de la France et, au lieu d'en faire profiter les régions où elles sont nées, de les utiliser uniquement pour les besoins du Trésor. Mais il y a un autre inconvénient encore plus grand. Ce régime n'offre au travailleur que la possibilité d'une épargne abstraite : l'ouvrier verse à la caisse d'épargne, il achète de la rente et des obligations de chemins de fer, ou bien il se constitue une retraite viagère : voilà tout ; c'est la prévoyance sous sa forme la plus rigide et la plus froide, et il y faut ou une grande force d'habitude qui touche à la parcimonie, ou une grande obstination vers un but déterminé, pour triompher des tentations de la jouissance immédiate. La preuve que, dans ce cas, l'habitude seule sauvegarde le travailleur, c'est que, dès qu'elle est rompue, l'épargne est abandonnée, l'homme retombe dans le hasard de l'imprévoyance et à la charge de l'assistance publique.

Les systèmes anglais, allemand et italien, principalement fondés sur l'autonomie et la mutualité, sont bien autrement féconds.

En Italie, ce sont les monts-de-piété et les caisses d'épargne qui se sont fondés tout d'abord; en Angleterre, les sociétés coopératives de consommation et les *building societies* (sociétés de construction); en Allemagne, les sociétés pour l'achat des matières premières et les banques populaires. Alors, de nouveau en Italie, sur un terrain bien préparé par les coutumes locales, se sont développées rapidement les banques populaires à responsabilité limitée et les sociétés coopératives.

C'est ce dernier pays, dont le caractère et la législation se rapprochent le plus des nôtres, qui nous offre l'exemple le plus accessible.

Les caisses d'épargne y sont autonomes. Tantôt fondées par les monts-de-piété, tantôt par les administrations municipales, tantôt par des actionnaires bénévoles, elles sont libres de s'organiser à leur guise, d'exercer la propagande comme elles l'entendent, et de faire le placement de leurs fonds.

Il en résulte qu'elles ne consacrent qu'une partie de leurs ressources à l'achat des rentes et des bons du Trésor. La plus grande partie en est employée en prêts hypothécaires ou en obligations foncières, en prêts aux communes ou en obligations communales, en prêts à l'industrie, en effets de commerce et en prêts sur titres.

Le résultat est excellent. Une partie importante des épargnes d'une région est ainsi employée à favoriser l'activité de cette région même. L'épargne trouve sa contre-partie normale, qui est le crédit. Je ne dis pas cependant le crédit direct. Il est bien évident que les fonds d'épargne ne doivent pas être aventurés dans des opérations de crédit aux particuliers, qui feraient courir des risques trop grands. Mais, avec toute la prudence nécessaire, les caisses d'épargne libres peuvent faciliter considérablement les opérations de crédit communal, de crédit agricole et de crédit populaire, tout en restant toujours couvertes par la garantie des institutions spéciales qui consentent directement le crédit. Elles doivent se borner aux prêts sur hypothèque, à la souscription de bons agricoles suffisamment gagés, et au réescompte des effets de commerce revêtus de plusieurs signatures. Mais, dans ces opérations, elles peuvent rendre de grands services, parce qu'elles disposent de capitaux importants, peu mobiles et grevés d'un modeste intérêt, sans surcharge de gros frais généraux ni de dividendes pour les actionnaires.

En ce qui concerne le crédit, les banques populaires, en Italie, ont, en grande partie, suivi les errements des banques fondées en Allemagne par Schulze-Delitzsch; seulement, elles ont substitué pour les actionnaires la responsabilité limitée à la responsabilité indéfinie : c'est un système qui paraît mieux convenir au caractère des races latines.

Les banques populaires ont à la fois des actionnaires qui se libèrent successivement par versements fractionnaires, et des déposants. Leurs placements sont à peu près les mêmes que ceux des caisses d'épargne, mais avec une proportion beaucoup plus forte d'effets commerciaux et de prêts aux particuliers, sur titres ou sur garanties. Nul ne peut obtenir le crédit que s'il est actionnaire de la banque, s'il a déjà libéré ses actions de moitié, et s'il est cautionné par d'autres actionnaires, ou s'il est jugé capable de remplir ses engagements. Pour être admis comme actionnaire, il faut d'ailleurs être accepté par l'assemblée générale, sur la proposition du conseil d'administration. Il y a ainsi une double sélection, l'une au moment de l'entrée dans la société, l'autre au moment du crédit, qui préserve les banques des mauvais risques. Ajoutons que les petites banques, qui ne sont quelquefois que des caisses d'épargne transformées ou des succursales de banques plus considérables émancipées, sont établies avec la plus stricte économie. La municipalité leur prête souvent un local ; le directeur, le caissier, le comptable, sont seuls rémunérés, et ne consacrent à la banque que quelques jours par semaine et quelques heures par jour, tant du moins que le développement des affaires n'exige pas une plus grande assiduité. Le conseil d'administration, qui statue sur les demandes d'escomptes et de prêts, ne se réunit qu'une ou deux fois par semaine, en dehors des heures de travail : ses fonctions sont gratuites.

De telles banques, répandues dans les plus petites localités, rendent les plus grands services aux petits industriels, aux artisans, aux cultivateurs. Elles n'ont pas naturellement l'occasion de rendre les mêmes services aux ouvriers des manufactures, aux employés, aux domestiques, qui ne pourraient utiliser un crédit à la production ; mais elles peuvent néanmoins leur être aussi très utiles en concourant à la formation de toutes les autres combinaisons mutualistes : sociétés coopératives de consommation, sociétés coopératives pour l'achat ou la construction des maisons d'habitation, etc.

On voit ainsi que le système des caisses d'épargne autonomes et des banques populaires tend à donner à l'épargne un tout autre caractère que celui de l'épargne organisée administrativement ou automatiquement. Celle-ci, ai-je dit, est abstraite et froide. L'épargne libre et génératrice du crédit prend, au contraire, un reflet du but qu'elle permet d'atteindre ; elle devient une épargne presque concrète, une épargne commerciale.

industrielle, agricole, mobilière, immobilière. L'habitude n'est plus seule à agir, l'ambition naturelle et légitime, l'émulation, devient le mobile actif.

J'ajoute que, dans un temps donné, quand le travail sera mieux organisé au sein des manufactures, et quand les relations entre ouvriers et patrons seront régularisées, le crédit pourra aussi être applicable aux ouvriers et aux employés. Il me semblerait très naturel, par exemple, que le taux des loyers s'abaissât en faveur de ceux qui pourraient déposer une garantie entre les mains des propriétaires; il me paraîtrait de même très concevable que le taux des salaires augmentât en raison de la garantie qui serait fournie par l'ouvrier, sous forme de cautionnement ou de possession d'outillage : on aurait ainsi l'épargne ou le crédit aboutissant à la garantie, et procurant, soit une réduction importante du loyer, soit une augmentation notable du salaire, dans les deux cas un bénéfice très appréciable.

Je dois faire observer d'ailleurs que ces combinaisons ne seraient possibles qu'autant que la loi protégerait ces dépôts de garantie, en leur accordant un privilège sur les autres créanciers du dépositaire. Il faudrait que le locataire déposant, que l'ouvrier cautionné, eussent hypothèque ou privilège sur la maison ou sur l'usine.

D'une manière générale, il y aurait intérêt à étendre ce privilège à tous les déposants d'espèces. On encouragerait ainsi l'usage des banques de dépôt et l'on en ferait des caisses d'épargne puissantes et de tout repos.

### § 6. — Les fonctions mutualistes. Troisième fonction : l'assurance et la protection du travail

J'ai insisté avec quelque étendue sur ce fonctionnement mutualiste ou semi-mutualiste de l'épargne et du crédit, parce que c'est un des rouages les plus importants pour la sélection et la commandite des individus méritants, et par conséquent pour l'amélioration de la répartition, en même temps que de la production. Il me reste maintenant à parler du troisième objectif, dont j'ai réuni les caractères un peu complexes sous cette rubrique : Assurance et protection.

L'assurance proprement dite comprend la mutualité contre les maladies, contre les accidents, contre les embarras résultant d'une mort prématurée ou des infirmités de la vieillesse. La protection comporte le secours en cas de chômage, le placement des ouvriers, la défense de ceux-ci contre les patrons ou les Compagnies, les mesures d'amélioration du travail, etc.

En France, le législateur a conçu ces deux fonctions comme séparées. Il a attribué l'une aux sociétés de secours mutuels, l'autre aux syndicats professionnels. Il en résulte que les sociétés de secours mutuels, quoique certainement très recommandables et très sûrement organisées, ont à peu près les mêmes inconvénients que les caisses d'épargne administratives. C'est une forme officielle de la mutualité, presque une branche de l'assistance, non une forme spontanée de l'association. D'autre part, nos syndicats professionnels n'existent guère que de nom et languissent sans efficacité. En les dépouillant de leurs attributions les plus usuelles, on en a fait des sortes d'académies ou de conciliabules, auxquels l'ouvrier positif ne porte pas volontiers sa cotisation, et qui versent presque infailliblement dans la politique et le socialisme. Ils ne servent qu'à soutenir des journaux et à organiser des manifestations.

En Angleterre, l'assurance et la protection ne sont pas séparées; les *trade's unions* sont en général à la fois sociétés de secours mutuels et syndicats professionnels; la bonne administration des fonds en souffre quelquefois; les économistes en gémissent; les actuaires officiels démontrent que les associations ouvrières doivent un jour tomber en faillite, et qu'elles ne pourront faire face à leurs engagements; malgré tout, elles vivent, elles sont arrivées à un développement colossal, et elles protègent puissamment les ouvriers qui en font partie.

Je serais donc donc diposé à croire le système irrégulier anglais plus efficace que le système régulier français. D'ailleurs, le système anglais se régularise avec le temps, et il a cela d'excellent que l'alliance d'une caisse de secours en cas de grève avec la caisse de secours mutuels et de retraites, est un puissant motif de sagesse et de modération. On y regarde à deux fois avant de compromettre, dans une folle suspension du travail, les fonds des malades ou des vieillards, et de s'aliéner ainsi le grand nombre des membres de l'association, à la charge desquels ils retomberaient.

En cas de nécessité, au contraire, cette mutualité complexe fonctionne à l'instar de la famille. On sacrifie une partie de la réserve aux besoins les plus urgents, et chacun se résigne et se réduit pour le bien commun.

D'une manière ou d'une autre, le rôle d'un syndicat professionnel pourrait et devrait être considérable dans la répartition. C'est aux syndicats ouvriers qu'il appartiendrait de tenir les travailleurs au courant des conditions et des modifications du travail, de leur procurer le placement, de les avertir des crises, de faciliter les changements d'emploi et, en tout temps, de favoriser l'enseignement professionnel, comme aussi de surveiller l'apprentissage.

Le syndicat professionnel devrait être le défenseur attitré des droits de ses membres, il les représenterait en justice, il les mettrait à l'abri des exploitations ou des exclusions injustes des patrons. Un syndicat professionnel ne doit point, d'ailleurs, être considéré comme un instrument de guerre. Des délégués intelligents et responsables redouteraient toujours les extrémités ruineuses de la résistance collective et de la grève. Ils comprendraient qu'un syndicat ne peut pas changer le dividende de la production, mais en modifier seulement le quotient. Ils arriveraient donc habituellement à une entente avec les patrons, en obtenant les conditions les plus avantageuses possibles, mais sans dépasser les limites raisonnables, et en fournissant aux patrons, en retour des concessions de ceux-ci, des garanties sérieuses de bon travail et de régularité.

Un des principaux avantages à obtenir des chefs d'industrie est notamment la participation aux bénéfices, dont certains patrons ont déjà pris l'initiative à l'égard de leurs ouvriers. Rien n'est plus légitime. On imite ainsi les compagnies d'assurances à primes fixes qui corrigent le trop perçu par elles, sur des tables de mortalité trop rapides, en restituant à leurs assurés une part de leurs bénéfices. Or, il peut en être de même pour les salaires, qui sont une assurance à forfait de la part du travail dans la production. Les chefs d'industrie sont bien venus à rajouter aux salaires, généralement calculés un peu au-dessous du chiffre possible, un complément rectificatif pris sur leurs bénéfices réalisés. Mais cela, bien entendu, à la condition que les ouvriers apportent en retour un surcroît d'habileté et d'assiduité, un véritable concours d'associés.

Dans ces conditions, on peut prévoir que les vices actuels de la répartition seraient en grande partie corrigés.

Résumons, en effet, tout notre exposé.

### § 7. — Résumé. Le profit, principal ressort actuel de la répartition.

La répartition, ai-je dit, sauf en ce qui concerne l'impôt, rentre en principe sous la loi de l'échange, mais la formule de l'offre et de la demande ne lui est pas encore appliquée, et ne deviendra une réalité pour les intérêts, les loyers et les salaires, qu'au fur et à mesure des progrès économiques.

Elle ne fonctionne déjà pour les capitaux que lorsqu'ils sont représentés par des titres négociables, et seulement au profit des créditeurs et de leurs substituts; les emprunteurs n'en bénéficient que d'une façon intermittente et très imparfaite. L'équation de l'offre et de la demande ne fera sentir ses bons effets que lorsque les garanties offertes par tous les débiteurs permettront de généraliser les titres du crédit et de mobiliser les créances diverses sous la forme d'obligations négociables.

Pour les capitaux immobiliers, les loyers cesseront dans une grande mesure d'être soumis à l'avilissement ou à la surenchère locale quand ce sera l'exploitant lui-même qui sera mobilisé par l'instruction et par la facilité des transports et des informations.

Quant aux salaires, ils ne seront vraiment réglés par

la loi de l'offre et de la demande, et les travailleurs ne seront réellement affranchis de la coutume et du servage plus ou moins dissimulé, que par l'influence de l'organisation mutualiste.

Cette organisation mutualiste doit poursuivre un triple objectif :

1° Procurer aux jeunes gens un enseignement conforme aux nécessités de leur profession future, mais conférant dans cette profession même des aptitudes assez étendues, tendant par conséquent à rendre l'homme plus mobilisable;

2° Faciliter la formation des épargnes et leur emploi productif, ainsi que l'obtention du crédit ;

3° Etablir un groupement syndical pour l'obtention des assurances et la tractation avec les patrons.

Dans de telles conditions, la loi de l'offre et de la demande en matière de répartition deviendrait une réalité. Jusque-là, ce ne sera qu'une loi boiteuse, l'offre étant inerte et la demande seule agissante.

On peut estimer, en effet, que le ressort du profit est seul à fonctionner aujourd'hui; il n'y a que le nombre et l'activité des entrepreneurs qui influent sur les intérêts, les loyers et les salaires.

Cette situation démontre, d'ailleurs, combien il est inexact de prétendre qu'il y a un antagonisme permanent entre le capital et le travail. Le capital est aujourd'hui salarié comme le travail, et il n'y a pas entre eux d'intérêts contraires. Quand les intérêts ou les loyers baissent, les salaires n'y gagnent rien, à moins qu'il ne surgisse un plus grand nombre d'entrepreneurs. Voyez les grandes compagnies de chemins de fer : le taux d'intérêt auquel elles empruntent va toujours décroissant ; cela profite aux actionnaires, mais non aux ouvriers. Par contre, quand les salaires haussent, cela ne fait point baisser les intérêts ni les loyers, à moins qu'un certain nombre d'entrepreneurs ne disparaissent. Dans les pays actifs, gros intérêts et gros salaires vont très souvent ensemble.

L'antagonisme prétendu entre le capital et le travail est donc très indirect. L'antagonisme direct est entre le profit, d'une part, l'intérêt, le loyer et le salaire, d'autre part. C'est, je le répète, un antagonisme utile. Les travailleurs ne le vaincraient pas en abolissant les entrepreneurs par le collectivisme; ils agiraient ainsi contre leur intérêt, parce qu'ils se placeraient dans les mains d'un seul maître. Ils ne peuvent, au contraire, tirer parti de cet antagonisme que par la multiplication du nombre et la stimulation de l'activité des entrepreneurs, dans toutes les branches du travail. Or, ceci ne peut s'obtenir que par les larges postérités des souches fécondes qui assurent le recrutement des hommes d'initiative, par le caractère professionnel donné à l'instruction et à l'éducation, par les facilités toujours plus grandes de la circulation et du crédit, et enfin par le maximum de liberté possible.

# CHAPITRE XVII

## LE ROLE DE L'ÉTAT

### LA SÉCULARISATION DES FONCTIONS SOCIALES

### § 1er. — L'intervention de l'État

Presque partout, dans le fonctionnement économique, nous rencontrons l'action de l'État, comme presque partout, dans le fonctionnement physiologique de l'animal, nous apercevons l'intervention du système nerveux.

Dans la production, nous avons vu l'Etat et les collectivités secondaires (départements, villes, communes) possesseurs d'énormes capitaux publics, civils et militaires, et les faisant fonctionner au profit de la sécurité et de l'activité des autres producteurs.

Dans la circulation, nous avons constaté que l'Etat fabrique la monnaie et en règle dans une certaine mesure l'émission (monnaie d'argent, billon), qu'il réglemente aussi l'usage du billet de banque. En matière de transport, il crée et entretient les moyens de communication et d'information : routes, canaux, ports, chemins de fer, poste, télégraphes. Enfin, service contesté mais pourtant réel, par sa législation douanière et sa surveillance des frontières, il protège la production indigène contre les envahissements soudains et excessifs de la production étrangère.

Dans la répartition, nous avons reconnu que l'action

de l'État précède souvent celle de la mutualité, et supplée à l'insuffisance des institutions particulières. Il organise l'enseignement, l'épargne, l'assurance, la retraite; à défaut des vertus privées que réclament ces différents modes de la prévoyance, il tient en réserve les services de l'assistance : bureaux de bienfaisance, asiles, hôpitaux et hospices. Mais ceci concerne surtout les malades et les infirmes; aux travailleurs adultes, il concède une certaine protection du travail, soit au point de vue de la liberté des personnes, soit au point de vue de l'hygiène et de la préservation des forces. Le droit aux grèves est reconnu et protégé; l'arbitrage, sinon judiciaire du moins officieux, est pratiqué journellement par les représentants de l'Etat et des collectivités secondaires, par les ministres, les préfets, les sous-préfets, les maires, etc. On sent obscurément la nécessité de faire contrepoids à une trop grande unité d'action des chefs d'industrie, et à leur coalition naturelle.

Dans la consommation, que j'ai traitée tout d'abord, j'aurais pu signaler, outre les services généraux d'ordre et de sécurité, les réjouissances populaires, les moyens publics de récréation et de repos, et tout ce qui a trait à la culture morale et intellectuelle : la religion, les arts et les sciences.

En effet, l'Etat et les villes organisent des fêtes, créent et entretiennent des promenades et des jardins, des musées, des expositions, des concours, construisent et conservent les églises et les monuments, aussi bien les monuments dus à l'imagination des hommes que ceux sortis de la spontanéité de la nature. Les beautés, les curiosités naturelles, sont partout considérées comme faisant partie du patrimoine d'une nation, et comme ayant droit à la protection de l'État. En France, je citerai la forêt de Fontainebleau; en Suisse, les innombrables sites conservés et exploités par les communes; aux États-Unis, l'immense parc national de Yellastowne, au pied des montagnes Rocheuses, qui s'étend sur un espace de plus de 900.000 hectares, et qui renferme d'admirables forêts, des gorges sauvages et de nombreux geysers. L'Amérique, ce pays éminemment positif, a compris qu'elle ne devait point laisser disparaître un tel spécimen de la belle sauvagerie primitive.

Les fonctions que l'Etat exerce, aujourd'hui, sont donc extrêmement nombreuses; je n'entreprendrai pas de les énumérer. Mais je dois remarquer que plusieurs de ces fonctions sont récentes, qu'elles se sont constituées à l'époque même où se développaient le plus la liberté individuelle et la propriété.

Les fonctions de l'Etat et celles de l'individu, bien qu'antagoniques, ne sont donc pas contradictoires. L'antagonisme, en effet, n'est pas la contradiction. Dans l'organisme humain, il n'y a pas un membre, pas un organe, qui ne soit en équilibre par un autre procédé que celui de l'antagonisme des forces musculaires.

Adam Smith, le grand philosophe de la liberté, a montré qu'il était nécessaire que l'Etat combattit par son instruction publique et par l'obligation du service militaire, l'affaiblissement moral et patriotique qui naîtrait infailliblement du régime de la division du travail. et qui finirait par détruire l'unité nationale elle-même.

Tous ces faits d'intervention de l'Etat sont-ils légitimes? Ne sont-ils que provisoires? Doit-on s'attendre à leur extension ou à leur disparition?

Tel est le problème qu'il s'agit d'examiner.

Les économistes absolus ont, eux, pris nettement parti contre l'Etat; ils préconisent en toute occasion la liberté pure.

Cependant, à quoi bon haïr un fait existant ? Ne vaut-il pas mieux l'expliquer ? Il faut bien admettre que les faits ne naissent pas tout seuls, et qu'ils obéissent à des lois. La liberté, qui a grandi sous le régime même de l'autorité qui lui semblait contraire s'est développée conformément à certaines lois, que nous connaissons ou que nous ignorons. De même, l'autorité centrale, qui sur certains points a décru, qui sur d'autres points s'est fortifiée, qui presque partout subsiste encore en face de la liberté, obéit évidemment à des lois ; et il vaut infiniment mieux les observer que les décrier.

Je déclare, quant à moi, que je trouve légitime tout ce qui est utile, socialement s'entend. Toutes les fois, donc, que l'Etat se montrera capable de remplir une fonction nécessaire, que les individus ne remplissent pas ou remplissent mal, je crois que, dans cette mesure, l'Etatisme s'imposera. L'intervention gouvernementale devient alors une forme de la coopération, forme ordinairement coûteuse, pleine d'inconvénients, ayant surtout celui de créer un osbstacle à l'initiative privée qui pourrait se produire ultérieurement ; mais enfin, telle qu'elle est, cette coopération est encore supérieure à l'absence totale de prévoyance.

### § 2. — La sécularisation des fonctions sociales. Phases de cette évolution.

Plaçons-nous franchement au point de vue historique, qui, en science sociale, est toujours le vrai ; nous voyons, au début, l'individu absolument impuissant, à moins qu'il ne soit asservi à la communauté d'un clan despotique.

Primitivement, la collectivité seule est capable d'agir.

Aussi l'Etat s'arroge tout, fait tout, possède tout. La liberté, la propriété, l'échange, ne sont pas des faits primitifs; ce sont des démembrements successifs du pouvoir absolu de l'Etat.

Au fur et à mesure que l'échange s'organise, que les facilités du transport font disparaître les obstacles naturels, que le crédit vient multiplier l'initiative des individus, que la spéculation s'édifie sur ces grandes forces, et que la libre association vient apporter aux entreprises les plus diverses sa puissance, sa prévoyance et sa responsabilité collective, l'intervention de l'Etat dans le fonctionnement économique devient de moins en moins nécessaire. Il cesse alors d'agir comme une personne active; il se transforme en personne garante et stimulatrice; il surveille encore et protège l'industrie privée par ses douanes, ses règlements, ses institutions de prévoyance, mais il tend de plus en plus à se renfermer dans ses fonctions de pondération. Il s'est produit alors un remarquable phénomène, celui de la sécularisation des fonctions sociales, qui consiste dans l'exercice des fonctions d'intérêt public par la libre initiative et sous la responsabilité personnelle des individus ou des groupes d'individus.

Cette sécularisation des fonctions sociales, c'est l'objectif et le triomphe de l'économie politique. Il s'en faut que nous y soyons déjà totalement parvenus, et que nous puissions même nous y confier absolument, comme le voudraient les doctrinaires ou les anarchistes de la science.

En raisonnant, en effet, sur les exemples que fournit l'histoire, on est bien contraint de reconnaître que la liberté dans le fonctionnement économique n'est possible que sous deux conditions. En premier lieu, les individus ou les associations libres d'individus doivent avoir un intérêt suffisant pour agir; en second lieu les individus ou les associations libres doivent présenter une responsabilité efficace, qui garantisse les tiers contre les abus de la liberté. Sans l'initiative des individus, on a recours à l'Etat. Sans une responsabilité effective, on se dégoûte de la liberté. En effet, quand les conséquences des faits individuels n'apparaissent qu'après la disparition de leurs auteurs, ou bien lorsque les conséquences des actes de l'individu dépassent sa solvabilité personnelle, la liberté exige d'autres modérateurs que la responsabilité privée. A défaut de ces modérations et de ces garanties, plutôt que pas de responsabilité du tout, on préfèrera toujours la responsabilité morale ou politique des fonctionnaires.

Si nous cherchons maintenant à distinguer les phases progressives de la sécularisation des fonctions sociales, d'après le degré décroissant de l'intervention de l'Etat ou des collectivités secondaires, nous trouvons un certain nombre de formes successives : 1° le régime de l'Etatisme pur ou le collectivisme ; 2° celui des monopoles réglementés; 3° celui de la liberté surveillée (exercices et autorisations préalables); 4° celui de la liberté conditionnelle, subordonnée à la possession d'un diplôme ou à l'existence d'une responsabilité syndicale; 5° enfin celui de la liberté pure et simple.

Notre état social nous offre présentement des exemples simultanés de toutes ces catégories.

Sous le régime du collectivisme, nous voyons : la propriété et l'exploitation des forêts domaniales; la construction et l'entretien des routes, des canaux, des ports; la construction de certains chemins de fer, l'exploitation de quelques-uns ; la fabrication des matières fiscales ou dangereuses : tabac, poudre à feu; l'exploitation de la poste, la construction et l'exploitation des télégraphes continentaux, la fabrication de la monnaie; l'exercice des services de sécurité : armée, police, justice, enregistrement ; l'enseignement public, etc.

Sous le régime des monopoles réglementés, nous trouvons les chemins de fer, les compagnies d'eaux et de gaz, la fabrication et la vente des allumettes, la Banque de France, le Crédit foncier de France, les monts-de-piété, les offices ministériels (notaires, avoués, huissiers, commissaires-priseurs, agents de change), et enfin, dans un autre ordre d'idées, les cultes officiellement reconnus.

Sous le régime de la liberté surveillée, qui, à certains égards, se confond avec le précédent, nous pouvons reconnaître deux ordres de fonctions : d'une part, toutes les industries qui sont libres de se créer, mais qui sont soumises à un exercice fiscal plus ou moins étroit (sucreries, distilleries, brasseries, commerce du vin et du cidre) : d'autre part, toutes les professions soumises à la surveillance, souvent même à l'autorisation préalable, et astreintes à une certaine manière d'opérer : pharmacies et drogueries, mines et exploitations dangereuses, institutions d'assurance et de prévoyance, maisons de santé pour le traitement des maladies mentales, etc.

Enfin, sous le régime de la liberté conditionnelle, nous apercevons, par exemple, les médecins, les professeurs et instituteurs libres, les capitaines de navires, qui ne peuvent exercer leur profession sans diplôme ou brevet, et les avocats, qui, outre le diplôme de licencié en droit, doivent faire partie d'un ordre disciplinaire, lequel a la mission de les surveiller et le droit de les suspendre.

Presque toutes les autres fonctions, agricoles, industrielles, commerciales et libérales, peuvent être maintenant exercées librement, sous les sanctions ordinaires de la responsabilité civile.

Ces cinq catégories semblent marquer les étapes successives parcourues par le progrès économique. On est parti de l'Etat, de l'action collective et impersonnelle, pour aboutir à la responsabilité individuelle, partout où elle est devenue possible, et, à son défaut, à la responsabilité syndicale, ou, à défaut encore, au privilège ou au monopole surveillé.

Ces institutions restrictives procèdent de la même nécessité que la protection douanière; elles en ont tous les inconvénients, et, à ce titre, elles sont combattues avec la même ardeur par les économistes absolus, qui réclament le libre échange immédiat. Ce n'en sont pas moins des contre-poids sociaux exigés par la conservation nationale elle-même. Les faits économiques, il ne faut pas se lasser de le répéter, ne se passent pas *in abstracto*, ils doivent avant tout se concilier avec la vie de chaque nation.

### § 3. — Prévisions sur les progrès ultérieurs de la sécularisation des fonctions.

Dans cette série progressive que je viens d'indiquer, certains faits ont parcouru successivement toutes les étapes dans le sens du collectivisme à la liberté; telle est, par exemple, l'institution de la propriété, qui a d'abord été collective ou usufruitière, qui n'est devenue individuelle et intégrale qu'à coups de révolutions sociales et juridiques, et qui n'est pas encore mobilisée. D'autres faits ont remonté la série en partant de la liberté relative pour rentrer dans le domaine de l'Etat : telle est, par exemple, l'institution de la monnaie et de son succédané le billet de banque. Beaucoup d'autres faits se sont arrêtés à l'étape intermédiaire, qui, dans l'état des choses actuelles, leur convenait le mieux. Mais, pour certains d'entre eux, on peut prévoir que l'arrêt n'est que provisoire et qu'ils devront prochainement franchir une nouvelle étape.

Cherchons ici, sous toutes réserves, à en prévoir quelques-unes.

Il est évidemment indispensable que l'Etat retienne son armée et sa police, mais il paraît moins nécessaire que la justice reste complètement sous sa main : l'inamovibilité de la magistrature, l'institution des juges consulaires et celle du jury, cette dernière d'ailleurs si défectueuse encore, semblent indiquer la possibilité d'un démembrement ultérieur.

Il est nécessaire que l'Etat se réserve la fabrication de la monnaie, mais il convient qu'il en laisse l'émission tout à fait libre. Tel est le principe auquel il faut adapter le régime monétaire. Dès qu'une monnaie, comme l'argent, ne peut plus être librement émise, on ne doit plus en faire un étalon ; il faut la considérer comme un papier métallique à circulation facultative.

Il est nécessaire que l'Etat conserve la propriété des routes, canaux, ports et chemins de fer (en tant que routes), mais il serait désavantageux qu'il en entreprît l'exploitation. Il paraît aujourd'hui démontré que l'exploitation des chemins de fer par l'Etat est très inférieure à l'exploitation par compagnies.

Il semble utile que l'Etat assure au public et s'assure à lui-même la régularité du service des postes et télégraphes, mais il ne semble pas indispensable qu'il s'arroge un monopole exclusif, si ce n'est au point de vue fiscal qui, sur ce point, est peu défendable. On peut trouver désirable que la concurrence ait la faculté de s'exercer à l'égard d'un certain nombre de services publics. L'Etat permet le transport des imprimés dans l'intérieur d'une ville par des entreprises privées; pourquoi pas le transport des lettres closes?

Enfin, l'enseignement par l'Etat, au degré secondaire et au degré supérieur, qui s'explique présentement par des raisons politiques et laïques, ne paraît point du tout destiné à se perpétuer.

Si nous examinons maintenant les monopoles et les privilèges, nous verrons qu'un certain nombre d'entre eux passeraient fort utilement sous le régime de la liberté surveillée ou de la liberté conditionnelle.

Je ne parlerai pas des monopoles fiscaux, qu'il est désirable de réduire au minimum strictement nécessaire.

Mais le monopole des chemins de fer! A-t-il produit le bon marché des transports? A-t-il prévenu le gaspillage des capitaux? Nous a-t-il doté d'un réseau aussi complet que celui des autres pays? On justifie le régime privilégié des chemins de fer par cette considération que leur industrie ne comporte pas la concurrence, et aboutit nécessairement au monopole de fait; mais le monopole de fait, surveillé d'ailleurs par l'Etat, n'aurait pas eu plus d'inconvénients que le monopole de droit; il en aurait eu probablement beaucoup moins, tout en nous assurant un réseau plus étendu, une construction moins coûteuse, une exploitation moins chère.

Le bien fondé du monopole des chemins de fer est donc très douteux; il en est de même de celui du crédit foncier, qui met obstacle à la diffusion du crédit hypothécaire rural au profit de l'agriculture; il en est de même de la législation restrictive qui régit les monts-de-piété, les ventes aux enchères, et qui assure un monopole aux commissaires-priseurs; il en est de même de l'antique institution des agents de change, qui arrive à fausser le mécanisme délicat de la spéculation.

Faut-il donc supprimer toutes les garanties qui semblent si nécessaires chez les officiers ministériels? Certes non; mais l'exemple de l'ordre des avocats est, à cet égard, des plus instructifs. Rien ne s'opposerait à ce qu'on le généralisât. La responsabilité syndicale est bien supérieure à l'immunité du diplôme et au privilége de l'Etat. Où serait l'inconvénient de rendre libre la profession de commissaire-priseur ou d'agent de change, en la soumettant à une responsabilité syndicale? On pourrait, par exemple, pour prévenir le despotisme d'une corporation unique, autoriser la pluralité des syndicats. Il semble qu'un tel régime constituerait un grand progrès sur le régime actuel.

De même pour les institutions d'épargne et de prévoyance; il y aurait profit à les émanciper. L'exemple des pays voisins, de l'Angleterre, de l'Allemagne, de l'Italie, montre que les caisses d'épargne et les sociétés de secours mutuels peuvent être laissées beaucoup plus libres qu'on ne le suppose en France. Je crois aussi que les assurances sur la vie auraient besoin de plus de latitude pour le placement de leurs capitaux. Il faut tendre à augmenter toujours leur responsabilité effective, mais non s'attacher à leur prescrire un mode de conduite invariable, lequel, présumé bon au moment où on l'établit, peut devenir détestable en d'autres circonstances.

Voilà donc des exemples de fonctions qu'il importerait de rapprocher de la liberté. Par contre, il y a d'autres fonctions qu'il serait probablement utile de faire remonter du régime de la liberté pure à la liberté surveillée ou conditionnelle.

Ainsi, l'industrie de la distillation est libre aujourd'hui, sauf les constatations fiscales pour la perception de l'impôt. Toute une catégorie nombreuse de producteurs, les bouilleurs de cru, sont même exemptés de l'impôt. Il en résulte que la fabrication aboutit à des produits antihygiéniques et même toxiques. Comme il s'agit d'ailleurs de poisons lents, et qu'il devient impossible de constater la source à laquelle les victimes se sont empoisonnées, quand elles succombent aux infirmités de l'alcoolisme, la responsabilité personnelle est impraticable. Puisque la responsabilité est nulle, la liberté ne peut être entière. Il y a donc lieu de rendre la rectification des produits obligatoire, soit qu'on soumette tous les produits à un essai et à un titrage comme les matières d'or et d'argent, soit qu'on installe, sous la surveillance administrative, des usines de rectification par lesquelles tout l'alcool devrait passer, soit, si tous ces moyens échouaient, qu'on en vînt au monopole de l'Etat.

Il y a aussi, parmi les professions libérales, certaines professions libres qu'il y aurait avantage à organiser en syndicats professionnels et disciplinaires. Un ordre des médecins et un ordre des journalistes, pour ne citer que ces deux-là, gagneraient évidemment à se séparer des membres indignes qui abusent de leur pouvoir et de leur irresponsabilité.

Je ne multiplierai pas davantage les exemples. La théorie que je soutiens sera, je pense, suffisamment comprise.

Partout où il y a un intérêt suffisant pour que l'individu agisse, et partout où il offre des garanties de responsabilité, la liberté est possible, elle est extrêmement désirable.

Quand ces garanties n'existent pas, ou quand elles deviennent douteuses par la longueur du temps qui s'écoule jusqu'à l'apparition des conséquences des actes individuels, on est contraint de recourir à la liberté cautionnée, à la responsabilité syndicale.

Quand ce système n'est pas praticable par les intéressés eux-mêmes, on en vient au système de l'autorisation préalable et de la surveillance directe de l'Etat.

Quand, au besoin de surveillance, se joint la nécessité de stimuler l'intérêt individuel insuffisamment actif, on a recours au monopole, avec ou sans subvention, avec ou sans garantie d'intérêt, mais toujours réglementé par l'Etat.

Si, enfin, le monopole lui-même reste au dessous de sa tâche, il devient presque nécessaire de revenir à l'Etat, c'est-à-dire à la garantie morale des fonctionnaires ; mais alors faut-il au moins que les fonctionnaires soient payés largement, pour qu'on puisse s'adresser aux personnalités les plus compétentes et les plus désintéressées.

D'une manière générale, et à égalité d'inconvénients, on doit toujours, sans contredit, préférer la forme fonctionnelle la plus voisine de la liberté.

Maintenant que nous sommes fixés sur la nature du rôle de l'Etat, nous allons passer aux dépenses qu'il exige et aux moyens qu'on met en œuvre pour y pourvoir. Nous aurons ainsi achevé l'exposition du phénomène économique de la répartition.

# CHAPITRE XVIII

## LES CHARGES PUBLIQUES

### MOYENS D'Y FAIRE FACE : REVENUS, IMPOTS, EMPRUNTS

### 1er. — La décroissance des fonctions publiques par rapport aux fonctions libres.

Les observations du chapitre précédent nous démontrent que toutes les fonctions économiques sont également des fonctions sociales, aussi bien lorsqu'elles sont remplies par des personnes privées, agissant d'après leur initiative et sous leur responsabilité particulière, que lorsqu'elles sont exécutées par des fonctionnaires, entretenus et rétribués sur les ressources de la collectivité.

Mais, quoique les uns et les autres concourent au même but, il importe néanmoins beaucoup que la proportion des agents libres s'accroisse de plus en plus, relativement aux fonctionnaires émargeant au budget. Ce résultat marque, en effet, le triomphe de l'activité responsable, de la spécialité, de la compétence, sur l'indolence et la routine desintéressées; c'est le signe le plus certain du progrès d'une nation.

Sur ce point capital, les socialistes se séparent des économistes. Les socialistes, et parmi eux notamment les collectivistes, attachent une grande supériorité à tout ce qui émane directement de l'Etat, ils ne sont frappés que des défectuosités de l'individualisme, des vices de la concurrence; ils les voient en détail, tandis qu'ils ne regardent qu'en gros le fonctionnement des administrations de l'Etat; ils en admirent les résultats, surtout dans l'histoire, et ne reconnaissent pas les innombrables bévues, les incommensurables déperdition de forces, les insupportables oppressions, au prix desquelles ces résultats ont été obtenus.

Sans doute, presque tous les accroissements sociaux ont été à l'origine des faits de force, des obligations imposées à la masse des nationaux, et ceux-ci ne s'en sont affranchis qu'à la longue, en les transformant en actes volontaires, mais au moins cet affranchissement progressif est-il la preuve d'une civilisation supérieure, et serait-il absurde de vouloir renverser le mouvement en opérant une transformation inverse des fonctions libres en fonctions publiques, et en particulier des propriétaires et des capitalistes en fonctionnaires. Dieu nous garde de retourner ainsi en enfance !

Sans doute encore, à mesure que l'organisme social se développe et se complique, l'importance des fonctions publiques grandit inévitablement; mais, dans une civilisation en progrès, cet accroissement est relativement presque insensible, par rapport à l'accroissement bien plus considérable des fonctions libres. C'est ainsi que normalement les budgets vont toujours en augmentant, mais beaucoup moins vite que la richesse nationale; les capitaux publics s'accroissent, mais notablement moins que l'ensemble des capitaux privés. En sorte que la charge des fonctions publiques, que le poids de la collectivité, qui pèse sur chaque citoyen, devient de moins en moins lourd, relativement à ses facultés.

Ce fait désirable ne se manifeste pas chez nous avec assez de vigueur. C'est à la fois la conséquence des fautes économiques ou politiques que nous avons commises, et des nécessités que nous avons subies.

En 1791, l'Assemblée constituante, dans son manifeste à la nation, faisait ressortir un ensemble de 690 millions de livres pour les impositions et les perceptions établies par l'ancien régime. Cela représentait, pour une population de 26 millions et demi d'habitants, une quote-part de 26 livres par tête. Or, Ganilh, dans sa *Théorie de l'économie politique* (t. I, p. 106), évaluait en 1789 la fortune de la France à 47 milliards et 236 millions de livres, soit en moyenne à 1,782 livres par tête. La dépense annuelle était donc de 1.44 0/0 du capital.

En 1889, si nous évaluons les dépenses de l'Etat à 3 milliards 175 millions (budget extraordinaire compris), la quote-part pour chacun des 38,218,000 habitants (chiffre de 1886) serait de 83 francs par tête ; or, nous avons évalué la fortune nationale à 216 milliards, soit à 5,650 francs environ par tête. La dépense annuelle ne serait donc pas moindre de 1.47 0/0 du capital, plus forte qu'en 1789. Si l'on fait abstraction du budget extraordinaire, la proportion de la dépense se réduit à 1.40 0/0.

On ne peut accorder à ces chiffres une précision qu'ils ne comportent pas ; il semble, cependant, qu'il en ressorte que notre affranchissement des charges publiques, après l'essai de neuf ou dix régimes différents, n'a pas été suffisamment rapide.

## § 2. — Les dépenses publiques en 1889

Quoi qu'il en soit, voici pour 1889, résumés en quelques chiffres, les principaux groupes de dépenses budgétaires :

## Les dépenses publiques en 1889

| Groupes de dépenses | Dépenses (en millions) | Chiffres proportionnels | Quotité pour 100 fr. du capital national |
|---|---|---|---|
| — | — | — | — |
| | | °/o | Fr. |
| Charges du passé (dette publique et viagère) | 1,292.3 | 29.0 | 0.60 |
| Pouvoirs publics (présidence et parlement) | 13.1 | 0.3 | 0.006 |
| Défense nationale, gendarmerie et colonisation (affaires étrangères, guerre, marine, Algérie, colonies) | 975.3 | 21.9 | 0.45 |
| Sûreté intérieure (intérieur, justice) | 103.7 | 2.3 | 0.05 |
| Gestion financière et protection du travail national (finances, agriculture, commerce et industrie) | 293.4 | 6.6 | 0.14 |
| Outillage national (travaux publics, postes et télégraphes) | 304.3 | 6.8 | 0.14 |
| Culture intellectuelle et morale (instruction publique, cultes, beaux-arts) | 193.6 | 4.3 | 0.09 |
| Services locaux (départements et communes) | 1,285.5 | 28.8 | 0.60 |
| Garanties d'intérêt et avances du Trésor | mémoire | » | » |
| Charges des monopoles | mémoire | » | » |
| Service militaire | mémoire | » | » |
| Total | 4,461.2 | 100 » | 2.07 |

OBSERVATIONS. — Le total se décompose ainsi :

| | |
|---|---|
| Budget ordinaire de 1889 | 3.011.974.825 |
| Budget sur ressources spéciales | 464.163.647 |
| Budget extraordinaire | 138.554.360 |
| Ensemble | 3.614.692.832 |
| Auquel j'ai ajouté le total des recettes des communes en 1886, d'après le document publié par le ministère de l'intérieur en 1888, déduction faite des centimes additionnels, ci | 846.558.656 |
| Total | 4.461.251.488 |

Le chiffre de la *défense nationale* (975,300,000) comprend le budget extraordinaire tout entier (138,554,360). — Le chiffre des services locaux (1,285,500,000) comprend : 1° 253,756,500 fr. de dépenses *départementales*, supposées égales aux recettes ordinaires et extraordinaires, et applicables aux édifices départementaux (préfectures, sous-préfectures, palais de justice, prisons, casernes, etc.), aux routes départementales, chemins de grande communication et chemins de fer, aux orphelinats, asiles d'aliénés et hospices, aux écoles normales d'instituteurs, aux encouragements et subventions, etc.; 2° 1,031,709,656 fr. de dépenses *communales*, supposées égales aux recettes spéciales de 1886 et aux 185,151,000 fr. de centimes additionnels et de taxe sur les voitures pour 1889, et applicables aux frais de mairie et de police municipale, aux chemins vicinaux, aux écoles et collèges, aux églises, aux bureaux de bienfaisance et établissements d'assistance, etc. — Les *garanties d'intérêt* prévues pour 1889 sont de 75 millions. Je ne les ai portées ci-dessus que pour mémoire, malgré mon sentiment qui est de les considérer comme une dépense budgétaire, parce que la majorité parlementaire persiste à les considérer comme une avance remboursable. — Les *monopoles* constitués sont des Etats dans l'Etat: ils imposent toujours des surcharges, lors même qu'ils ne sont pas institués dans un but fiscal. Ainsi, les compagnies de chemins de fer, qui sont préservées de toute concurrence, sont amenées par le fonctionnement du déversoir à maintenir sur leurs lignes productives des tarifs trop élevés pour subvenir au déficit des lignes secondaires. Ce surcroît de tarif équivaut à un impôt prélevé sur les industriels et les commerçants, comme les droits de port ou de quai perçus par les chambres de commerce. Il en est de même des compagnies gazières qui font payer le gaz plus cher aux habitants des grandes villes, en raison de leur monopole. — La charge du *service militaire* doit s'évaluer, pour chaque soldat sous les drapeaux, à la différence entre la valeur de sa production normale comme travailleur libre, et le montant de la solde avec entretien qui lui est allouée par l'Etat. Etant donné qu'une armée est nécessaire, la production du soldat est équivalente à celle du travailleur, mais il ne reçoit pas la rémunération intégrale de son service : il reste donc prestataire pour la différence. Pour les travailleurs manuels, le temps du service militaire est un temps perdu pour l'épargne: il retarde leur établissement, et porte ainsi un grave préjudice à leur prospérité future et au développement normal de la population.

Deux chiffres sont particulièrement frappants dans ce résumé : ceux de la dette publique et de la guerre.

La charge de la dette, véritable poids mort du budget, arrive presque aux trois dixièmes de la dépense totale. Elle s'est accrue avec une rapidité inconcevable, comme on en peut juger par les chiffres suivants.

La loi du 9 vendémiaire an VI (1797), qui avait ordonné la réduction des deux tiers de la dette publique, pour consolider le troisième tiers, avait réduit l'intérêt de la dette perpétuelle à ..........Fr. 40.216.000

Il s'éleva successivement :

| | |
|---|---|
| Au 1er avril 1814, à................ | 63.308.000 |
| Au 1er août 1830, à................ | 199.417.000 |
| Au 1er mars 1848, à................ | 241.162.000 |
| Au 1er janvier 1852, à............. | 239.304.000 |
| Au 1er janvier 1870, à............. | 358.088.000 |
| Au 1er janvier 1875, à............. | 748.258.000 |
| Au 1er janvier 1889, en y comprenant les arrérages de la rente amortissable, à..................... ... | 872.000.000[1] |

Malgré ce chiffre colossal, la dette publique nous paraît aujourd'hui moins lourde à porter qu'il y a quatre-vingts ans, quand l'importance en était trente fois moindre. La preuve en est dans la progression des cours de la rente.

*(Voir d'autre part.)*

---

[1] Chiffre donné par M. Ernest Boulanger dans son rapport au Sénat sur le projet de budget de 1889. Avec la dette viagère, les annuités diverses et le service de la dette flottante, la charge totale de la dette publique s'élève à 1,292,319,475 francs.

## Les plus hauts cours de la Rente française

| Époques | 5 0/0 | 3 0/0 créé en 1825 |
|---|---|---|
| Création du tiers consolidé (1797) | 17 » | » |
| Premier Empire (mai 1808)...... | 88 15 | » |
| Restauration (mars 1829)........ | 110 65 | 86 10 (décembre 1829) |
| Monarchie de Juillet (mars 1844) | 126 30 | 86 65 (juillet 1840) |
| Deuxième Empire (5 0/0 converti en 1852)..................... | » | 86 » novembre 1852 |
| Troisième République (mars 1881) (5 0/0 converti en 1883) | 121 20 | 87 30 (septembre 1880) |

Ainsi, sous le premier Empire, au moment de sa plus grande prospérité en 1808, le taux du crédit public n'a jamais pu s'améliorer au-dessous de 5.67 0/0. Sous la troisième République, malgré les désastres de 1870-1871 et l'instabilité politique, il s'est abaissé, en 1880, à 3.43 0/0.

La fermeté de ces cours ne démontre-t-elle pas les progrès économiques qui se sont réalisés, concurremment avec l'accroissement de la dette, en partie même grâce à elle ? Une petite portion à la vérité en est allée directement aux travaux et aux dépenses utiles, mais les emprunts, qui ont été motivés par la guerre ou par les conséquences de la guerre, ont eu néanmoins leur utilité : ils ont permis aux services publics et à la nation de continuer leur fonctionnement accoutumé. Dans les siècles antérieurs, la guerre absorbait toutes les ressources du pays, et la misère devenait extrême : on en était pourtant défendu dans une certaine mesure par le régime d'économie domestique où l'on vivait encore; mais, de notre temps, qu'adviendrait-il de l'activité du pays, presque entièrement fondée sur l'échange, si les services publics, si le fonctionnement de l'Etat, du département et de la commune, étaient brusquement arrêtés? C'est la Dette qui nous a préservés de pareille catastrophe. Elle a fait que nous avons pu traverser les guerres et les révolutions, sans interrompre notre activité et sans compromettre notre progrès économique.

Le second chiffre, bien frappant dans nos dépenses, est celui de la préparation permanente à la guerre, y compris les entreprises coloniales qui s'y rattachent. Il s'élève à plus d'un cinquième de nos dépenses totales.

La dette, ou, en d'autres termes, le résultat des guerres passées, l'armée et la marine, ou la préparation aux guerres futures, absorbent la moitié de nos ressources totales. On peut juger par là de l'importance de la politique étrangère, et de l'énorme progrès qui résulterait de l'amélioration des rapports internationaux, tant par l'équilibration des forces des Etats que par le développement des intérêts communs, par le libre échange et l'immigration réciproque, qui, sous les gouvernements parlementaires, sont les freins les plus efficaces aux velléités ambitieuses des hommes d'Etat et des militaires. Les dommages des révolutions ne sont rien auprès des dommages de la guerre, et l'on ne peut espérer de grands progrès sociaux, on ne peut tenter de sérieuses réformes, que quand la paix est assurée pour une longue période de temps.

## § 3. — Les ressources budgétaires en 1889

En regard des dépenses publiques, il me faut maintenant présenter les ressources par lesquelles on y pourvoit.

En voici l'énumération pour 1889, par grandes catégories de perception :

## Les ressources publiques en 1889

| Groupes de recettes | État | Départements | Communes | Recettes totales (en millions) | Chiffres proportionnels 0/0 | Quotité pour 100 f. du capital national |
|---|---|---|---|---|---|---|
| *a.* Revenus des biens et domaines | 41.5 | » | 169.8 | 211.3 | 4.7 | 0.10 |
| *b.* Impôts et services publics : | | | | | | |
| Contributions indirectes, sucres, allumettes, tabac, poudre, douanes, octrois ....... | 1,410.3 | » | 283.6 | 1,693.9 | 38.0 | 0.79 |
| Impôts directs et assimilés... | 454.9 | 176.8 | 185.2 | 816.9 | 18.3 | 0.38 |
| Enregistrement, timbre, valeurs mobilières ............ | 719.6 | » | » | 719.6 | 16.1 | 0.33 |
| Postes, télégraphes, transports | 265.2 | » | » | 265.2 | 17.0 | 0.35 |
| Produits divers, taxes municipales, prestations, Algérie .. | 132.6 | 54.8 | 192.5 | 380.0 | | |
| Ressources accidentelles ..... | 13.3 | 2.2 | 95.0 | 110.4 | | |
| | 2,995.9 | 233.8 | 756.3 | 3,986.0 | | |
| *c.* Emprunts et aliénations ..... | 138.6 | 20.0 | 105.6 | 264.2 | 5.9 | 0.12 |
| Total général ........ | 3,176.0 | 253.8 | 1,031.7 | 4,461.5 | 100 | 2.07 |

*Observation.* — Le total (4,461,500,000 fr.) se justifie de la même manière que celui des dépenses, en y ajoutant l'excédent des recettes prévu sur le budget ordinaire de 1889.

Si l'on veut bien étudier ce tableau, on verra qu'il est instructif.

Prenons d'abord la grande division en trois catégories: *a*. Revenus, *b*. Impôts, *c*. Emprunts. Elle est fondamentale; elle éclaire tout le fonctionnement d'un Etat à un moment donné de son histoire.

Plus les revenus des biens et domaines collectifs sont faibles, plus le pays est avancé dans la voie de la liberté de l'échange et du fonctionnement individualiste; c'est un des signes les plus caractéristiques de la civilisation économique. En France, la part des revenus des biens et domaines, dans le budget total, n'atteint pas 5 0/0; et tous les efforts des collectivistes ne feront pas rebrousser chemin à une nation qui se trouve aussi franchement engagée dans cette voie de l'économie politique.

Par contre, à mesure que la part des revenus diminue dans le budget, celle des impôts augmente. En France, elle n'est pas moindre de 89 0/0: dix-neuf fois plus forte que celle des revenus [1].

---

[1] J'ai compris dans les impôts les recettes des services publics. Je sais que cette identification est contestée, mais je crois que les distinctions que l'on tente d'introduire dans ce groupe de recettes sont arbitraires. Tout impôt est le prix d'un service; comment discerner la limite où la contribution cesse d'avoir un autre caractère? On prétend, par exemple, que dans le prix du tabac ou de la poudre à feu il faudrait retrancher la valeur des matières premières et le coût de la fabrication; mais on devrait alors pouvoir établir, non le prix de revient de la manufacture de l'Etat, mais le prix *normal* de revient, car si l'Etat fabrique plus chèrement, sa cherté équivaut à un impôt. D'ailleurs, si l'on entrait dans cette voie subtile, il y aurait dans presque tous les impôts des défalcations à faire, par exemple : dans les droits d'enregistrement, le prix du papier et de l'expédition, la valeur du service rendu à la sécurité des échanges, etc. — En ce qui concerne la poste, on prétend que l'impôt n'est qu'apparent, parce que le transport par chemins de fer n'est pas payé aux

Les deux produits devraient suffire à couvrir les dépenses publiques; malheureusement, il n'en est pas ainsi; il y a une insuffisance de 6 0/0 en 1889 (elle a été fréquemment plus considérable), à laquelle on a pourvu par des emprunts de différentes natures et des aliénations.

Cela prouve, ou que notre gestion financière a été imprudente, ou que nous avons subi l'influence de quelque crise considérable à laquelle nous n'avons pu nous soustraire. En tout cas, c'est le signe d'une situation anormale, le symptôme d'une sorte de fièvre sociale.

En effet, nous avons vu, par les dépenses, que, malgré les guerres accomplies et la lourde dette qui s'en est suivie, la paix n'est pas encore raffermie en Europe, et que nous nous épuisons, en même temps que la plupart des autres nations, en préparatifs ruineux pour de nouvelles guerres. Simultanément, une vaste émulation s'est produite entre les nations pour la construction des chemins de fer et pour la possession des colonies. Enfin, la révolution, qui a établi chez nous un régime démocratique, nous impose des dépenses inévitables en ce qui concerne l'instruction publique.

Voilà les nécessités auxquelles il nous a fallu obéir et les crises que nous avons à surmonter : crise internationale jusqu'au retour de l'équilibre européen et colonial, crise économique jusqu'à péréquation des chemins de

---

Compagnies, et que, s'il était payé, il augmenterait les frais de la poste au delà des prix actuels. Je réponds que le transport gratuit des chemins de fer est payé par les subventions et, dans tous les cas, plus que couvert par la surélévation des tarifs provenant du monopole. Une objection plus sérieuse vient de l'assimilation de la recette d'un service public au revenu d'un domaine; mais là encore je ne trouve pas l'identification justifiée : le service public est monopolisé, il s'impose : le domaine réalise, au contraire, ses produits en concurrence avec tous les autres, il subit la loi du marché; nul consommateur n'est contraint de prendre les produits domaniaux de préférence aux autres.

fer entre les nations concurrentes, crise sociale jusqu'à complément des moyens d'instruction des citoyens de toutes classes.

L'impôt peut-il pourvoir à toutes ces nécessités ?

Non, l'impôt ne le peut pas. Il est déjà trop lourd en France, il atteint annuellement presque le cinquantième (2 0/0) de la fortune nationale, il excède le sixième du revenu ; sa quotité par tête dépasse celle de tous les autres pays. Si on voulait l'accroître, on se heurterait probablements à des résistances tellement accusées et à des inconvénients si grands qu'on aurait beaucoup de peine à les surmonter.

Si donc l'impôt ne peut couvrir toutes les dépenses il faut bien s'adresser à l'emprunt.

### §4.— L'utilité des emprunts publics. Comment faut-il emprunter ?

L'emprunt n'est légitime que lorsque la limite de l'impôt est à peu près atteinte, et quand on a fait les plus grands efforts pour réduire au minimum nécessaire les dépenses qu'on est contraint de subir. Alors, ne pouvant s'adresser aux revenus, il faut bien recourir aux capitaux.

A quels capitaux doit-on s'adresser ? Aux capitaux flottants qui se prêtent à court terme ? Ou bien aux capitaux de placement qui se prêtent à long terme ?

Dans le premier cas, le Trésor, qui reçoit les anticipations d'impôts, les cautionnements, les fonds des caisses d'épargne et de retraites, les excédents des budgets en plus-value, fait les avances de fonds, et négocie dans le public et auprès des banquiers les bons et les obligations à court terme. Il absorbe ainsi des capitaux qui, sans lui, auraient alimenté les escomptes commerciaux, les reports sur titres et les prêts industriels à court terme. Cet emprunt aux capitaux flottants a toujours le caractère d'un expédient : l'expédient est utile lorsque les capitaux flottants sont abondants, et lorsque, en différant l'emprunt, on peut espérer l'éviter : mais l'expédient est nuisible lorsque, de renouvellement en renouvellement, on transforme un emprunt à court terme en un emprunt à long terme, en détournant en permanence les ressources du commerce et de la spéculation.

Au contraire, en s'adressant franchement aux capitaux de placement, dans la mesure des épargnes disponibles, on ne cause aux affaires que le plus petit dommage possible. On en retarde sans doute quelque peu le développement, mais on n'en ralentit point sensiblement l'activité présente.

Un emprunt à long terme est donc, en général, ce qu'il faut préférer. Mais sous quelle forme vaut-il mieux le réaliser ? Sous forme de rente amortissable, de rente perpétuelle au pair, ou de rente perpétuelle au-dessous du pair ?

Le bon sens dit qu'il faut emprunter dans le fonds le plus avantageux, sauf à amortir dès que les circonstances le permettent.

Ainsi la rente amortissable est une rente dont l'amortissement coûte toujours plus cher que le rachat d'une rente perpétuelle : 3 francs de rente amortissable, cotés 87 à 88 francs, se remboursent à 100 francs, tandis que 3 francs de rente perpétuelle se rachètent à leur prix coté, soit entre 84 et 85 francs (juillet 1889). De plus, une rente amortissable se capitalise toujours à un taux un peu moins avantageux que la rente perpétuelle correspondante, parce que le public n'apprécie pas à leur valeur réelle les primes de remboursement différées ; il ne calcule, en général, la valeur d'un fonds que sur son intérêt immédiat.

La rente convertissable, c'est-à-dire émise aux environs du pair, coûte aussi toujours plus cher que la rente au-dessous du pair, parce que le public encore appréhende la conversion, et capitalise moins haut toute rente qui peut en être frappée; en outre, dès qu'un fonds dépasse le pair, il devient plus lourd, il résiste à la hausse, et il réagit sur la tenue des autres rentes en les déprimant par comparaison. En général, le bénéfice tant vanté des conversions successives finit par équivaloir au profit que l'on aurait réalisé tout d'abord, en empruntant le moins cher possible en rente non convertissable. De la sorte, on aurait évité bien des appréhensions pour le marché des fonds publics, et bien des spoliations véritables pour les petits rentiers.

D'ailleurs, emprunter en rente perpétuelle très au-dessous du pair, c'est-à-dire en un fonds non convertissable, ne signifie pas qu'on renonce à amortir. Il est toujours facile d'employer des excédents de recettes à racheter de la rente pour l'annuler immédiatement, en évitant soigneusement les fictions d'une caisse d'amortissement. Si les rachats deviennent onéreux, il est aussi très facile de transformer une rente perpétuelle en une série d'annuités terminables de courte durée; les institutions publiques qui sont astreintes à être détenteurs de rentes, telles que la Caisse des dépôts et consignations, en France, pour les fonds de retraites et d'épargne, sont des instruments tout indiqués pour une telle conversion, qui ne serait d'ailleurs jamais défavorable au détenteur. On aurait de la sorte le meilleur système d'emprunt et l'amortissement le plus efficace [1].

---

[1] L'expérience a aujourd'hui démontré l'inanité des combinaisons d'amortissement par l'intérêt composé entre les mains de l'État. Comme il est absurde d'emprunter d'une main pour rembourser de l'autre, on finit toujours par remettre en circu-

Voilà ce que dit le bon sens financier, mais on objecte qu'en démocratie les gouvernements sont instables et incapables de longues pensées, et que les législateurs qui empruntent doivent engager leurs successeurs de la manière la plus stricte possible, en soudant en quelque sorte l'amortissement à l'emprunt. C'est ainsi qu'on préconise de préférence les emprunts amortissables. C'est là une argumentation qui peut être juste, mais au sujet de laquelle l'expérience n'a point prononcé.

Au reste, cette discussion en suppose une autre encore plus générale. Est-il utile d'amortir? La question est beaucoup plus complexe qu'on ne le suppose. Expliquons-nous sur ce point.

### § 5. — Est-il utile d'amortir la dette publique?

Quel est, en définitive, l'effet d'un emprunt public, au moment où on le réalise? C'est de détourner les capitaux existants de leur emploi industriel, agricole ou commercial. Quand on les fait produire autrement, en les appliquant, par exemple, à des travaux publics, à des dépenses utiles, et dans le cas où cet emploi public est plus fructueux que ne l'eût été l'emploi industriel, il y a un bénéfice pour la nation qui se traduit en plus-value d'impôts, et il est tout à fait logique que cette plus-value fournisse le prélèvement nécessaire pour l'amortissement de l'emprunt. C'est le cas des emprunts émis pour la construction des chemins de fer, des canaux, des ports, etc. La dépense entraîne avec soi le moyen de remboursement.

---

lation les titres achetés et détenus par les Caisses d'amortissement qui ne sont, en définitive, qu'un rouage inutile et coûteux, funeste par les illusions dangereuses qu'il sert à entretenir.

Malheureusement, ce n'est pas là le cas le plus fréquent. La plus considérable partie de notre dette, la dette consolidée presque tout entière, est due à des emprunts publics qui avaient pour effet de détourner les capitaux de leur activité normale pour les appliquer à des pertes subies, à des dépenses improductives.

Pour un tel mal, l'amortissement n'est pas toujours un remède certain.

Tout d'abord, faisons une hypothèse. Si, par aventure, l'emprunt se trouvait réparti entre tous les contribuables, proportionnellement à leurs ressources respectives, chacun se trouverait payer d'une main à titre d'impôt la même somme qu'il recevrait de l'autre main à titre de rente; dans ces conditions, il suffirait pour rembourser l'emprunt d'annuler la rente et de supprimer l'impôt; on obtiendrait ainsi une simplification de la comptabilité publique, une diminution des frais de trésorerie, une économie de circulation et aussi de spéculation; mais, en fin de compte, le capital national n'aurait pas augmenté d'un iota, et si les fonds provenant de l'emprunt avaient été dépensés en pure perte, ils resteraient perdus. On aurait donc, dans ce cas, fait disparaître la dette sans avoir réparé le mal de l'emprunt.

Mais c'est là une hypothèse gratuite. Aujourd'hui, la dette est inégalement répartie, elle le sera toujours, et, pour la rembourser, l'on ne pourra se dérober à l'une de ces trois alternatives :

1° Si l'impôt qui alimente l'amortissement est un bon impôt, qui n'atteigne qu'une portion de l'excédent des revenus privés, la portion destinée, par exemple, aux dépenses facultatives, aux dépenses de luxe, alors il aura pour effet de réduire cette consommation improductive et, en appliquant les fonds de la consommation privée au remboursement de l'emprunt public, de les transformer en capitaux : ce sera une épargne forcée, imposée par la loi aux contribuables, mais, en somme, une épargne, une augmentation du capital national, réparatrice des pertes subies ; pour tout dire un bien équivalent au mal causé jadis par l'emprunt ;

2° Si l'impôt, allant beaucoup plus loin, venait absorber la presque totalité des excédents de ressources des particuliers, il empêcherait alors non seulement la consommation facultative, mais encore l'épargne privée ; il y substituerait sans doute l'épargne publique et créerait fiscalement les capitaux que le producteur ne pourrait plus accumuler spontanément ; on obtiendrait toujours, par le fait, une augmentation du capital national et une réparation des pertes, mais je ne crains pas de dire que, dans ce cas, l'amortissement aurait ralenti le mouvement de la richesse générale ; il aurait déplacé, détourné, dénaturé les capitaux, en empêchant le cultivateur d'épargner pour amender son champ, l'industriel d'épargner pour réparer sa fabrique et multiplier ses machines ; il remplacerait des capitaux ayant un but déterminé, des capitaux actifs, personnels, engagés, par des capitaux indécis, paresseux, anonymes, flottants. Il y aurait augmentation, soit, mais plus mauvaise répartition du capital national, et le bien de l'amortissement ne compenserait pas, dans ce cas, le mal simultané de l'impôt ;

3° Il peut se faire enfin que l'impôt soit encore plus mauvais, qu'il pèse sur la production et la circulation, et qu'il diminue le travail national en nécessitant de plus grandes avances des producteurs, une plus grande proportions de capital pour une production stationnaire. Dans ce cas, l'amortissement serait funeste et nuisible comme un emprunt, car il détruirait ou paralyserait plus de capitaux actifs qu'il n'en produirait de paresseux.

On le voit donc, les avantages de l'amortissement ne sont pas absolus; ils sont relatifs à la nature des impôts qui l'alimentent. La vérité est qu'avant de rembourser en apparence une dette, il faut se préoccuper de réparer les pertes subies et de recréer les capitaux détruits. L'amortissement réel consiste donc dans l'épargne; l'épargne privée est plus productive que l'épargne officielle; et il vaut mieux ne pas amortir que d'absorber cette épargne privée, qui est la source de vie des nations.

Nous conclurons donc ainsi :

Il faut amortir avec énergie quand le budget d'amortissement ne comprend que des impôts sur les excédents libres des revenus privés, et ne prend que la place des consommations facultatives. Il faut amortir avec prudence quand le budget a recours aux impôts qui frappent indistinctement et l'épargne et la consommation nécessaire. Et il faut cesser d'amortir quand le budget, devenu excessif, se grossit onéreusement d'impôts sur la production, sur la circulation et sur le crédit.

### § 6. — L'impôt et les maximes des économistes

En général, plus une dette publique est considérable, plus il importe que le système économique et financier du pays favorise un large développement de la production, un rapide accroissement de l'épargne et du capital. Quand on ne peut diminuer la charge, disait un ministre d'Angleterre, il faut fortifier la monture.

Le principal problème financier est donc le bon établissement de l'impôt.

Les maîtres en économie politique, Adam Smith, J.-B. Say, Rossi, John Stuart Mill, ont formulé des règles admirables pour l'établissement des impôts ; et je veux tout d'abord les reproduire ici. Elles sont au nombre de six principales, dont les quatre premières sont d'Adam Smith [1].

### 1° ÉGALITÉ PROPORTIONNELLE

« Les sujets d'un Etat doivent contribuer au soutien du gouvernement, chacun, le plus possible, en proportion de ses facultés, c'est-à-dire en proportion du revenu dont il jouit sous la protection de l'Etat. La dépense du gouvernement est, à l'égard des individus d'une grande nation, comme les frais de régie sont à l'égard des copropriétaires d'un grand domaine, qui sont obligés de contribuer tous à ces frais à proportion de l'intérêt qu'ils ont respectivement dans ce domaine. »

*Commentaire de Rossi :* « Quand l'impôt est inégal, non seulement il n'est pas juste en soi, mais il est en même temps perturbateur en économie politique, c'est-à-dire qu'il pousse les capitaux et le travail dans une direction artificielle. L'égalité en matière d'impôt est un principe de saine administration de la fortune publique et particulière. L'égalité réelle existerait si, l'impôt une fois perçu, chaque contribuable se trouvait relativement aux autres dans la même position qu'auparavant, » c'est-à-dire avec une semblable diminution de jouissance [2].

### 2° PRÉCISION DE L'IMPÔT

« La taxe ou portion d'impôt que chaque individu est

---

[1] *Richesse des nations*, édition Joseph Garnier, in-12. T. III, p. 180 et s.

[2] *Cours d'économie politique*, tome IV, p. 212 et suiv.

tenu de payer doit être certaine et non arbitraire. L'époque du payement, le mode du payement, la quantité à payer, tout cela doit être clair et précis, tant pour le contribuable qu'aux yeux de toute autre personne. » C'est la meilleure manière d'éviter les abus des percepteurs.

Et Adam Smith ajoute cette remarque si profonde, qui a son application dans tant d'autres branches de la législation sociale : « Un degré d'inégalité très considérable n'est pas à beaucoup près un aussi grand mal qu'un très petit degré d'incertitude. »

### 3° COMMODITÉ DU PAYEMENT

« Tout impôt doit être perçu à l'époque et selon le mode que l'on peut présumer les plus commodes pour les contribuables. » Les impôts de consommation se conforment naturellement à cette règle, puisqu'on les acquitte au fur et à mesure de la dépense; malheureusement, ils ne rentrent pas aussi bien dans la prescription suivante.

### 4° ÉCONOMIE DE LA PERCEPTION

« Tout impôt doit être conçu de manière à ce qu'il fasse sortir des mains du peuple le moins d'argent possible au delà de ce qui entre dans le Trésor de l'Etat, et en même temps à ce qu'il tienne le moins longtemps possible cet argent hors des mains du peuple avant d'entrer dans ce Trésor. »

*Commentaire de J.-B. Say* : « L'impôt se mesure sur le sacrifice exigé du contribuable et non sur la somme que reçoit le gouvernement ; tellement que les frais de recouvrement, le temps perdu par le contribuable, les services personnels qu'on exige de lui, etc., font partie des impôts. »

Adam Smith avait dit également : « Quoique, rigoureusement parlant, les vexations ne soient pas une dépense, elles équivalent certainement à la dépense au prix de laquelle un homme consentirait volontiers à s'en racheter. »

Ces maximes doivent être complétées par une observation générale de Rossi qui touche à toutes les règles de Smith et qui pose :

### 5° LE PRINCIPE DE LA LIMITE DE L'IMPÔT

« Le législateur, dit-il, doit mettre la plus grande attention à ce que l'impôt ne dépasse jamais la portion de revenu que le contribuable peut économiser. C'est là le maximum, parce qu'au delà est la ruine du pays. En conséquence, l'impôt doit épargner celui qui n'a absolument d'autre revenu que ce qui est nécessaire pour vivre. Si vous lui demandez un impôt, avec quoi le payera-t-il? Avec ce qu'il peut avoir épargné de capital. » Rossi aurait pu ajouter : ou avec le capital qu'il aura emprunté et qu'il ne pourra plus rendre, ou avec le revenu dont il frustrera son fournisseur ou son propriétaire, ou avec les privations qu'il infligera à ses enfants et à lui-même, au détriment de sa santé et de sa vie. c'est-à-dire au préjudice de son capital personnel. — « Toutes les fois que l'impôt tend à enlever ce qui est indispensable pour l'existence, il tend à faire disperser les petits capitaux. Il faut mettre le contribuable à même de vouloir et de pouvoir toujours prendre l'impôt sur le revenu. »

Enfin, John Stuart Mill a formulé, en ce qui concerne l'impôt indirect, une règle pratique de grande importance qui doit conduire à :

### 6° LA DIVERSIFICATION DE L'IMPÔT

« Aucun impôt ne doit s'élever au point de donner à

la fraude une prime assez forte pour qu'il ne soit pas possible de la réprimer par des moyens ordinaires; surtout aucun impôt ne devrait être assez élevé pour donner lieu à la création d'une classe d'hommes habitués au mépris des lois, tels que les contrebandiers, les distillateurs clandestins et autres gens de même sorte. »

Cette règle, formulée par John Stuart Mill, s'applique, dans son esprit, à l'impôt indirect, mais nous ne nous ferons aucun scrupule de la généraliser, d'autant plus que son auteur lui-même a écrit : « Aucun impôt n'est exempt d'inégalités et d'injustices, et il n'est ni juste ni politique de faire tomber toutes les inégalités sur le même point en demandant à un seul impôt de quoi suffire à la plus grande partie ou à la totalité des dépenses publiques[1]. »

---

[1] *Principes d'économie politique* de John Stuart Mill, traduit par Dussard et Courcelle-Seneuil; édition Guillaumin, tome II, p. 408. J. Stuart Mill, dans sa comparaison judicieuse entre l'impôt direct et l'impôt indirect, reconnaît « l'impossibilité d'établir l'impôt direct (de manière à lui demander la plus grande partie d'un revenu important) sans une coopération consciencieuse du contribuable, coopération qu'il ne faut pas espérer obtenir dans l'état de relâchement moral où est la société actuelle ». Il accepte donc les impôts indirects qui ne frappent pas sur les objets de première nécessité ou sur les matières et instruments employés à les produire. Restent les impôts sur les objets de luxe. Seulement, comme ces impôts ne peuvent être exactement proportionnés à la valeur ou à la qualité de l'objet, non plus qu'à la richesse du consommateur, ils impliquent une flagrante injustice au détriment des contribuables les plus pauvres. Il en conclut que ceux-ci doivent être indemnisés par l'exemption d'autres impôts, tels que celui du revenu, par exemple.

### § 7. — Les modifications de l'impôt suivant les phases de l'évolution sociale

Je reconnais avec respect toute la justesse des principes que je viens de transcrire, mais ce sont des principes absolus. En les édictant, les auteurs se sont surtout préoccupés de la justice à rendre à l'individu. C'est beaucoup sans doute, mais la justice individuelle ne peut être obtenue qu'en l'état de prospérité du corps social; c'est donc au point de vue social qu'il faut toujours se placer, parce qu'il comprend tous les autres. Il ne suffit pas de considérer l'impôt idéal; il faut voir l'impôt possible à chaque époque, et trouver sa meilleure formule à chacune des phases de l'évolution sociale. Voilà, ce me semble, le problème qu'une science économique positive devrait s'attacher à résoudre.

A toute époque, évidemment, la forme et la combinaison des impôts doivent varier suivant les proportions respectives de l'économie domestique et de l'économique politique, des revenus en nature et des revenus en argent, autrement dit en raison de l'activité des échanges. Le système des impôts doit se modifier avec la répartition des fortunes, suivant le plus ou moins d'inégalité des ressources et le degré d'aisance des classes les plus pauvres, conditions résultant à la fois de l'abondance des capitaux, de la demande du travail et de l'organisation de la mutualité.

En un temps où les revenus en nature dominaient et où l'argent était fort rare, il fallait bien recourir aux dîmes, aux corvées, aux prestations; celles-ci sont encore utiles aujourd'hui; il fallait saisir l'argent entre les mains et dans les circonstances où il se montrait, à l'occasion par exemple de l'apparition des denrées sur le marché, et au moment où les trafiquants réclamaient un service public. On comprend donc qu'à cette époque les droits de vente ou d'entrée dans les villes, les péages sur les routes et ponts, les droits de justice, formassent le fond principal des impôts.

A mesure que les échanges se sont multipliés, et que les revenus de chacun se sont constitués en argent, on a pu s'adresser soit à ces revenus, soit aux consommations en lesquelles ils se traduisaient, et alors il y a eu avantage à libérer la circulation et à favoriser les échanges. On a donc pu modérer les droits de mutation, les droits de justice et les péages, mais on n'a pas pu se borner aux impôts sur les revenus, parce que ceux-ci étaient encore trop inégaux et trop faibles pour être facilement saisissables chez le grand nombre des contribuables; on s'est borné alors à demander aux revenus une portion seulement des sommes nécessaires, et encore ne l'a-t-on fait que sous la forme où les percepteurs se trouvaient le moins en hostilité avec les contribuables, je veux dire sous la forme de l'impôt de répartition [1]. Sous ce régime, la plus grosse partie des recettes est demandée aux impôts à la consommation et naturellement à la consommation des denrées les plus générales.

Enfin, avec le progrès de la richesse et surtout de la répartition, quand le morcellement de la terre, la diffusion des valeurs mobilières et l'action de la mutua-

---

[1] Dans le système de la répartition, tous les contribuables se prêtent à l'imposition et sont contraires à l'évasion de l'un d'eux : mais il y a de grandes inégalités, et l'impôt est peu élastique. Dans le système de la quotité ou de l'impôt établi directement sur chaque fonds particulier, il n'y a plus de solidarité, et chacun est intéressé à tromper l'Etat. Ce système exige donc de meilleures mœurs publiques ou plutôt des moyens de contrôle plus certains.

lité ont fait sentir leurs bons effets et propagé l'égalité; quand, en un mot, un certain degré de solvabilité générale apparaît, les impôts directs doivent prendre le dessus; d'impôts de répartition ils se transforment en impôts de quotité; simultanément, les droits de mutation s'atténuent considérablement, les services de circulation et d'information deviennent presque gratuits, et les impôts de consommation se concentrent sur un petit nombre de denrées d'un usage général, mais facultatif, et proportionnel aux facultés de chacun.

A quelle phase de cette évolution de l'impôt sommes-nous déjà parvenus en France? A en juger par les chiffres du tableau que nous avons dressé plus haut, nous en serions encore à la deuxième phase, avec tendance à passer à la troisième, mais tendance contrariée par les crises de politique générale, de concurrence internationale et de révolution démocratique que nous subissons depuis quelques années.

Rappelons, en effet, les chiffres approximatifs de nos ressources budgétaires :

**Proportionnalité des ressources budgétaires**

| | | |
|---|---|---|
| *A*. — Revenus des biens et domaines | | 4.7 |
| *B*. — Impôts et recettes de services publics : | | |
| Contributions indirectes, douanes, octrois | 38 | |
| Contributions directes | 18.3 | 89.4 |
| Enregistrement, timbre, valeurs mobilières | 16.1 | |
| Poste, transports, services spéciaux | 17 | |
| *C*. — Emprunts et aliénations | | 5.9 |
| Monopoles non rattachés au budget | | mémoire |
| | | 100 » |

Nous voyons d'abord, dans ce tableau sommaire, que

l'emprunt entre encore pour une proportion sensible dans nos ressources budgétaires, c'est la preuve que nos dépenses, par des raisons quelconques, intrinsèques ou extrinsèques, excèdent les forces des contribuables. Tant que l'emprunt n'aura pas disparu, il ne faudra pas faire grand fond sur les projets de réformes fiscales.

En second lieu, nous constatons que les services publics de circulation et d'information figurent pour un chiffre très important, un huitième environ du total. En y joignant la surchage des monopoles non rattachés au budget, en y joignant aussi les droits d'enregistrement et de timbre, les impôts sur les titres, nous dépassons le tiers du budget total. N'est-ce pas l'indice que le mouvement des échanges est considérablement grevé?

Enfin, nos divers impôts de consommation montent à plus du double des contributions directes. et il est notoire que ces impôts de consommation frappent des denrées nécessaires, dont la consommation n'est nullement proportionnelle à la fortune des contribuables : boissons fermentées, sel, allumettes, etc.

Nous sommes donc évidemment dans un état fiscal assez arriéré; mais, avant d'entrer dans une phase plus perfectionnée, il y a de graves difficultés à surmonter, dont je vais simplement donner l'idée en dressant la liste des problèmes à résoudre.

D'une part :

Cessation des emprunts;

Dégrèvement des denrées nécessaires;

Grande atténuation des impôts payés sur le capital (successions, mutations, etc.) :

Suppression des impôts et charges contraires à l'activité des échanges : 1° octrois et droits de vente; 2° taxes sur les transports; 3° droits de douane.

D'autre part :

Concentration des contributions indirectes sur un petit nombre d'objets d'une consommation facultative et proportionnelle : alcool, sucre, tabac, etc. ;

Péréquation des contributions directes et des impôts sur les valeurs mobilières, avec suppression des doubles emplois ; et extension de ces impôts à tous les contribuables, y compris les rentiers, en proportion de leurs ressources imposables.

Cette série de réformes est évidemment subordonnée à des conditions qui me semblent pouvoir se résumer en deux points :

1° Il faut que les charges nationales se soient réduites, ou plutôt que la fortune générale ait augmenté ;

2° Il faut que l'état général des partis politiques s'améliore, de telle façon, par exemple, que la majorité des électeurs ne prétende pas systématiquement surcharger certaines catégories de contribuables en se dégrevant elle-même.

Tant que ces deux ordres de conditions ne seront pas obtenus, les progrès fiscaux seront peu considérables, et nous resterons soumis aux impôts inégaux, aux impôts dissipateurs de capitaux, aux impôts restrictifs de l'échange.

On voit, par cette esquisse, quel enchaînement de difficultés vient entraver les réformes qui sembleraient les plus justes. Cela donne nettement l'idée que les modifications de la fiscalité ne dépendent pas uniquement de l'intelligence ou de l'esprit de justice de ceux qui les conçoivent, mais avant tout, de l'état économique du pays à un moment donné.

### § 8. — Trois règles pratiques de l'impôt

En se soumettant à la condition précédente, il y a, en tout temps, des règles relatives qui se recommandent au financier habile. Il ne s'agit point, grâce à elles, de réaliser sans délai l'idéal de l'impôt, mais d'obtenir le système le meilleur ou le moins mauvais pour une situation existante.

Ces règles me paraissent au nombre de trois :

1° Obtenir la percussion la plus directe possible de l'impôt ;

2° Prévenir les inégalités et les évasions trop grandes par la modération et la diversification des taxes ;

3° Garder autant que possible entre les impôts la même proportionnalité qu'entre les fonds productifs qui les supportent.

Ces propositions me paraissent faciles à justifier en peu de mots. Prétendre qu'il faut chercher la percussion ou l'incidence la plus directe, ne signifie pas qu'il faut toujours préférer l'impôt direct à l'impôt indirect. Cela veut dire simplement que, d'une manière ou d'une autre, il faut s'efforcer d'imposer le contribuable qui, en fin de compte, supportera l'impôt. Un impôt sur le tabac, consommation facultative, est payé et supporté par le consommateur : c'est un bon impôt. Un impôt sur le sel ou la boisson du pauvre, qui grève le salaire plus que de raison, est payé provisoirement par le travailleur, mais n'est que difficilement supporté par lui. S'il est contraint de débourser de ce chef plus que ses ressources ne le lui permettent, l'une de ces deux choses arrivera : ou bien il s'alimentera mal et perdra ses forces, la production en souffrira et les dépenses de l'assistance publique augmenteront ; ou bien il se concertera avec ses pareils pour faire élever son salaire, et c'est le chef d'industrie qui supportera une partie de l'impôt. Mais, dans ce cas, qui est le plus favorable, la répercussion est arbitraire, inégale ; elle trouble les conditions de l'industrie : l'incidence de cet impôt de consommation sera donc indirecte, tandis que celle de l'impôt sur le tabac était directe. Pareillement, une contribution foncière modérée sera payée par le propriétaire : incidence directe ; une contribution excessive, telle que la rêvaient les physiocrates, ne serait pas supportée par le propriétaire, elle serait répercutée sur les les locataires des maisons et sur les consommateurs des produits agricoles : on aurait l'incidence indirecte d'un impôt direct.

Donc, la forme de l'impôt est une question secondaire. On peut, suivant les circonstances, frapper le revenu, le capital ou la consommation. Ce qu'il importe, c'est de frapper de suite, le plus directement possible, le contribuable qui supportera finalement l'impôt. En termes techniques, il faut que l'assiette soit conforme à l'incidence. On évite ainsi les répercussions lentes ou irrégulières, et les déperditions de forces.

Or, il y a un genre d'impôt qui n'est jamais entièrement supporté par celui qui le paye, c'est l'impôt sur la circulation ou sur les services spéciaux. Vous grevez un produit de frais de transport ; le commerçant les paye, mais ne les garde pas pour son compte ; il les répercutera toujours, plus ou moins, sur les consommateurs. Il y a donc avantage, dès qu'on le peut, à supprimer ces droits sur la circulation, et à les remplacer par des impôts proportionnels ; on fait ainsi, d'avance et législativement, une répartition qui ne se ferait, autrement, qu'après coup et empiriquement. Ainsi, il est certainement désavantageux pour le pays de faire payer aux agriculteurs, aux industriels et aux commerçants qui se servent des lignes de l'ancien réseau des chemins de fer, un tarif trop élevé, pour en appliquer l'excédent aux déficits des lignes du nouveau réseau. Il serait beaucoup plus économique de couvrir ces déficits par une subvention que fournirait un impôt proportionnel, et d'abaisser les tarifs à leur prix normal sur les lignes à grand trafic; on augmenterait sensiblement ainsi les forces productives qui aident à supporter l'impôt. On ferait une opération à peu près pareille à celle qui a fait retirer le postillon de dessus le cheval pour le placer sur le siège de la voiture; le cheval, débarrassé de sa surcharge, court plus vite et traine un poids plus lourd.

Le second principe consiste à éviter l'évasion des contribuables, soit qu'ils échappent d'eux-mêmes à l'impôt, soit qu'ils obtiennent, par corruption ou par camaraderie, la complicité des répartiteurs de l'impôt. Le résultat de cette évasion est à la fois une démoralisation des contribuables et des agents, une inégalité croissante en raison inverse de l'honnêteté, et une notable déperdition de ressources. Pour prévenir ces faits, il faut que l'impôt soit modéré, de manière qu'il y ait disproportion entre le risque de la fraude et son bénéfice. La conséquence immédiate, si on veut que les impôts soient modérés, c'est qu'ils soient diversifiés. Par exemple, on s'adressera directement aux revenus, en les évaluant, non d'après des déclarations suspectes ou des estimations arbitraires, mais d'après les signes apparents les moins incertains, et on les imposera modérément. On évaluera, par une seconde voie, ces mêmes revenus, d'après le recensement des capitaux qui les produisent, et on les taxera encore modérément, sous la forme d'un impôt sur le capital. En troisième lieu, après avoir imposé séparément les revenus divers, on pourra les estimer dans leur ensemble, d'après l'importance du loyer, qu'on imposera aussi modérément. En quatrième lieu enfin, après avoir taxé le revenu, le capital, le loyer, on taxera, toujours modérément, plusieurs objets de consommation d'un usage général, facultatif et assez proportionnel aux ressources des consommateurs, tels que l'alcool, les liqueurs et les vins supérieurs, le tabac, les denrées coloniales, le sucre, etc.

De cette manière, chaque impôt pris à part ne sera pas écrasant, et ne poussera pas à la fraude; et cependant le contribuable se trouvera enserré dans un réseau d'impôts multiples. Chacun d'eux enfin étant aussi proportionnel que possible, le résultat final sera fort approchant de la proportionnalité.

Ce système fiscal, qui est celui de l'expérience même dans la généralité des pays, fait justice de toutes les théories successives dont les réformateurs utopistes ont mené grand bruit. Les physiocrates voulaient faire porter tout le poids de l'impôt sur le revenu net de la terre ; ils ont été l'objet d'une raillerie admirable de la part de Voltaire dans l'*Homme aux quarante écus*. Depuis lors, les partisans de l'impôt unique sur le revenu, sur le capital fixe, sur les successions, sur la consommation, sur le loyer, sur le billet de banque, etc, se sont successivement révélés. Un seul mot les a condamnés : l'impôt unique est l'impôt inique.

Le troisième principe est de faire que les impôts soient entre eux comme les fonds qui les alimentent. Ce n'est point d'égalité individuelle qu'il s'agit ici, c'est de proportionnalité aux sources de l'impôt, seul moyen, du reste de parvenir à l'égalité individuelle. Il faudrait, en quelque sorte, considérer l'impôt total comme une seule contribution, à répartir proportionnellement entre toutes les catégories de capitaux productifs : fonds de terre.

immeubles, capitaux mobiliers, agricoles, industriels, commerciaux, capitaux circulants, capitaux personnels, capitaux domestiques. De cette manière, on obtiendrait deux résultats précieux : 1° On n'apporterait aucune modification artificielle au fonctionnement économique général, puisque toutes les fonctions seraient également grevées ; 2° On conserverait l'élasticité des impôts directs ou de mutation, puisqu'on pourrait les augmenter ou les réduire simultanément sans détruire leurs proportions respectives.

En France, c'est à ce principe que nous nous conformons le moins. Non seulement notre contribution foncière est inégalement répartie, mais elle est sans rapport de conformité avec nos impôts sur les valeurs mobilières. Ceux-ci sont fort inégaux, suivant les valeurs : les rentes de l'Etat ne les supportent pas. Enfin les droits d'enregistrement qui pèsent sur les immeubles ne sont pas les mêmes que sur les meubles ; les uns et les autres varient d'aprés des circonstances extrinsèques qui n'ont aucun rapport avec la valeur des capitaux : ils sont établis suivant la nature des mutations, — vente, donation ou succession, — et le degré de parenté des contractants. C'est un système antiéconomique, qui a été introduit par des considérations hostiles à la liberté de transmission des héritages.

Il est maintenant facile, pour résumer les principes que je viens de retracer sommairement, de nous faire l'idée de ce que serait une fiscalité rationnelle, dans le système de nos impôts français ; j'en donne ici le tableau figuratif.

*(Voir d'autre part.)*

## Schéma de l'impôt

| Sources des revenus | Impôts directs | Impôts indirects |
|---|---|---|
| *Capitaux fonciers.* | Contribution foncière. | |
| *Propriétés bâties.* | Contribution de la propriété bâtie. | |
| *Capitaux mobiliers et circulants:*<br>*Agricoles,*<br>*Industriels,*<br>*Commerciaux,*<br>*Financiers.* | Patentes. | Contributions indirectes sur un petit nombre de denrées consommables d'un usage général et facultatif. |
| *Capitaux associés :* fonciers, immobiliers et mobiliers, possédés par des sociétés d'actionnaires. | Impôt sur le revenu des valeurs mobilières, après dégrèvement des contributions ci-dessus. | |
| *Capitaux personnels et travail* (salaires). | Patentes ou taxe personnelle. | |

Contribution mobilière et taxes somptuaires sur l'ensemble des capitaux et revenus, mesurés par le loyer et les autres dépenses domestiques faciles à constater (voitures, domestiques, etc.)

Ce système fiscal, qui saisit chaque revenu par une triple constatation (production, loyer, consommation facultative), est, en définitive, celui qu'on pratique approximativement en France, et qui résulte de l'expérience. Je l'ai seulement débarrassé, par hypothèse, des impôts sur les denrées nécessaires, sur la circulation et sur les services publics.

# CHAPITRE XIX

## LA PATHOLOGIE SOCIALE

### CRISES OU PERTURBATIONS ÉCONOMIQUES

Je me suis presque borné jusqu'ici à exposer les avantages du progrès économique; on pourrait croire de ma part à un optimisme de parti pris; il n'en est rien. Le développement de la richesse, le passage de l'économie domestique à l'économie politique, ne se fait pas sans de grandes difficultés, sans bouleversements, sans souffrances, sans arrêts dans la marche en avant, sans longs retours en arrière. Le corps social, comme tout corps organisé, est sujet aux fièvres, aux lassitudes et aux maladies. Il nous faut donc signaler tout au moins la nécessité d'une pathologie sociale.

Les crises sont de diverses sortes. Il y a d'abord les crises naturelles, celles qui sont la conséquence d'événements extérieurs à la société, ou qui résultent de l'imperfection même de la science et de la civilisation : catastrophes, inondations, tremblements de terre, sécheresses, épizooties, guerres et invasions, épidémies, folies religieuses, etc.

Toutes ces crises, qui sont les plus redoutables, qui ont sévi sur nos ancêtres avec une rigueur extrême, ont été considérablement atténuées par les progrès de la civilisation, et précisément par le développement économique. C'est là le plus grand profit que l'humanité ait réalisé dans le cours des siècles, et il faut y voir le critérium de la science et de la civilisation. Mais les efforts mêmes mis en œuvre pour remédier à ces grands maux, ont occasionné des perturbations secondaires, et produit des crises artificielles, des crises sociales.

En s'en tenant aux traits les plus généraux, il me semble qu'on peut classer ces crises artificielles en trois ou quatre catégories :

1° Les crises de crédit ;

2° Les crises monétaires, qui sont une sorte de crise de crédit à l'état chronique ;

3° Les crises de travaux publics ;

4° Les crises d'association : coalitions, monopoles, etc.

On verra que, par une sorte de perversion du bon sens collectif, chacune de ces crises engendre un état moral qui pousse à l'exagération du mal, en faisant rechercher comme un remède ce qui est, au contraire, de nature à aggraver la souffrance. Ainsi, au milieu des crises de crédit et des crises monétaires, on voit réclamer la multiplication artificielle des moyens d'échange, on prêche l'*inflationnisme ;* dans les crises de travaux publics, c'est le protectionnisme qu'on réclame et l'accroissement des commandes gouvernementales ; dans les crises d'association, on est porté vers le socialisme.

### § 1er. — Les crises de crédit ou crises commerciales

Les crises de crédit viennent toutes d'une exagération des échanges, au delà de ce que comportent les ressources des consommateurs. Elles commencent par un excès général de confiance, motivé sur quelque exemple de succès éclatant dans le commerce ou dans l'industrie. Des entreprises se fondent de tous les côtés à la fois; les capitaux y viennent en foule, sans précautions suffisantes, moins pour s'y consacrer sérieusement que pour en obtenir un profit rapide. Les producteurs déjà établis augmentent leur production, sans se préoccuper des débouchés nécessaires pour leurs produits plus nombreux; le commerce de détail s'engage démesurément; les consommateurs, se croyant plus riches, en raison de la plus-value nominale des titres qu'ils possèdent ou de l'accroissement temporaire de quelque branche de leurs revenus, s'abandonnent à des dépenses qu'ils ne pourront soutenir; l'État lui-même s'exagère ses ressources, anticipe ses revenus futurs, et entreprend des travaux excessifs; bref, tout concourt à entretenir les commerçants, les producteurs, les fondateurs d'entreprises nouvelles, dans leur illusion et leur imprudence.

Les gens claivoyants, cependant, sont avertis du défaut des capitaux réels par l'accroissement insolite du portefeuille de la Banque nationale, et par la réduction de l'encaisse métallique à son minimum[1]. Tout à coup, un sinistre éclate : c'est une spéculation qui s'effondre, une faillite qui s'est déclarée; la confiance s'arrête aussitôt, la peur survient, sinon la panique. Les consommateurs, qui voient leurs revenus menacés ou dépréciés, s'exagérent leurs pertes et restreignent leurs dépenses au-dessous du chiffre normal; le commerce, n'écoulant plus ses produits, ne peut plus faire hon-

[1] M. Clément Juglar a spécialement consacré d'excellents travaux à l'étude des symptômes relatifs aux crises commerciales. Voir son livre sur les *Crises commerciales et leur retour périodique*, et ses articles du *Journal des Economistes* et de l'*Economiste français*.

Il faut citer aussi une étude remarquable de M. André Cochut : *De l'enchérissement de la vie* (*Revue des Deux-Mondes*, 1er décembre 1883).

neur à ses engagements ; les entreprises nouvelles s'en vont en fumée; les producteurs anciens, surchargés d'un stock invendu, et apercevant alors l'excès de production auquel ils se sont laissés entraîner, sont contraints de réduire leur fabrication et de diminuer les salaires de leur personnel ; souvent alors, les ouvriers, qui n'ont profité que tardivement de la hausse de la main-d'œuvre, refusent de subir une diminution et se mettent en grève ; finalement, le chômage se déclare, et la misère sévit, d'autant plus dure que la population laborieuse avait pris de nouvelles habitudes de bien-être.

Le crédit a pour ainsi dire disparu, il s'est réduit du moins à sa plus simple expression ; on en est revenu aux opérations du comptant, aux règlements monétaires. La Banque nationale voit ses escomptes se ralentir, et, à mesure que la liquidation des anciennes affaires se poursuit, son encaisse monte de plus en plus : c'est la grève des capitaux, après celle ou en même temps que celle des ouvriers. Et cette stagnation dure jusqu'à ce que la liquidation des opérations engagées à crédit soit complète, et jusqu'à ce que les sentiments de confiance aient été de nouveau provoqués par des exemples de succès en affaires.

Mais il est rare que l'on accepte sans résistance cette solution inévitable. Méconnaissant la loi économique qui fait naître les instruments de crédit de l'échange et du crédit mêmes, on en vient à s'imaginer que le crédit renaîtrait, au contraire, de la multiplication préalable des signes du crédit, et l'on réclame alors de nouvelles émissions de billets de banque, de papier-monnaie, de valeurs conventionnelles. Si cette *inflation* se produit, on peut être sûr qu'une nouvelle crise se greffera sur la première, en exigeant finalement une liquidation encore plus douloureuse.

Ces crises de crédit se sont souvent produites par le contre-coup de crises naturelles ou extérieures : on conçoit, en effet, que les échanges se continuant sur le même pied qu'auparavant, en prévision de ressources qui ont disparu, se trouvent inopinément en face d'un déficit. D'autres fois, ces crises ont été occasionnées par la multiplication trop grande du numéraire, même métallique. Cet excès du numéraire, en produisant la hausse nominale des titres et des denrées, agit d'abord comme un excitant; à trop forte dose, il donne l'ivresse, qui dégénère en folie passagère, bientôt suivie de stupeur et d'abattement profond.

### § 2. — Les crises monétaires

L'augmentation générale du numéraire par des causes naturelles n'est point défavorable au progrès économique et social. Les perturbations qu'elle entraîne sont atténuées, nous l'avons vu, et presque compensées par la stimulation qu'elle apporte à la production des richesses. Les mines du Potosi, les placers de Californie et d'Australie, ont pu nuire aux fortunes héréditaires et paresseuses, elles ont d'autre part activé l'industrie et le commerce du monde entier, et, somme toute, puissamment favorisé le travail.

Mais il n'en est pas de même, nous l'avons aussi constaté, quand l'augmentation du numéraire se produit sous l'influence de causes factices. Alors, elle est toujours excessive, elle se produit inégalement suivant les pays, elle pèse ici sur les consommateurs, là sur les producteurs; en définitive, au lieu de multiplier les échanges, elle tend plutôt à les ralentir par le désordre qu'elle y introduit; le résultat final est une spoliation sans compensation.

Or, il y a présentement une cause factice d'augmentation du numéraire dans la législation, commune à plusieurs pays, qui confère à la monnaie d'argent plus de valeur que n'en possède intrinsèquement le métal dont elle est faite. Pour se défendre contre les dangers d'une telle législation, les Etats de l'Union latine ont suspendu en 1873 la libre frappe de l'argent: ils l'ont limitée à partir du 6 septembre 1873, et complètement arrêtée par la convention du 5 novembre 1878.

Dans les nations latines : France, Italie, Belgique, Suisse et Grèce, il n'y a que l'émission des monnaies d'or qui soit laissée à la volonté des particuliers. On peut donc dire que les nations latines sont, en fait, sous le régime de l'étalon d'or, mais avec cette particularité qu'elles possèdent une quantité considérable de monnaie d'argent, désormais soustraite aux variations de la frappe et subordonnée à l'or. Cette monnaie d'argent à valeur conventionnelle peut servir au règlement des transactions entre pays de l'Union latine, mais elle ne peut être exportée ni en Allemagne, ni en Angleterre, ni en Espagne, ni dans les autres pays d'Europe ou hors de l'Europe.

Il en résulte certainement une grande gêne pour le commerce international et une grande défiance pour les contractants étrangers, qui ne sont jamais sûrs d'être payés en or quand ils diposent sur leurs débiteurs latins. Il en résulte aussi une susceptibilité anormale dans les variations du taux de l'escompte et du change, les pays de l'Union étant constamment préoccupés de défendre leur or contre les emprunts étrangers, et n'y pouvant réussir que par un relèvement fréquent du taux de l'escompte, mesure qui n'est pas sans nuire au commerce. Malgré leurs grandes richesses monétaires, la France et la Belgique se comportent exactement comme des nations à petite encaisse; elles thésaurisent leur or et le raréfient artificiellement.

Dans de telles conditions, il est assez difficile de démontrer les effets, sur les prix, de ce régime bâtard; mais on peut les induire, dans une certaine mesure, des inconvénients observés aux Indes anglaises, où le régime de l'unique étalon d'argent est resté dans toute sa simplicité. On peut voir en ce pays l'image de ce qui nous serait advenu, si nous n'avions pas suspendu la frappe de l'argent et défendu notre fonds monétaire en or.

Aux Indes, l'unité monétaire est la roupie, qui pèse 11 grammes 664 d'argent, au titre de 11/12es, et qui contient, par conséquent, 9 gr. 1666 de fin, soit l'équivalent de 2 fr. 37 $\frac{1}{2}$. La plus grande part des transactions a lieu avec la Grande-Bretagne, qui n'a que l'étalon d'or. Or, depuis 1874, la roupie, qui s'échangeait contre 1 shilling 11 deniers (2 fr. 35), s'est progressivement réduite à la valeur de 1 shilling 5 deniers (1 fr. 78) : en 1888, la baisse avait donc atteint 24 0/0.

Les manufacturiers anglais qui envoient leurs cotonnades aux Indes, lorsqu'ils les vendent aux prix accoutumés du pays, perdent 24 0/0 sur leur prix de vente pour en toucher le montant en or en Angleterre.

Par contre, les producteurs de blé et de coton aux Indes, qui vendent leur récolte aux prix ordinaires du pays, laissent au négociant importateur en Angleterre un bénéfice de 24 0/0.

Si les mêmes négociants anglais exportaient les tissus d'Angleterre et importaient les grains ou le coton de l'Inde, la perte et le bénéfice au change se compenseraient dans leurs mains; mais il n'en est pas ainsi : les uns perdent et les autres gagnent, et ceux-là mêmes qui gagnent causent une perte à leurs compatriotes britanniques. En effet, le bénéfice sur le change permet aux importateurs de blé et de coton des Indes de faire une concurrence ruineuse aux cultivateurs anglais et aux cotonniers des colonies anglaises à étalon d'or.

Il semblerait, d'après une telle explication, que cette inégalité monétaire dût être tout au profit de l'Inde et au détriment de l'Angleterre; mais la question est plus complexe qu'elle ne le paraît.

Tandis qu'une partie des producteurs de l'Angleterre souffre de cette situation, l'ensemble des consommateurs anglais trouve avantage à la baisse du blé et du coton, qui résulte de la concurrence favorisée par le change. Les consommateurs en profitent du moins dans la mesure où ils ne sont pas lésés par la souffrance des industriels et des agriculteurs britanniques ; mais, comme l'Angleterre a des relations commerciales extrêmement étendues et que l'Inde n'apporte qu'un appoint à son commerce, la souffrance de l'Angleterre par le fait de l'Inde n'a pas une répercussion très grave sur l'ensemble du public anglais, et le bénéfice des consommateurs est réel.

Aux Indes, au contraire, il s'est produit une hausse des articles anglais (car les manufacturiers ne peuvent naturellement se résoudre à vendre à perte, et ils ont élevé leurs prétentions), hausse qui augmente la dépense ou réduit la consommation de la population hindoue. Il s'est créé des manufactures aux Indes, mais l'ancien bon marché n'est pas rétabli. D'ailleurs, quel que soit l'empire de la routine en ces pays d'Orient, le pouvoir d'achat de l'argent, tout en se maintenant plus haut qu'en Europe, a réellement diminué ; les denrées alimentaires ont augmenté de valeur, il a fallu élever de 50 0/0 le prix de la main-d'œuvre. Tout indique que le profit des exportateurs indiens est accompagné de souffrances réelles pour la masse des consommateurs indigènes. Il faut bien que la gêne ou la misère soit assez grande, puisque le gouvernement des Indes, qui est en déficit par le fait du change, est dans l'impossibilité d'augmenter les impôts.

Nous apercevons nettement, dans cet exemple, les conséquences de la rupture de l'équilibre monétaire.

Dans les pays à étalon d'or : souffrance des manufacturiers exportateurs et des cultivateurs indigènes, mais souffrance relative, et d'autant plus supportable que les pays sont plus riches et ont des relations commerciales plus étendues; par contre, avantage certain pour les consommateurs des denrées d'importation.

Dans les pays à étalon d'argent : avantage pour les producteurs exportateurs, mais souffrance très notable pour tous les consommateurs, et souffrance d'autant plus profonde que les pays sont moins riches et ont des industries moins diversifiées; déficit budgétaire et troubles fiscaux.

En définitive, pour les pays d'or, cette situation équivaut à une exagération du libre échange ; pour les pays d'argent, à une exagération de la protection.

Or, cette protection, qui résulte de la dépréciation monétaire, est la plus mauvaise, la plus funeste, la plus ruineuse des protections. On ne peut ni en prévoir les conséquences, ni en mesurer les effets, ni l'arrêter à bon escient.

Il serait donc urgent de remédier à cet état de choses. On doit traiter à part la question de la protection, et rétablir avant tout un bon régime monétaire, sur les bases de l'identité de valeur entre le métal monnayé et le métal en lingot.

Mais, ici encore, se manifeste cette étrange perversion économique qui tend à réclamer une solution toute contraire à celle qu'exigerait l'intérêt général. On poursuit une entente internationale pour instituer une monnaie d'argent conventionnelle ; on prétend rétablir la fixité du rapport de valeur entre l'argent et l'or, fixité que les faits ont constamment démentie. On aboutirait de la sorte à un véritable inflationnisme métallique. On provoquerait, au delà de toute mesure, la production et le monnayage de l'argent ; on multiplierait tellement la monnaie d'argent que les prix en argent deviendraient très variables, et que l'or serait stipulé comme moyen de payement dans tous les contrats à long terme, parce qu'il offrirait seul quelque certitude de stabilité. On ferait peut-être alors disparaître, des cotes de banque, la perte sur l'argent, qui est aujourd'hui de 30 0/0, mais on ferait immédiatement reparaître une prime équivalente sur l'or, et l'on n'aurait en rien remédié aux maux qui résultent de la crise monétaire ; on se serait seulement mis, dans les pays latins, dans une situation beaucoup moins forte pour les supporter.

J'ai déjà indiqué la solution qui semble la plus sage à un grand nombre d'économistes : l'adoption de la monnaie d'or pour le règlement de toutes les transactions importantes, mais le maintien de la monnaie d'argent existante, avec sa valeur actuelle, pour toutes les opérations inférieures à une certaine somme à déterminer.

L'or deviendrait ainsi l'unique étalon monétaire, général et international ; l'argent, limité comme frappe et comme puissance libératoire, serait définitivement établi au rang, qu'il occupe déjà, de simple étalon auxiliaire[1].

---

[1] Voir plus haut, chapitre X, p. 155.

§ 3. — Les crises de travaux publics

Une troisième catégorie de crises provient de l'excès des travaux publics, engagés soit par l'Etat, soit par les compagnies en relation avec l'Etat. Ces crises de travaux publics viennent souvent compliquer les crises de crédit, mais elles ont une portée plus redoutable et une durée plus longue, en ce sens qu'elles amènent une perturbation plus profonde dans les échanges, et qu'elles entraînent à des remèdes plus dangereux.

Nous avons reconnu, dans un chapitre spécial, la mesure qu'il est désirable de respecter dans le développement des travaux publics. Les voies de transport perfectionnées, en ouvrant au commerce des débouchés plus étendus, rendent aussi la concurrence étrangère plus active ; il faut donc que l'industrie nationale soit armée de plusieurs capitaux, pour un que l'on consacre à l'ouverture des voies nouvelles. Si l'exagération des travaux publics absorbe, au contraire, la plus grande partie de l'épargne, et enlève à l'industrie et à l'agriculture les armes qui lui seraient d'autant plus nécessaires, il arrivera ceci : l'industrie et l'agriculture ne pourront profiter pleinement du bon effet direct des débouchés ouverts, et elles en subiront sans défense le contre-coup nuisible ; autrement dit, elles souffriront de la concurrence étrangère.

C'est alors que, de toutes parts, on entend s'élever les plaintes des producteurs ; ils réclament à l'envi une protection douanière, c'est-à-dire une barrière artificielle qui annule le bienfait des voies de transport perfectionnées.

Par des circonstances de ce genre, nous sommes entrès, depuis quelques années, dans une phase nettement protectionniste. Faut-il s'en alarmer beaucoup et y voir une réaction de très longue durée? J'ai peine à le croire. Le protectionnisme semble désormais impuissant à triompher sans retour : il a contre lui, et la spéculation cosmopolite servie par la mobilité des capitaux, et les chemins de fer, et la navigation à vapeur; quelles barrières peuvent résister à de tels moyens de pénétration ? Le protectionnisme, en tant que doctrine, est insoutenable, parce que, d'une manière générale, ce sont les pays riches de capitaux qui sont le mieux dotés pour supporter la concurrence ou pour l'esquiver. Même en agriculture, une terre, chargée d'impôts et de rentes, peut, avec la culture intensive, défier la concurrence d'un sol exotique imparfaitement cultivé; lorsqu'elle ne s'y prête pas, le fermier qui l'exploite peut trouver, dans les débouchés immédiats qui l'entourent, des moyens divers de transformer sa production, à condition, bien entendu, que la terre ne soit pas seule à produire et que l'homme qui la fait valoir ait de l'ingéniosité, du savoir et du crédit.

Mais, toute question de doctrine mise à part, on doit reconnaître qu'en temps de crise monétaire ou de crise de travaux publics des mesures de protection peuvent être utiles à employer. Elles sont utiles surtout comme traitement moral, si je puis ainsi dire, pour rétablir la confiance ébranlée chez le producteur et lui ramener le crédit ; mais, lorsqu'on parle d'une protection de ce genre, il faut entendre une protection essentiellement temporaire. La liberté commerciale est la loi fondamentale. On ne devrait y déroger que pour une durée fixée d'avance, et les taxes douanières devraient décroître périodiquement. Autrement, loin de stimuler les efforts des producteurs, la protection n'a pour résultat que de les affermir dans leur routine. Elle leur fait perdre de vue le vrai remède à leurs souffrances, qui est dans le savoir, dans l'activité et dans le crédit.

### § 4. — Les crises d'association

Un quatrième ordre de crises vient, suivant moi, des excès d'association et de gouvernement aboutissant aux monopoles industriels et à ce qu'on a nommé la féodalité financière. La concentration des entreprises similaires, la formation des grandes compagnies privilégiées, les syndicats d'accaparement, les grands magasins, etc., menacent de ruiner, il faut bien le reconnaître, les petits producteurs ou les petits commerçants; ces associations colossales forment obstacle aux entreprises nouvelles, et retiennent les travailleurs dans une sorte d'asservissement.

Les gens qui souffrent deviennent pessimistes; ils transforment en un mal définitif et inévitable une crise qui, comme toutes les crises, ne peut être que temporaire. Ils recourent alors à des remèdes que l'on croit volontiers puisés dans l'imagination des penseurs contemporains, mais qui sont, en réalité, empruntés aux phases antérieures et souvent très reculées de l'histoire économique. Minimum de salaire et maximum du prix des denrées, législation agraire supprimant l'héritage et donnant à chacun une part de la propriété du sol, réglementation du travail par l'Etat ou la municipalité, propriété collective des instruments de travail mis en œuvre par les associations ouvrières.... : tous ces procédés sont de vieux procédés, couverts de la rouille des temps, qui nous ramèneraient à la réduction de l'échange, à la suppression du crédit, à la misère de l'économie domestique et au despotisme administratif. Loin d'amener aucune amélioration, ils diminueraient la production, ils empireraient par conséquent la répartition, ils accroîtraient l'inégalité. Les travailleurs des villes ne voudraient pas de ce minimum de salaire ou de cette infime dotation rurale qu'on vient réclamer pour eux, car ils ont précisément renoncé à la vie des champs pour y échapper; au fait et au prendre, ils ne consentiraient pas davantage à être enrégimentés dans un fonctionnarisme socialiste, eux qui se prêtent si difficilement à la discipline coopérative.

Nous sommes assurément dans une veine de propagande socialiste, mais, en dépit du bruit qu'elle fait dans le monde, je pense qu'il faut encore moins s'en effrayer que du protectionnisme. Ce n'est là, en définitive, qu'une sorte de délire accompagnant la fièvre.

Je crois le socialisme impuissant, lui aussi, à triompher, parce que les fonctionnaires de l'Etat ou les producteurs coopératifs ont toujours fait preuve jusqu'ici d'inaptitude industrielle et commerciale, et qu'en toute occasion ils démontreraient à nouveau leur incapacité. Une entreprise quelconque ne vaut que par sa direction: or, l'homme qui a les qualités commerciales et industrielles nécessaires, en propres termes l'entregent et l'autorité, ne les mettra jamais au service permanent d'une administration parcimonieuse ou d'une coopération soupçonneuse; il ira là où la libre entreprise et la plénitude de la responsabilité lui assureront le maximum d'activité et de bénéfice. Que de gérants intelligents des coopératives j'ai vus déserter la coopération et s'établir à leur compte, dès qu'ils en trouvaient l'occasion! Donc, le succès, même partiel, de l'Étatisme ou du collectivisme, serait immédiatement suivi de déboires pour les travailleurs. L'incapacité de la direction, le déclin de l'industrie, l'improportionnalité du salaire (un salaire fixe, une journée de travail invariable, la proscription du marchandage et du travail aux pièces, sont autant de formes du salaire improportionnel), auraient des répercussions douloureuses sur les travailleurs, qui se révolteraient bientôt contre cette organisation socialiste.

J'ajoute enfin que, en tant que doctrine, le socialisme est contraire à l'observation positive. Il se fonde sur une théorie de la richesse empruntée aux inadvertances de quelques grands économistes (Adam Smith, Ricardo, dans une certaine mesure Stuart Mill), lesquels ont prétendu que le travail est le fondement de la valeur, d'où les socialistes ont conclu : que le capital résulte d'un prélèvement illégitime sur le produit du travail, seul créateur de la richesse ; qu'il ne doit être, dans tous les cas, qu'un auxiliaire subordonné. Les faits démontrent, bien au contraire, que la valeur est indépendante du travail. La somme de travail ne concorde avec la valeur que par les efforts qu'on a faits pour l'y proportionner. Loin d'être un accessoire, le capital, autrement dit la collection des forces naturelles améliorées, est la grande source de la richesse. Le travailleur n'est qu'un serviteur de ces puissances impersonnelles. Pourquoi alors, objectera-t-on, sont-elles appropriées, puisqu'elles sont impersonnelles ? Par une raison assez brutale, je le reconnais, mais très péremptoire. Tant que les capitaux et les terres sont restés dans le domaine collectif du clan ou de la cité, ils n'ont été que très médiocrement productifs, leur puissance ne s'est accrue qu'avec une lenteur désespérante. C'est de l'avènement seul de la propriété individuelle et héréditaire, que date le véritable essor économique, et c'est du progrès économique qu'est sorti l'affranchissement du travailleur. Qu'il respecte donc l'institution qui l'a fait libre !

Le socialisme invoque cependant la justice, lorsqu'il prétend qu'en vertu de la « loi d'airain »[1] les salaires sont toujours réduits à leur minimum, en sorte que l'inégalité des fortunes va sans cesse en augmentant et que le paupérisme est l'abîme où tous les travailleurs devront finir par s'engloutir un jour. Les faits les plus incontestables établissent, au contraire, que les travailleurs ont une participation croissante dans la production, que leurs salaires se sont plus élevés que les profits, tandis que les denrées consommables restaient stationnaires ou diminuaient de prix ; ils établissent que, malgré le mauvais emploi qu'ont fait trop souvent les ouvriers de leur accroissement de salaire, les petites propriétés se multiplient, les dépôts aux caisses d'épargne augmentent considérablement, les titres de rentes et les valeurs mobilières se répandent de plus en plus parmi les plus modestes familles ; en telle façon que le résultat final et consolant est la réduction progressive de l'inégalité. Le paupérisme est heureusement une exception sociale, une maladie des grandes agglomérations, due trop souvent à l'ivrognerie, à la dégénérescence, à l'imprévoyance, à l'inintelligence des hommes, imputable surtout au défaut d'organisation mutualiste et à des causes accidentelles qu'il faut incessamment s'occuper de combattre.

Donc le socialisme, de quelque nom qu'il se désigne et sur quelque doctrine qu'il s'appuie, est moins redou-

---

[1] « En tout genre de travail, il doit arriver et il arrive en effet, avait dit imprudemment Turgot, que le salaire de l'ouvrier se borne à ce qui lui est nécessaire pour lui procurer sa subsistance. » — C'est ce que Ferdinand Lassalle a appelé la *loi d'airain*.

table qu'il n'est bruyant. Il est cependant dangereux parce qu'il est, lui aussi, une entrave au progrès économique et un empêchement à bien des réformes fiscales, mutualistes, politiques et autres, qui seraient profitables aux travailleurs.

## § 5. — Les remèdes essentiels

Je ne crois donc pas qu'il faille s'exagérer l'importance de ces crises artificielles, crises de crédit, crises de travaux publics, crises d'association ; elles ne sont rien auprès des crises naturelles dont nous avons obtenu l'atténuation par le lent accroissement du capital, par le crédit, par les facilités du transport.

Les crises de crédit s'éviteront de plus en plus si la sagesse et la prévoyance finissent par pénétrer dans les conseils des grandes banques et des administrations de l'Etat. Les crises de travaux publics diminueront à mesure que l'Etat cessera son ingérence trop active, et que les immobilisations de capitaux par les entreprises privées seront mieux proportionnées au rendement qu'elles doivent procurer. Les crises de concentration enfin seront moins redoutables quand la contre-association syndicale sera intelligemment pratiquée par les petits producteurs et les travailleurs, quand la multiplité des institutions et des compagnies, quand l'extension du champ des échanges, par les unions douanières ou la liberté commerciale, mettront un obstacle décisif à la reconstitution d'une féodalité financière. Jusque-là, je ne crois pas que l'Etat puisse abdiquer ses fonctions pondératrices, ni se désintéresser absolument de la surveillance des monopoles de droit ou de fait que la coalition des grandes compagnies parvient à établir.

Quelles que soient les péripéties de ce développement social, il y a deux règles principales que l'on ne doit jamais perdre de vue. Elles résument à elles seules la science économique, et c'est à leur lumière qu'il faut résoudre toutes les difficultés qui surgissent :

1° Le capital est le grand instrument du progrès et de l'affranchissement de l'humanité ; il faut absolument le préserver de toute atteinte, et en favoriser de toutes manières l'accroissement ultérieur.

2° La pleine efficacité du capital, dans chaque entreprise, dépend de l'aptitude commerciale et industrielle du principal metteur en œuvre : l'autorité dans la direction du travail, l'habileté dans l'échange, sont les deux qualités dont la réunion est à la fois très rare et très nécessaire pour l'utilisation du capital : il faut aussi les protéger partout où on les rencontre.

Même au prix d'une inégalité apparente, ce sont là les deux moyens les plus égalitaires qui soient au monde, parce qu'ils tendent avec le plus de force et de rapidité à l'augmentation du dividende social.

Dans notre lutte contre la nature et contre les rivaux, pour échapper à la misère et à la famine, à la servitude et à la mort, il est de notre intérêt, à tous, de sacrifier beaucoup de nos prétentions personnelles, et de consentir à la discipline nécessaire, sans laquelle il n'y a point de victoire possible. En cas de défaite, les désastres seraient si grands, qu'on ne peut songer à mettre en balance la vaine satisfaction d'une émancipation passagère.

# CHAPITRE XX

## L'ÉVOLUTION SOCIALE

### LA CORRÉLATION DE TOUS LES PROGRÈS

### § 1er. — Les quatre cycles et les douze périodes de l'histoire. Le cycle nouveau, industriel et libéral

Tout ce remarquable développement économique que j'ai essayé de retracer, et qui consiste dans la transformation progressive de l'économie domestique, fondée sur le travail et l'épargne, en économie politique, fondée sur l'échange et le crédit, ne forme pas, on le comprend, une série indépendante, un phénomène isolé. Il a bien fallu traiter cette série à part, pour simplifier l'étude sociale qui est si complexe, mais nous ne devons pas nous-mêmes être dupes de notre procédé didactique.

L'évolution économique est dans une étroite corrélation avec l'évolution sociale tout entière; aussi ma démonstration spéciale serait bien incertaine si je ne l'appuyais pas sur l'histoire, si je n'indiquais pas comment les progrès économiques se rattachent aux autres progrès sociaux. Une telle démonstration exigerait tout un livre; je n'en pourrai faire qu'un exposé très succinct, de manière à signaler au moins les preuves que l'histoire peut en fournir.

C'est, à mon avis, par cette corrélation de tous les

faits sociaux, par cette *interdépendance* des phénomènes historiques, que l'on peut arriver à la conception nette de l'unité de l'être social, à l'intelligence des lois qui le régissent, et finalement à la formulation d'une sociologie, d'une physiologie sociale comme je préférerais la voir appeler, dont l'économie politique est assurément une branche importante, mais n'est cependant qu'un démembrement.

Il me semble, pour aborder de suite l'objet de ce dernier chapitre, que l'histoire, notre histoire au moins, à nous aryens de la branche gallo-romaine, se divise naturellement en quatre cycles :

I. Le cycle patriarcal ou patricien, des clans et des cités, qui va de l'ère des grandes épopées védiques, bibliques et homériques à la République romaine ouverte à la plèbe (300 avant Jésus-Christ).

II. Le cycle militaire, qui va de l'an 300 avant Jésus-Christ à l'avènement des rois barbares et à la chute de l'Empire romain (476 après Jésus-Christ).

III. Le cycle catholique, qui va de l'an 476 à la fin des croisades (1270).

IV. Le cycle monarchique, qui va de l'an 1270 à la Révolution française (1789).

Chacun de ces cycles peut se diviser en trois périodes, en sorte que toute l'histoire se résume en douze périodes faciles à caractériser brièvement comme suit.

*Première période :* Les clans ou *gentes* [1]. — Le culte superstitieux des ancêtres assure au clan ou à la *gens* la protection de ses dieux lares, redoutés des étrangers aussi bien que des membres de la famille. La terreur des morts puissants consacre, entre les mains

[1] Voir Fustel de Coulanges : la *Cité antique*.

des héritiers fidèles, la propriété de la terre où sont les tombeaux. Ainsi se constitue l'autorité du *pater*, à la fois prêtre, dépositaire des rites secrets par lesquels on obtient la faveur des dieux protecteurs, juge et capitaine du clan ou de la *gens*. Sous cette autorité absolue, sous ce droit de vie et de mort, la grande famille végète à l'état de communisme domestique, ce qui implique la servitude des femmes, des enfants, des clients, et, parmi les hommes membres de la famille, une grande inégalité de jouissance ou de peine.

*Deuxième période :* Les cités fédératives et les rois (à Rome, de 753 à 509 av. J.-C.). — Comme la guerre forme l'objet principal de l'activité des chefs de clans, les nécessités qu'elle impose déterminent la fédération des familles en phratries, en tribus, en cités, sous la protection commune d'un dieu anthropomorphe, qui a surgi de la foule des dieux domestiques. Le prêtre de ce culte fédéral est roi *(rex)* de la fédération, c'est-à-dire juge et chef militaire de la cité. Il a la prééminence sur les patriciens, chefs de clans, et l'autorité absolue, indéfinie, sur la population d'indigènes, vaincus ou immigrants, qui se sont groupés autour de la cité. Cette plèbe, sans culte, par conséquent sans protection divine et sans droit, est en quelque sorte à l'état amorphe : elle se compose d'artisans et de trafiquants à la ville, de colons à la campagne, soldats occasionnels quand il faut défendre la cité. Ils vivent dans une grande dépendance des patriciens, pour la tenure des terres et pour la subsistance en temps de crise (guerres, disettes, etc.) Aussi beaucoup, préférant une protection effective, entrent dans la clientèle des patriciens, analogue au servage du moyen âge. Les autres restent sous ce régime de liberté négative et précaire, sans cesse menacés de l'absorption patricienne, et cependant protégés dans une certaine mesure par les rois, qui sont enclins à s'appuyer sur eux, et qui finissent par leur donner accès à la religion municipale.

*Troisième période :* La république patricienne (à Rome, de 509 à 300 av. J.-C.). — Les patriciens ombrageux préviennent ce concert des rois et de la plèbe, et renversent les rois ; ils leur substituent des consuls, c'est-à-dire des généraux annuels, qui, d'accord avec les patriciens chefs de clans, donnent naturellement une grande extension aux entreprises militaires. Cependant la guerre en permanence, et de plus en plus écartée, ne peut pas être soutenue à l'aide des seules forces des patriciens et de leurs clients ; il y a nécessité de recourir à la plèbe pour former le gros de l'armée et, après la guerre, pour mettre en culture les terres conquises. Les plébéiens, dont le nombre augmente, et dont le concours est toujours plus demandé, se mettent fréquemment en grève, tant comme soldats que comme colons, et obtiennent, d'abord des tribuns politiques pour les protéger, puis successivement l'admissibilité à toutes les fonctions publiques et religieuses. A mesure que la plèbe gagne ainsi des garanties, les patriciens perdent leurs clients, qui s'affranchissent du servage et vont se fondre dans la plèbe. Simultanément, l'adoption des dieux étrangers, à chaque réduction des cités vaincues, prépare une évolution religieuse.

Ici, semble se terminer le rôle prépondérant des clans ou des *gentes* ; dorénavant, l'élément militaire devient dominant, et si les patriciens conservent longtemps encore le pouvoir, c'est aux exigences de la guerre, à leur valeur militaire et à leur prestige personnel, que ce phénomène sera dû. La *légion*, cette cité mobile et armée, est le merveilleux instrument militaire qui acquerra toute sa puissance dans la période suivante.

*Quatrième période :* La République ouverte à la plèbe et aux alliés (de 300 à 88 avant J.-C.)[1]. — La République romaine est ouverte à la plèbe, mais elle n'est pas pour cela plébéienne. Les patriciens et les chevaliers restent, en fait, à la tête des légions et des affaires, et s'y enrichissent démesurément. La conquête est, pour eux, la seule forme fructueuse d'activité ; ils la pratiquent en permanence, et, comme les légions romaines n'y suffisent plus, ils y emploient les légions auxiliaires des cités alliées ou sujettes. Mais celles-ci, lasses de n'avoir que les lourdes charges de la guerre et point les profits, se révoltent à leur tour. Elles fomentent la guerre sociale ; finalement, elles sont admises au droit de cité. La République romaine cesse d'être municipale ; elle offre le premier exemple d'un empire s'incorporant plusieurs cités et en formant une nation. En même temps, se fait progressivement la fusion des dieux similaires, et se constitue le polythéisme symbolique.

*Cinquième période :* La démocratie et le prétorianisme (de 88 avant J.-C à 286 après J.-C). — La conquête et l'exploitation des provinces ne profitent toujours qu'aux patriciens et aux chevaliers, à ceux qui ont l'influence du pouvoir et de la fortune. Ils réunissent de

---

[1] Consulter, outre Polybe et Fustel de Coulanges : Th. Mommsen, *Histoire romaine* ; G. Boissier, *Cicéron et ses amis*, *l'Opposition sous les Césars* ; G. Boissière, *l'Algérie romaine* ; H. Martin, *Histoire de France* ; A. Blanqui, *Histoire de l'Economie politique* ; Moreau de Jonnès, *Statistique des peuples de l'antiquité*, etc.

grandes concessions de terres, ils acquièrent d'innombrables esclaves, lesquels, tant comme cultivateurs que comme ouvriers d'industrie, font une concurrence ruineuse aux plébéiens. Le blé, fourni gratuitement ou à vil prix par les provinces, ne constitue plus une culture rémunératrice pour les petits propriétaires ou les colons plébéiens. De là, les troubles agraires, les revendications plébéiennes, les séditions fomentées par les agitateurs ambitieux. Les plébéiens de Rome, sollicités par les policiciens du Forum, arrivent à vivre de distributions publiques, et à trafiquer de leurs votes ou de leurs témoignages en justice. Cette démocratie plébéienne, recrutée de tous les nouveaux citoyens des villes latines, donne naissance aux dictatures, aux consulats réitérés, aux triumvirs armés de pouvoirs extraordinaires : les armées permanentes, composées de prolétaires et de provinciaux, succèdent aux anciennes milices romaines, et deviennent les armées personnelles des proconsuls qui, les commandent. Le principat ou l'empire est fondé. César, puis Auguste, puis Tibère, exercent un pouvoir absolu, sous les formes républicaines. L'avènement du césarisme marque la ruine de la République, mais l'administration rigoureuse des empereurs et la longue paix des deux premiers siècles sont de grands bienfaits pour les provinces. L'exploitation en est régularisée, non plus au profit exclusif des sénateurs, mais au profit du prince et de Rome. Cette exploitation constitue un vaste régime socialiste, qui fait vivre l'improductive Rome aux dépens des provinces productives, par les soins de l'administration impériale. Simultanément, les dispositions religieuses se modèlent sur les sentiments politiques et sur les habitudes sociales de la population. L'exemple d'un prince ou empereur, revêtu d'un pouvoir absolu, prédispose à la croyance en un dieu suprême : le christianisme, qui est le monothéisme d'un dieu fait homme, et d'un dieu professant un socialisme égalitaire, plein de revendications en faveur des pauvres et des déshérités, apporte la doctrine généreuse, capable de grouper tous ces sentiments épars ; les persécutions lui donnent la vie en suscitant l'héroïsme des martyrs.

*Sixième période :* La division de l'Empire (de 286 à 476)[1]. — L'Empire se raffine et se complique de plus en plus. La prospérité des provinces et les difficultés de l'administration socialiste d'un aussi grand corps créent une science juridique et administrative remarquable ; malheureusement, la valeur militaire a toujours décliné depuis que le cœur de la nation a été étouffé sous le césarisme. Les Barbares violent les frontières de toutes parts, et les empereurs, ou les lieutenants des empereurs, sont obligés de les opposer les uns aux autres, et de s'en faire des auxiliaires d'une fidélité très douteuse. Les défaites militaires subies sur le terrain même des provinces, les déprédations ou les réquisitions exercées par les troupes impériales ou par les garnisaires barbares, le faste croissant et oriental des cours impériales multipliées par la tétrarchie, la progression de la bureaucratie, le nombre de plus en plus grand des privilèges accordés à des classes entières de citoyens, amènent à la fois une décadence matérielle des provinces et une oppression fiscale écrasante. Le mécontentement général favorise les progrès du christianisme, contre lequel le

---

[1] Consulter Fustel de Coulanges : *Histoire des institutions politiques de l'ancienne France* ; Clamageran, *Histoire de l'impôt* ; Chateaubriand, *Études historiques* ; Henri Martin, *Histoire de France*.

paganisme, réduit à l'état de métaphysique symbolique, est impuissant à lutter. Après des persécutions nombreuses et des succès partiels, le christianisme triomphe définitivement avec Constantin (édit de Milan, 313), mais sous la forme semi-arienne. D'une manière ou d'une autre, les évêques prennent un caractère public; ils deviennent les *défenseurs* officiels de leurs cités, ils se recrutent parmi les riches et nobles familles, et forment un corps éminent, versé dans le droit et l'administration romaine. Ils ne constituent pas cependant une force pour l'Empire; ils poussent, comme tous les chrétiens, à la décentralisation, à la division de l'Etat, au renversement de la bureaucratie et de la fiscalité qui oppriment les cités. On peut dire que tout ce monde chrétien, qui a subi la dureté des persécutions impériales et qui a trouvé meilleur le temps des usurpations et des intérims, aspire à la délivrance, même au prix d'une alliance avec les rois barbares. C'est dans ces conditions que s'établit, en 476, la vacance définitive de l'Empire d'Occident.

Désormais, le pouvoir militaire qui constituait la force de l'Empire va décliner rapidement. Clovis commandera encore à des légions romaines, et constituera son royaume avec leur aide, mais, après lui, les armées savantes disparaîtront, et feront place aux levées en masse. Quel sera, dans ce cycle nouveau, l'organe actif de la civilisation? Uniquement l'Eglise catholique.

*Septième période :* La monarchie franque (de 476 à 877, date de l'édit de Kiersy-sur-Oise). — L'Empire est renversé; les rois barbares, visigoths, burgondes et francs, s'imaginent succéder aux premiers dignitaires de l'Empire; ils prennent leur manière de vivre, ils adoptent leurs costumes, ils se servent de leurs chancelleries. Comme le christianisme était la religion de l'Empire, ils se font chrétiens. Les évêques, exercent un pouvoir presque absolu sur leurs églises se confondant avec les cités ; ils ont une grande influence dans les conseils du roi ; ils forment une sorte de gouvernement occulte. Néanmoins, la violence et l'arbitraire sont partout, et la civilisation rétrograde, presque au niveau de la première période : on voit renaître le régime des clans et des cités. Les vastes clientèles se reconstituent autour des grands, qui molestent les « pauvres hommes libres », suivant l'expression de Charlemagne dans ses capitulaires. L'Eglise en recueille un grand nombre dans sa propre clientèle. et le monachisme se développe étrangement et utilement. Le socialisme savant de l'Empire a disparu, sauf peut-être dans les grandes villes, et l'on revient au communisme primitif, sous deux formes : la vie en commun dans les métairies franques et les châteaux des grands ; la vie monastique dans les solitudes, où se poursuit le patient défrichement des forêts et des terres redevenues incultes. — Mais au-dessus de cette reconstitution des clans et des communautés, preuve d'une décomposition croissante de la société, il subsiste une précieuse unité spirituelle, qui n'existait pas au temps du culte des ancêtres. Le catholicisme a opéré une vaste synthèse de toutes les croyances religieuses : il a réuni, dans sa foi complexe, le déisme philosophique des esprits cultivés, le polythéisme des païens romains et barbares, qui s'adonnent au culte des saints et des notre-dame, le fétichisme enfin des esprits élémentaires, qui s'attachent aux images et aux reliques. Toutes les fonctions de la vie sociale sont soumises à la même procédure religieuse : le serment sur les saintes reliques, les épreuves religieuses pour le jugement de Dieu, etc. L'institution de la papauté consacre définitivement cette puissance formidable et salutaire de l'Eglise, seul frein qu'on puisse à cette époque opposer aux passions déchaînées.

*Huitième période* : La féodalité (de 877 à 1095, date de la première croisade).[1] — L'organisation militaire a complètement disparu ; après la restauration austrasienne de Pépin d'Héristal, de Charles Martel, de Pépin le Bref et de Charlemagne, qui tentent de ressusciter l'Empire, il n'y a plus d'armées. Les bandes tumultueuses des rois francs peuvent bien dévaster les pays ; elles sont impuissantes à assurer l'autorité de l'empereur, et à défendre des frontières qui sont elles-mêmes incertaines. Les attaques soudaines, multiples, incroyablement audacieuses des Normands, dont l'ubicuité est terrifiante, nécessitent partout des mesures défensives locales, qui hâtent le morcellement de l'Empire, définitif en 877. Il s'est fait dans tout le pays une vaste appropriation des bénéfices et des fonctions ; la souveraineté s'est en quelque sorte pulvérisée ; et chaque morceau du pouvoir est défendu par un château-fort et une petite troupe d'hommes d'armes, groupés autour d'un baron. Les villes aussi, sous la conduite de leur comte et de leur évêque, ont dû se fortifier ; les populations se sont armées. Déjà, par l'action persistante de l'Eglise, l'esclavage domestique avait disparu, les artisans et les trafiquants des villes étaient émancipés ; il est probable que la renaissance du militarisme municipal rendit encore plus réel leur affranchissement ; de cette époque datent les premiers groupements en corps de métier

[1] Consulter Henri Martin, Augustin Thierry, Michelet, etc.

sous la protection d'un saint, dont la bannière servait d'étendard dans les combats. — Enfin, les Normands se convertissent au christianisme, et s'établissent définitivement en Neustrie. Une période de paix relative survient, et s'affermit par les appréhensions de l'an mille, époque assignée à la fin du monde. La croyance au millénaire amène les trêves de Dieu, elle fait affluer les dons au clergé; l'Église s'enrichit. Alors éclate le grand mouvement de l'architecture romane qui entraîne, nécessairement le développement des corps de métier.

*Neuvième période :* Les croisades (de 1095 à 1270). — Ce n'est pas seulement l'architecture qui naît de cette effervescence du XI^e^ siècle ; toutes les imaginations sont en éveil : les Normands conquièrent l'Angleterre; les chevaliers de France et de Bourgogne s'établissent en Portugal; d'autres Normands encore s'emparent des Deux-Siciles ; les bourgeois des villes, de gré ou de force, réclament des communes ou des consulats ; de toutes parts, les pèlerinages en Terre Sainte se multiplient, lorsque survient la prise de Jérusalem par les Turcs (en 1076), qui semble y mettre un obstacle définitif. L'Église, dont la richesse et la puissance ont accru l'ambition, prêche la croisade pour reconquérir les saints lieux. Les rois, les nobles, les aventureux de toutes classes, se précipitent dans la folle entreprise. Il en résulte une véritable transformation sociale. Les croisés font argent de tout : ils vendent et engagent leurs biens, ils accordent à prix d'argent des chartes de commune ou de corporation, des privilèges et des garanties, ils affranchissent les serfs, etc. Qui profite de tout cela? D'abord, l'Église qui recueille partout d'immenses aumônes et qui prend en main beaucoup de biens nobles; ensuite, la bourgeoisie des villes, qui vend à haut prix ses fournitures et achète des chartes et des domaines; enfin la royauté, qui bénéficie doublement et de l'affaiblissement du baronage et de l'affranchissement des communes, dont les milices lui seront maintes fois d'un puissant secours. C'est ainsi que, pendant que les barons vont se ruiner ou se faire tuer en Orient, l'Église s'enrichit et se corrompt; les villes maritimes et commerçantes font fortune comme transporteurs et pourvoyeurs des armées; le mouvement consulaire et communal se poursuit partout et s'achève; des procédés nouveaux dans l'industrie, comme aussi dans la guerre, sont empruntés au Bas-Empire et aux Sarrasins; le commerce reçoit une impulsion définitive, les corporations de métier acquièrent une telle importance qu'il devient nécessaire d'en rédiger les coutumes ou les statuts. Parallèlement, la royauté, avec Louis le Gros et Philippe-Auguste, a rétabli son autorité sur les vassaux qui la méconnaissaient; des baillis et des prévôts royaux, administrateurs-juges, sont installés dans les villes avec des pouvoirs définis et temporaires; les communes sont mises sous la dépendance directe du roi. La complication croissante des relations sociales exige partout la formation d'un corps spécial de juristes : Philippe-Auguste, malgré l'Église, favorise l'étude du droit romain, et Louis IX, progressivement, substitue à la cour des pairs le parlement de Paris.

A partir de cette époque, la royauté est en possession d'un pouvoir prépondérant; les communes sont pour elle un soutien, non un danger; le baronage est réduit; l'Église, riche, avide et corrompue, a perdu son action désintéressée; elle va faire preuve, dans les expéditions contre les Albigeois, de la cruauté la plus sanguinaire et la plus cupide. On peut considérer, désormais, que sa grande mission sociale est terminée; elle formera dès lors un obstacle à tous les progrès, tandis que l'État devient de plus en plus l'instrument efficace de la civilisation.

*Dixième période :* La constitution du pouvoir royal (de 1270 à 1445, date de l'établissement de la taille perpétuelle et de l'armée permanente). — La royauté s'affranchit définitivement de la tutelle de l'Eglise; Philippe le Bel tranche ses conflits avec le pape, en s'appuyant sur le parlement laïcisé et sur les premiers états généraux (en 1302) : c'est la date de la première apparition officielle du tiers-état dans l'histoire. A cette époque, se produit chez les derniers Capétiens directs et surtout chez les Valois, une explosion de faste et de dépense; les villes, et en premier lieu Paris, s'embellissent et deviennent le séjour préféré des rois et des seigneurs : la bourgeoisie y trouve naturellement une occasion de prospérité. Cette prospérité est attestée, et par le luxe de la bourgeoisie, réprimé par des édits somptuaires, et surtout par les conflits qui se produisent entre les métiers inférieurs et supérieurs. Ces conflits semblent arrêter désormais le mouvement de l'indépendance communale, les villes préférant recourir aux magistrats royaux.—Rois et seigneurs sont devenus plus riches; leurs revenus se sont accrus en proportion de la prospérité plus grande des populations; mais, sous l'empire du commerce avec la Flandre, le Levant et l'Italie, les consommations se sont raffinées, le goût des constructions s'est répandu, et les dépenses des cours royales, princières ou seigneuriales excèdent leurs revenus. La pénurie des trésors se traduit en impôts nouveaux et en expédients. Les tailles et maltôtes, les gabelles et les aides (impôts sur les ventes perçus à l'entrée des villes), ne peuvent matériellement être recouvrés qu'avec le concours des villes et des corporations; les décimes sur le clergé, les dons gratuits de la noblesse, exigent le bon vouloir de ces corps. De là, la convocation fréquente des états généraux ou provinciaux, et les concessions nécessaires faites en retour par la royauté pour obtenir les subsides dont elle a besoin. Toutefois, le recours aux états est une ressource si laborieuse et si pénible pour l'autorité souveraine que les rois se livrent plus volontiers aux confiscations de biens des Juifs et des Lombards et à l'altération des monnaies, source de graves perturbations dans les échanges, mais origine aussi de l'institution de l'unité monétaire. — Le désordre financier, l'imprévoyance des Valois, leur obstination dans la tactique militaire féodale, leur défiance des milices communales qui auraient pu servir d'organes aux revendications fiscales des populations, ce qui leur fait préférer des troupes mercenaires d'une fidélité douteuse, mettent le royaume, à trois reprises, tout près de sa chute. Crécy, Poitiers, Azincourt (1346, 1356, 1415), démontrent, ce que la victoire des milices flamandes à Courtrai pouvait déjà faire pressentir (1302), la supériorité de l'infanterie disciplinée, armée d'armes de jet, sur la lourde gendarmerie à cheval, armée de la lance et de l'épée. Les archers anglais triomphent de la chevalerie française et conquièrent, malgré leur petit nombre, la moitié du royaume de France. Il faut y voir aussi la conséquence de la supériorité industrielle et commerciale de l'Angleterre à cette époque. La France, livrée pendant de longues années à l'occupation anglaise, aux exactions des princes du sang, aux luttes des Bourguignons et des Armagnacs, aux insurrections des Parisiens et des Jacques, est enfin sauvée par l'explosion de patriotisme qui se personnifie en Jeanne d'Arc, et par l'intelligence des grands bourgeois formant le conseil de Charles VII : l'argentier Jacques Cœur, les frères Bureau, organisateurs de l'armée, créateurs de l'artillerie en France, et d'autres encore, administrateurs et légistes.

*Onzième période* : La Renaissance et la Réforme (de 1445 à 1598, date de l'édit de Nantes). —La taille perpétuelle accordée par les états d'Orléans en 1439, les compagnies d'ordonnance organisées en 1445, la possession de la première artillerie du monde, arme coûteuse que ne pouvaient entretenir les petits seigneurs, établissent définitivement la puissance de la royauté. Charles VII achève de reconquérir son royaume sur les Anglais; Louis XI, qui lui succède, fait rentrer tous les apanages détachés de la couronne, et met fin à la seconde féodalité des princes du sang. A sa mort, le pays, délivré des charges écrasantes qu'il lui imposait pour entretenir son armée, entre dans une période de prospérité. — La prospérité du pays, la puissance militaire du royaume, se traduisent par les expéditions en Italie de Charles VIII, de Louis XII et de François Ier, continuées par les guerres contre Charles-Quint et Philippe II. Les guerres d'Italie ont des résultats analogues à ceux des Croisades ; elles en sont, en quelque sorte, le complément ; elles amènent en France toute la civilisation de l'Italie, qui avait déjà recueilli celle du Bas-Empire et de l'Orient. La Renaissance, qui en résulte, est l'explosion d'un ensemble de progrès industriels, juridiques, artistiques et scientifiques. Dans l'ordre industriel et commercial, les progrès sont hâtés par la découverte du nouveau-monde. L'abondance des métaux précieux agit comme un stimulant de l'esprit d'entreprise. La multiplication du numéraire a aussi pour résultat d'atténuer en réalité l'aggravation constante des budgets, causée par les guerres et les prodigalités des princes ; mais elle force aussi la royauté de recourir à des expédients fiscaux et, notamment, à l'aliénation des droits domaniaux, aux emprunts en rentes perpétuelles (1522) et à la vente des offices administratifs, judiciaires et même industriels. La Renaissance, basée, au fond, sur une grande activité commerciale, est l'époque de la formation de notre droit : on édicte les grandes ordonnances judiciaires, et on rédige les coutumes. — Avec l'esprit d'examen juridique, avec le progrès des sciences, avec l'indépendance plus grande que donne la richesse commerciale, il n'est plus possible de supporter sans révolte l'autorité d'un clergé corrompu, qui ne veut pas que l'on étudie et que l'on comprenne les livres saints, et qui fait un scandaleux commerce de prières, de dispenses et de pardons : la Réforme, qui éclate en Allemagne et en Suisse, trouve un écho profond en France. Elle aboutit aux guerres de religion. Celles-ci remettent le pays presque aussi bas que du temps de Charles VI ; mais, grâce au courage et à l'habileté du Béarnais, la Ligue ou sainte-union des catholiques est enfin rompue, et l'édit de Nantes, en établissant la liberté du culte pour les protestants, consacre la division irrémédiable de l'Eglise.

*Douzième période :* L'équilibre européen, le mouvement colonial, la libre pensée (de 1598 à 1789). — Henri IV, Richelieu, Mazarin, rétablissent l'unité du royaume et, abattant la suprématie de la maison d'Autriche, fondent l'équilibre européen. Sully et Colbert remettent l'ordre dans les finances : le premier encourage puissamment l'agriculture qu'Olivier de Serres contribue à mettre en grand honneur ; le second tire du système réglementateur et protectionniste, qui a été jusque-là le régime constant de l'industrie, des résultats nouveaux et considérables : des manufactures nationales sont fondées, des expéditions coloniales sont tentées, des compagnies maritimes s'organisent. Les découvertes géographiques du siècle précédent sont universellement mises à profit, et donnent naissance aux colonies, qui forment un stimulant considérable pour le commerce de l'ancien monde. Louis XIV favorise le grand mouvement commercial, artistique et littéraire du XVII^e^ siècle, mais il compromet cette prospérité par ses guerres et par sa révocation de l'édit de Nantes. Néanmoins, soit par lui soit contre lui, le système de l'équilibre européen se consolide : il atteste, en définitive, une égalisation progressive des nations de l'Europe, le développement industriel et maritime des unes faisant compensation à la puissance territoriale des autres. — A la mort de Louis XIV, le désordre des finances pousse le régent à recourir aux expédients financiers d'un aventurier d'outre-Manche, et l'on ne connaît d'abord le crédit public et la spéculation que par leurs plus grands abus (il en avait été de même pour l'unité monétaire et pour les troupes soldées). L'intervention de Law a été certainement beaucoup plus funeste qu'utile ; il n'a fait qu'introduire en France, presque violemment et sans mesure aucune, des procédés d'association et de crédit qui fonctionnaient déjà au dehors, et qui se seraient peu à peu acclimatés en France. Les désordres et les extravagances de la rue Quincampoix ont eu de graves conséquences morales ; elles ont peut-être été, pour la noblesse et la royauté, ce que furent pour l'Eglise les scandales de la cour de Rome. Désormais, la puissance dominante est celle de la fortune, quelle qu'en soit la source. La licence des mœurs et des idées s'ensuit. Un esprit de critique universelle, fondé d'ailleurs sur les progrès de la science et de la philosophie, s'attaque à l'ordre politique et social. Des penseurs désintéressés, publicistes ou économistes, en voulant fortifier l'édifice, ne font qu'en précipiter la ruine : ils démontrent clairement que ni le régime politique ni le régime économique ne concordent plus avec les besoins de la nation. Eux-mêmes font preuve d'inconséquence, lorsqu'ils croient qu'un despotisme éclairé peut réformer l'ordre existant sans se condamner lui-même. Fénelon, Quesnay, Turgot, s'imaginent qu'on peut modifier un ordre de fonctions sans ébranler tout le corps social ; ils ont raison sur un point, mais ils se trompent sur les conséquences de leurs critiques. Les gouvernants s'en aperçoivent à l'user ; aussi sont-ils perpétuellement ballottés entre des velléités de réforme et des tentatives de réaction. Les parlementaires, qui avaient fait opposition aux réformes de Turgot, sont ceux-là mêmes qui réclament la convocation des états généraux. Les états sont convoqués et la Révolution éclate, par une suite de circonstances si peu considérables et si imprévues que la fatalité du fait n'en ressort que plus clairement.

Avec la Révolution française de 1789, un cycle nouveau a commencé. Pourra-t-on le qualifier un jour de cycle industriel et libéral ? Ne nous hâtons pas trop de l'affirmer, nous ne faisons que d'y entrer, nous sommes encore dans la transition révolutionnaire. L'interprétation des faits actuels est donc extrêmement délicate, elle tient plus de la prévision que de l'appréciation, et repose, en somme, sur l'ensemble des expériences historiques qui ont précédé.

Les règles à suivre dans cette interprétation me semblent devoir se formuler ainsi :

1° Les progrès en cours n'offrent de probabilité de

succès que s'ils se trouvent dans le sens de la série historique déjà parcourue.

2° Les progrès obtenus dans un ordre de fonctions ne sont définitivement acquis que s'ils s'appuient sur des progrès corrélatifs dans les autres ordres de fonctions.

Munis de cette lumière, examinons rapidement les différents faits qui se sont produits depuis 1789, et jugeons-en la validité d'après leurs antécédents historiques.

## § 2. — L'évolution tutoriale

Dans l'ordre des fonctions tutoriales, que nous apprend l'histoire ? Que les individus n'ont jamais pu vivre, dans l'antiquité, sans se rattacher à un clan ou à une cité. Les hommes vivaient dans la communauté, ou sous la protection et la dépendance de la grande famille dont ils faisaient partie. S'ils n'y tenaient point par les liens du sang, ils s'y rattachaient par les liens de la clientèle, qui semble identique au servage du moyen âge. Ce n'était point certainement une existence de liberté idyllique, comme on se l'est imaginé quelquefois, mais une vie fort dure, pleine d'arbitraire et d'inégalité, protégée cependant.

Plus tard, au second cycle, nous voyons ces grandes familles se réduire et perdre leur clientèle, restreinte aux esclaves et aux affranchis. Les plébéiens, qui ont reconquis leur liberté, qui sont entrés dans le droit, ne peuvent encore supporter la concurrence des esclaves et des provinciaux ; ils meurent de faim malgré la conquête du monde; mais ils sont les maîtres de la cité, et ils obtiennent, sous une forme ou sous une autre, comme soldats ou comme électeurs, d'être entretenus aux frais du socialisme ou du collectivisme de l'Etat.

Au troisième cycle, quand l'Etat s'effondre, quand l'Empire s'est pulvérisé, quand on est revenu au régime municipal, les individus peuvent encore moins subsister à l'état libre ; ils rentrent dans la clientèle féodale ou ecclésiastique, ils redeviennent serfs, colons tributaires, vavasseurs, ou bien ils se font clercs ou moines. En dehors de ces gens classés, il n'y a que des mendiants et des criminels assistés par l'Eglise.

Au quatrième cycle, comme au second, les clientèles se réduisent, beaucoup d'individus s'affranchissent, mais à la condition de faire partie de nouveaux groupements : corporations, communes, confréries, paroisses; et cependant les déclassés, les détritus sociaux, sont si nombreux qu'ils exigent une large charité publique.

Or, que voyons-nous depuis 1789? Un grand développement de l'assistance publique; la création, dans presque toutes les communes, de bureaux de bienfaisance administrés sous la surveillance des municipalités; enfin, la formation d'institutions de prévoyance et de secours, soit libres, soit officielles, soit intéressées, soit désintéressées : caisses d'épargne, monts-de-piété, sociétés de secours mutuels, caisses d'assurances et de retraites, sociétés coopératives de consommation, de crédit, syndicats professionnels, etc., et, sous la forme intéressée, des compagnies d'assurances de toutes sortes.

Nous remarquerons, dans ces œuvres ou ces institutions très diverses, que celles qui sont administratives, qui procèdent directement de l'Etat ou de la commune, et qui n'exigent aucune coopération des individus, n'ont de valeur que comme régularisation de la charité publique ; ils rentrent dans la donnée socialiste. Le droit à l'assistance ou à la retraite est une forme du collectivisme des républiques antiques : c'est une tradition du passé, ce n'est pas un progrès nouveau. Même dans cette catégorie d'institutions, il faudrait craindre de transformer en services publics, directement administrés par l'Etat ou les communes, les services semi-indépendants comme ceux de l'Assistance publique.

Mais ces nuances importent peu, et le véritable progrès appartient évidemment aux institutions mutualistes, soit qu'elles constituent des entreprises intéressées comme les compagnies d'assurances, soit qu'elles consistent en œuvres coopératives. Dans les deux cas, nous avons un exemple typique de ce que j'ai signalé comme la sécularisation d'une fonction sociale, c'est-à-dire l'exercice d'une fonction d'ordre public par la libre initiative et sous la responsabilité personnelle d'un groupe d'individus. Cette manière d'agir peut produire, au début, des effets très inférieurs à ceux d'une administration de l'Etat, mais il n'est pas douteux qu'elle ne comporte des perfectionnements bien plus grands et presque indéfinis, parce que l'initiative individuelle est plus souple, plus ingénieuse, plus hardie, qu'elle se prête à tous les besoins, qu'elle est toujours soumise aux stimulants de l'émulation et, même dans les œuvres désintéressées, aux sanctions de la concurrence.

Il paraît donc évident que l'avenir est à la mutualité, que la mutualité est la forme tutoriale destinée, avec le temps, à suppléer aux insuffisances de la famille moderne, et à exonérer des froissements et des humiliations de l'assistance publique, si contraire à la dignité humaine.

Passons au second ordre de fonctions sociales, les fonctions économiques.

### § 3. — L'évolution économique et fiscale

Dans tout le cours de cet ouvrage, j'ai cherché à montrer que l'histoire économique n'était pas autre chose que l'évolution de l'économie domestique à l'économie politique, du travail simple au travail divisé et organisé, de l'épargne thésaurisatrice à l'épargne mise en valeur par le crédit, de la production en vue de la seule consommation à la production en vue de l'échange. Cette évolution, qui est loin d'être achevée, comporte un grand nombre de transformations de tous les phénomènes économiques ; je me borne à rappeler ici les plus caractéristiques.

L'économie domestique pure ne comporte qu'une forme : le communisme de la famille, non le communisme utopique d'une famille idéale, au sein de laquelle, suivant la formule de Cabet et de Louis Blanc, chacun travaillerait suivant ses facultés et consommerait suivant ses besoins, mais le communisme arbitraire d'une famille brutalement conduite, où les faibles, les femmes, les enfants, sont condamnés aux durs travaux, où les vieux sont réduits aux maigres portions, et où les forts s'arrogent, avec le loisir, la meilleure part de la consommation.

Au second cycle, l'économie domestique s'enrichit d'un nouvel élément de production, le travail des esclaves, qui donne naissance à la grande culture et à la grande industrie d'alors : exploitation des mines, métallurgie, manufactures, etc. Il semblerait qu'à l'aide de ce nouveau facteur la société va entrer immédiatement dans le régime de l'échange généralisé ; il n'en est rien. La cité antique, l'empire romain, restent dans les dounées de l'économie domestique : on produit pour sa propre consommation, et il n'y a que le superflu qui s'échange. Les propriétaires produisent pour eux; l'Etat, qui est le plus grand propriétaire et le plus grand industriel, produit pour le besoin de ses troupes, de ses fonctionnaires et de sa plèbe.

Nous apercevons là très nettement l'affinité du socialisme avec la primitive économie domestique. Ce régime de socialisme comporte si peu d'échanges que la plupart des impôts s'acquittent en nature, sous forme de dîmes, de prestations et de fournitures (*annonæ*) ; les tributs en espèces ne forment que la moindre partie des contributions. Ce ne sont pas les échanges, ce sont les transports qui sont atteint par les péages (*telonea*).

Au troisième cycle, il y a naturellement retour en arrière. Le socialisme de l'Etat recule et fait de nouveau place au communisme inégalitaire : les bandes de guerriers vivent, dans les métairies de leurs chefs, à la table commune; les bandes de moines vivent, dans les couvents, du produit de leur culture ou de celle de leurs serfs. Le régime fiscal est le même que sous l'Empire, autant qu'on peut le maintenir, sauf que les tributs réguliers en argent s'amoindrissent encore et disparaissent peu à peu, tandis que les droits de justice, les péages du transport ou les banalités seigneuriales se multiplient sans parvenir à être fructueux.

Au quatrième cycle, l'économie politique commence à naître, mais avec des préoccupations locales et nationales qui la rapprochent singulièrement du socialisme. Dès qu'un commerce ou une industrie surgit, la cité qui les a vus naître veut en garder le privilège; le prince réserve ses droits, et prétend conserver l'avantage exclusif des revenus nouveaux au pays qui est son domaine. L'échange reste donc cantonné dans un cercle restreint, qu'on ne peut franchir qu'en supportant toutes sortes d'amendes, et en se prêtant à toutes sortes de formalités.

Il faut bien se pénétrer de cette idée que la liberté est la dernière chose à laquelle les hommes aient recours. La production et la consommation n'ont jamais été libres. Du temps de l'économie domestique, tous les actes en étaient soumis à des rites superstitieux d'une minutie stérilisante [1]. Du temps du socialisme, c'était l'intervention de l'Etat et des fonctionnaires qu'il fallait subir. Quand l'économie politique vient à naître, l'humanité est tellement habituée à la servitude, elle est naturellement si effrayée de la liberté, qu'elle trouve tout simple que la production, que l'échange, que le crédit, soient entourés de réglementations, d'autorisations, de surveillances et de protections. L'esprit réglementateur et protectionniste des siècles monarchiques ne constituait point un régime rétrograde; il était en progrès sur le passé. Sully, qui fit fleurir l'agriculture, ne voulait pas encourager l'in-

---

[1] Même au temps d'Olivier de Serres « il fallait faire sortir les veaux à reculons quand on les séparait de leur mère, ne commencer à labourer qu'après avoir promené trois fois du pain et de l'avoine autour de la charrue; ne pas filer ni coudre le jeudi et le vendredi, parce que cela faisait pleurer la Sainte Vierge. Tracer une croix sur la cheminée empêchait les poules de s'égarer; jeter du pain dans un puits l'empêchait de tarir; placer du buis bénit sur le fourrage éloignait les insectes; mettre les os d'une tête de jument dans le jardin faisait mourir les chenilles. Pour que les semences fussent meilleures, on les faisait passer dans un crible fait d'une peau de loup et qui ne devait avoir que trente trous, ou bien on les faisait toucher par l'épaule d'une taupe... Quand on savait tout cela, on était bon laboureur. » (Rambaud, *Histoire de la civilisation française*.) En vérité, quand on y réfléchit, on reconnaît que le savoir des siècles d'ignorance est quelquefois plus compliqué que celui des siècles de science, mais en revanche il est stérile.

dustrie; Colbert, qui la réglementait, la favorisa au contraire : le colbertisme fut donc un régime relativement libéral. Il a fallu toutes les polémiques du dix-huitième siècle et tous les bouleversements de la Révolution pour nous familiariser peu à peu avec l'idée de la liberté, et encore n'y sommes-nous point suffisamment faits.

Le régime fiscal du cycle monarchique varie nécessairement beaucoup suivant les périodes. Néanmoins, on peut le caractériser ainsi : l'impôt direct en argent est rétabli avec la taille, impôt foncier de répartition; les péages disparaissent peu à peu pour faire place aux aides, aux gabelles et aux douanes. Les aides ou impôt sur les ventes, c'est-à-dire sur les marchandises à l'entrée des villes, et principalement sur les boissons, forment un impôt sur la consommation nécessaire; le peuple, sur qui ces taxes pèsent le plus lourdement, les préfère cependant à l'impôt direct, dont les privilégiés sont exempts. Les douanes, qui ne sont plus de simples péages, deviennent un moyen de compensation fiscale entre les provinces, soumises à des régimes différents, et aussi un moyen de défense et de protection de l'industrie nationale. D'une manière générale, les impôts sont atténués par les prélèvements sur les capitaux, au moyen de procédés très variés : altérations monétaires, confiscations des biens des Juifs et des Lombards, aliénations de droits domaniaux, ventes d'offices, emprunts en rentes perpétuelles. Ces procédés, irréguliers ou réguliers, établissent en fait une sorte de compensation à l'égard des travailleurs surimposés.

Depuis 1789, l'évolution économique s'est précipitée. Sous la double influence des progrès scientifiques et politiques, avec la vapeur, les chemins de fer, la navigation rapide, l'électricité, la presse à bon marché, avec l'égalité fiscale et judiciaire, la liberté du travail, l'instruction généralisée, le développement du crédit et de l'association, l'industrie a fait d'immenses progrès, et l'échange s'est multiplié dans des proportions très considérables : le commerce général de la France avec l'étranger, a passé en un siècle de 1,018 millions, chiffre de 1789, à 9,362 millions, chiffre de 1886.

Mais alors a surgi, du fait même de la rapidité du progrès, une double réaction, qui s'attaque à la base de l'édifice économique. La grande extension des échanges a déchaîné la concurrence : or, la masse est indolente et répugne à tout effort nouveau, sinon de travail, du moins d'invention; elle se prétend menacée dans son existence, et réclame une énergique protection. De là, deux formes de la réaction économique :

1° Le protectionnisme, qui réunit tous les chefs d'exploitation, agriculteurs, extracteurs, manufacturiers, dans une même sollicitation pour relever aux frontières les barrières de la douane, et assurer aux producteurs indigènes le monopole de la consommation du pays;

2° Le socialisme, qui ameute les travailleurs pour protester contre la situation prééminente des propriétaires et des capitalistes, et pour réclamer soit la surimposition de ces deux classes dites privilégiées, soit la réglementation nationale et même internationale du travail, soit même l'attribution à l'Etat et, par l'Etat, aux travailleurs associés, de tous les capitaux dénommés instruments de travail (collectivisme).

Quels que soient leurs formules révolutionnaires et leurs arguments prétendus scientifiques, ces deux mouvements sont nettement antiscientifiques et contre-révolutionnaires; ils tendraient à faire rétrograder la société au colbertisme et à l'étatisme romain. L'histoire nous affirme qu'ils ne réussiront point, parce qu'ils sont désormais en contradiction avec l'ensemble de nos conditions sociales; mais ils sont néanmoins redoutables parce qu'ils entravent le progrès. Le faux objectif que les producteurs et les travailleurs poursuivent, chacun de leur côté, les empêche de s'attacher aux moyens positifs et efficaces d'améliorer plus rapidement leurs conditions d'existence.

Le socialisme, notamment, rend beaucoup plus difficile l'entente pacifique et fructueuse des ouvriers et des chefs d'industrie, et il met surtout obstacle à la réforme des impôts, qui a précisément le plus d'importance pour la masse de la nation.

Les indications de l'histoire nous montrent clairement le sens de l'évolution de l'impôt. En voici, à ce qu'il me paraît, la formule :

| | ÉVOLUTION DE L'IMPOT | |
|---|---|---|
| | sur les revenus | sur les consommations. |
| *Première phase :* | Capitation et dîmes. | Péages sur les transports. |
| *Deuxième phase :* | Impôts de répartition sur les terres, bestiaux, etc. | Impôts sur les échanges et sur les consommations nécessaires. |
| *Troisième phase :* | Impôts de quotité sur les revenus nets. | Impôts sur un petit nombre de consommations facultatives et proportionnelles. |

Or, nous n'en sommes toujours qu'à la deuxième phase. La Révolution française n'a véritablement à son actif que la généralisation de l'impôt foncier et la suppression des dîmes, banalités et corvées. Quant à la taille (impôt foncier de répartition), quant aux droits domaniaux (enregistrement et timbre), quant aux aides (droits sur les boissons, octrois), nous les subissons toujours, et c'est un régime plein d'inégalités et de répercussions abusives. Pour le faire cesser, il faudrait s'adresser directement aux ressources réelles, dénotées par les revenus nets, de toutes les classes de la population. Les revendications socialistes, appuyées sur la tyrannie des majorités populaires, s'y opposent, parce qu'elles tendent à un tel renversement de l'inégalité, à une si grande oppression fiscale des détenteurs des capitaux, que, de toutes parts, on réclame le *statu quo*, en se contentant de réformes insignifiantes.

L'impôt direct et proportionnel, qui mettrait fin à plus d'un grief invoqué par les protectionnistes et les socialistes, n'aura chance de triompher que sous une ère de justice relative.

Or, la réalisation progressive de la justice n'est pas un phénomène de l'ordre économique; c'est un problème de politique et de droit.

### § 4. — L'évolution civique

Nous abordons ici le troisième ordre de fonctions sociales, qui comprend à la fois les fonctions militaires, les fonctions proprement politiques et les fonctions juridiques.

Dans le cycle patricien, tout est confondu ; on vit dans un état de guerre sporadique ; la guerre et la justice sont également soumises à un ritualisme religieux qui les assujettit l'une et l'autre aux plus aveugles superstitions.

Dans le cycle suivant, le militarisme est organisé, la légion romaine est le modèle de la cité, on n'est point citoyen actif, électeur, si l'on n'est soldat ; l'on ne peut aspirer aux fonctions publiques, judiciaires, religieuses, qu'après avoir servi durant dix années. Le militarisme est ainsi la première assise de tout le fonctionnement social. L'administration socialiste sort de l'armée. La politique même est le reflet de la guerre civile ou sociale, de la lutte des plébéiens contre les patriciens, ou des alliés contre les Romains. La politique, à son tour, engendrera la jurisprudence que Rome a élevée très haut.

Au troisième cycle, catholique, il y a une rétrogadation, en cela comme en tout; on revient à l'état de guerre en permanence, à la confusion des fonctions militaires et civiles, et à l'épanchement de la religion dans le droit. La politique renaît cependant sous la forme d'un antagonisme utile entre les deux pouvoirs, spirituel et temporel.

Au quatrième cycle, le militarisme est décroissant. Ce n'est plus toute la nation comme à Rome, ni même toute la noblesse comme au temps féodal, qui pratique le métier des armes, c'est une armée permanente dans la main du roi. A mesure que le militarisme décroît, le corps des juristes prend de l'importance. Toute la politique de ce cycle consiste dans la lutte de la monarchie, qui représente le droit civil et national, contre les prétentions des seigneuries locales et de l'Eglise. Le parlement juridique est ainsi le grand organe monarchique d'égalisation, de nationalisation et de laïcisation. Il lutte souvent contre les rois dans l'intérêt même de la couronne, c'est-à-dire dans l'intérêt général d'alors.

Depuis 1789, malgré Napoléon, malgré les guerres sans nombre et formidables qui ont sillonné ce siècle, le militarisme a encore décru. Si les armées sont plus nombreuses, elles ont en quelque sorte perdu en profondeur ce qu'elles ont gagné en étendue; il n'y a plus, à vrai dire, qu'un état-major et des cadres permanents, avec une milice appelée temporairement sous les drapeaux. Le militarisme est devenu financier : ce sont les écus qu'on enrégimente. Les organismes du droit et de l'intérêt général ont-ils grandi inversement dans la même proportion? Je n'oserais l'affirmer. Certes, le droit civil a progressé : les tribunaux, ne défendent plus l'inégalité sociale et le privilège. L'égalité civile de tous les citoyens, de tous les contribuables, de tous les électeurs, est proclamée; mais ce n'est pas encore là le triomphe du droit en soi. Il y avait autrefois le privilège du petit nombre, il y a aujourd'hui le privilège du grand nombre : c'est toujours le nombre mis à la place de la justice, le privilège à la place du droit. C'est ainsi que le suffrage universel, dernière conquête de nos révolutions, n'est, en somme, que la substitution du conflit des électeurs à la bataille des citoyens armés; la politique n'est toujours qu'une lutte entre les partis, aboutissant au triomphe et à la tyrannie d'une majorité qui varie suivant les circonstances. Entre les autoritaires, les libéraux et les radicaux, on a passé déjà trop souvent de l'instabilité parlementaire à la restauration monarchique ou au césarisme plébiscitaire. Où est le respect de l'intérêt général en tout ceci? Où est le droit?

L'intérêt général d'une nation n'est pas plus l'accumulation des intérêts particuliers que, dans un être vivant, la prospérité ne résulte de l'obésité des organes inférieurs. Le bien d'une nation, comme le bien d'un être vivant, résulte du fonctionnement harmonieux de tous ses organes; et, dans ce concert harmonieux, les organes concourent en raison de leur valeur et de leur importance physiologique, non en raison de leur volume ou de leur poids.

C'est là un idéal qui s'est réalisé peu à peu en physiologie, qui se réalisera peu à peu dans les sociétés, et dont nous serions impuissants à prévoir les phases successives. Tout ce que nous pouvons en dire, c'est que nous sommes encore assez loin du but. A peine pouvons-nous concevoir les moyens qui nous permettront d'en approcher.

Il semble pourtant que l'on en peut discerner déjà deux.

En premier lieu, la soustraction progressive au parlementarisme, c'est-à-dire au conflit des partis, du plus grand nombre possible de fonctions sociales, livrées à leur autonomie dès que la chose est praticable : c'est ce que j'ai déjà désigné sous le nom de sécularisation des fonctions sociales, phénomène capital, contre lequel proteste le socialisme, tandis que les économistes individualistes l'exaltent outre mesure et sans aucun souci de l'opportunité. Les fonctions sécularisées échappent à la tyrannie des majorités ; le parlement, à leur égard, n'exerce plus d'ingérence fâcheuse, mais seulement un contrôle efficace. Le parlementarisme, ainsi allégé, triomphera peu à peu des griefs qui causent son impopularité, et qui mettent périodiquement en péril tout le trésor de nos libertés.

Un second moyen, c'est l'amélioration même du suffrage universel par le groupement de ses électeurs. Nous voyons dès maintenant le suffrage universel obéir à des comités, à des groupements occasionnels : c'est l'indice d'un besoin confus qui s'éclaircira peu à peu. Les électeurs, avec le temps, obéiront de plus en plus aux associations permanentes, dont ils feront partie dans un but non pas seulement politique, la politique n'est pas une fin par elle-même, mais dans un but soit mutualiste, soit économique, soit scientifique ou philosophique ou religieux. Il en résultera d'abord la substitution, comme mobile du suffrage, d'un intérêt collectif, fonctionnel et permanent; à un intérêt égoïste, matériel et inconstant : des hommes réunis en groupe ne sentent pas, ne raisonnent pas, ne se déterminent pas de la même façon que des masses incohérentes d'individus. Avec la multiplication de ces associations libres et par leur influence croissante, le parlement arrivera peut-être à représenter également toutes les fonctions du corps social. Alors il exprimera véritablement l'intérêt général, le bien du pays, la justice, au-dessus des conflits de tous les intérêts particuliers.

Une solution de ce genre, à quelque degré qu'elle se réalise, aurait la plus heureuse influence sur le développement économique du pays. Elle permettrait, en effet, de dénouer pacifiquement bien des difficultés sociales, et de faire cesser des antagonismes qui arrêtent fâcheusement l'activité de la production et de l'échange.

## § 5. — L'évolution doctrinale

Enfin, pour achever cette esquisse de toutes les fonctions sociales, dont le concours est nécessaire au progrès, il nous faut encore indiquer brièvement l'influence de la doctrine.

Au premier cycle, des clans et des cités, elle a formé toute la loi; elle a consacré et régularisé l'autorité des chefs de clans. Sans l'influence du culte, leur autorité nécessaire eût été contestée, méconnue, à chaque transmission des pouvoirs, à chaque défaillance des caractères. La superstition première du culte des ancêtres et la croyance grossière aux dieux anthropomorphes sont les origines de toute notre civilisation. Qu'elles aient donc notre gratitude!

Au second cycle, le militarisme, par ses conquêtes, par ses assimilations de cités vaincues, par ses appropriations de dieux étrangers, nous conduit au polythéisme, symbolique et hiérarchique; l'Empire nous habitue à la prééminence d'un seul dieu, au monothéisme, qui permet de centraliser l'organisation religieuse.

Au troisième cycle, l'organisation militaire et civique faiblissant, l'organisation ecclésiastique la supplée. Le catholicisme offre alors une synthèse merveilleuse de toutes les doctrines passées : il réunit à la fois les philosophes spiritualistes, les mystiques de la cité de Dieu, et les millénaires, qui veulent réaliser le ciel sur la terre. Monothéistes, polythéistes, fétichistes se donnent la main, en formant une chaîne continue, dont le réseau couvre le monde et préserve la civilisation en péril.

Au quatrième cycle, avec la réorganisation militaire et civique, avec la renaissance du commerce, des lettres et des sciences, avec la multiplication des échanges qui engendre la richesse intellectuelle aussi bien que la richesse matérielle, la religion faiblit; elle se divise, elle se dissout en hérésies diverses; la libre pensée surgit en donnant naissance à des doctrines métaphysiques innombrables. La décomposition de l'autorité doctrinale précède et présage la chute de l'autorité monarchique. Comme l'a dit Carlyle, la Réforme n'est que le premier acte du drame qui aboutit à la Révolution française.

Depuis 1789, le trouble révolutionnaire est nettement caractérisé. La religion tantôt perd du terrain et tantôt en regagne, mais tout le terrain disputé n'est, en somme, gagné ou perdu que par cette doctrine transitoire qu'Auguste Comte a appelé : la métaphysique, doctrine absolue, qui substitue des principes invérifiables et des entités mystérieuses aux puissances arbitraires et aux volontés surnaturelles de la religion. Cette lutte, en somme, est la même que celle qui s'observe en politique ; et, sur le terrain de la doctrine, la philosophie scientifique, pas plus que le droit, n'a fait de très grands progrès. Je me trompe, elle a fait un progrès décisif. Auguste Comte a proclamé la possibilité de la philosophie positive ; il en a posé les conditions. Mais il en fut le précurseur plus que le fondateur; car, en voulant préciser sa doctrine, il a immédiatement dévié de ses principes. Comme Bacon, qui ne fut pas un savant, eut cependant l'avant-goût de la science, Auguste Comte, qui ne fut pas un philosophe positif, eut la prescience de la philosophie positive. A son instar, nous baconisons, mais nous ne philosophons pas encore; nous ne sortons pas des programmes, et, chose étrange, les grands progrès scientifiques de ce siècle ne semblent profiter encore qu'à la métaphysique : témoin l'ivresse avec laquelle on a voulu généraliser les hypothèses et les observations de Darwin. On serait porté à croire que les progrès de la doctrine attendent ceux de la politique[1].

---

[1] Il y a, en effet, une singulière corrélation entre l'état politique d'un peuple et les idées qu'il se fait de la nature de la divinité, comme des lois qui régissent le monde. On a dit que la religion n'était que de l'anthropomorphisme, on aurait été plus exact en disant, si j'ose risquer ce mot, que c'est de l'*archontomorphisme :* les dieux sont imaginés sur le modèle, non des hommes en général, mais des princes ou des rois détenteurs du pouvoir. A un régime de clans correspond une religion morcelée à l'infini : le culte des ancêtres ; à un régime de cités, un polythéisme dispersif ; à un régime fédératif et hégémonique, un polythéisme hiérarchique ; enfin, à un régime impérial et unitaire, une prépondérance telle du dieu supérieur que le monothéisme est dans tous les esprits, sinon effectivement, du moins

Quant à l'utilité sociale d'une résurrection de la doctrine, elle n'est pas douteuse.

Dès qu'une certaine unanimité se rétablirait entre les hommes d'étude et de pensée, leur autorité renaîtrait sur les hommes d'action et de sentiment; le peuple retrouverait la résignation nécessaire aux lois qu'il ne peut toujours comprendre et qu'il doit subir. Il viendra un temps où il semblera aussi ridicule de s'insurger contre un phénomène économique que contre un phénomène naturel insurmontable, tel qu'une avalanche, une inondation, une tempête, une éclipse, etc., choses qu'on peut arriver à prévoir, mais non à empêcher.

Une telle unification des esprits, servant de lien au fonctionnement social dans son ensemble, m'apparaît comme certaine, parce qu'elle me semble tout à fait nécessaire; elle offre la condition peut-être la plus essentielle, non seulement du bonheur, mais de la prospérité matérielle d'un peuple. En ce qui concerne ce dernier point, cela semble un paradoxe, et c'est pourtant une vérité, que la richesse et la force sociales ne prennent tout leur essor que s'il existe quelque part une classe d'hommes désintéressés s'occupant exclusivement de pures spéculations intellectuelles et morales. Une économie politique, une politique sans morale, n'aboutissent qu'à des abus répugnants; les époques, au contraire, de grande ferveur intellectuelle ont toujours été suivies d'un accroissement notable du commerce et de l'industrie.

Je n'ai pas à prévoir ici ce que sera la doctrine de l'avenir; je crois que, tout en ayant la science pour

---

à l'état de prédisposition mentale. D'après cela, il semblerait que le triomphe d'une philosophie purement scientifique soit subordonné au succès définitif d'une république impersonnelle.

base, elle devra s'inspirer de la vaste synthèse opérée jadis par le christianisme; qu'elle devra être assez large, assez respectueuse de l'histoire, assez bienveillante envers les populations peu cultivées, pour se plier à la tolérance des formes élémentaires de la pensée concrette et à l'interprétation de tous les symbolismes. Les religions arriérées subsistent sous les religions avancées, celles-ci se prolongent sous les métaphysiques diverses, et les métaphysiques accompagnent longtemps en sous-œuvre la philosophie scientifique : c'est là un fait historique qu'on ne peut méconnaître et dont il est d'ailleurs bien superflu de se lamenter. Il suffit, pour constituer l'unité morale des hommes, que tous ces degrés soient dirigés vers le même sommet.

### § 6. La corrélation des phases de l'évolution sociale

En ai-je dit assez pour convaincre le lecteur de la dépendance réciproque de toutes les fonctions sociales et de la corrélation de tous les progrès ? Je l'espère, et je résume toute cette esquisse de l'évolution sociale en une formule, que j'ai faite aussi simple qu'il m'a été possible. Voici mon schéma :

L'ÉVOLUTION DES FONCTIONS SOCIALES

| | Fonctions primaires | Fonctions intermédiaires | Fonctions ultimes | |
|---|---|---|---|---|
| AUTORITÉ | Famille............. | Assistance publique | Mutualité. | LIBERTÉ |
| | Economie domestique | Socialisme......... | Económie politique. | |
| | Militarisme.......... | Politique............ | Droit. | |
| | Religion............. | Métaphysique . .... | Philosophie scientifique | |

Le but de cette formule, qui me semble contenir la loi de la physiologie sociale, est de montrer la concordance des phases de l'évolution dans les différents ordres de fonctions. On comprendra d'autant mieux maintenant pourquoi j'ai pris pour règle de ma critique ce double criterium :

1° Que le progrès va des fonctions primaires aux fonctions ultimes, tout mouvement inverse étant une rétrogradation ;

2° Que le progrès n'est définitivement acquis que lorsqu'il s'est réalisé dans tous les ordres de fonctions.

Ainsi, il est évident que la société antique ou féodale était fortement constituée, quand l'organisation des familles, l'économie domestique, le système militaire et la religion offraient entre eux une corrélation parfaite. Par contre, il est évident aussi que si nous passons à la forme dernière des fonctions sociales, nous ne pourrons pas espérer que l'économie politique, c'est-à-dire la pleine liberté des échanges, se réalise d'une manière définitive, tant que nous serons encore sous le régime de l'assistance par l'Etat, de la politique des partis et des hostilités nationales, et sous cette absence de moralité générale qui résulte de la diversité infinie des doctrines, métaphysiques et religieuses, se critiquant et se combattant l'une l'autre.

Si nous voulons le triomphe des libertés économiques, il ne suffit pas d'en montrer les avantages absolus, et de les proclamer insidieusement ou autoritairement, il nous faut leur préparer des conditions sociales qui leur permettent de prendre racines, il nous faut travailler au développement du mutualisme, à l'organisation du suffrage universel et du droit des gens, pour arriver à faire triompher la justice dans les relations sociales et internationales, il nous faut enfin constituer l'unité philosophique, et obtenir une morale qui régularise le fonctionnement social tout entier.

On trouvera peut-être qu'il y a là bien des conditions.

et que c'est s'embarrasser de bien des choses à la fois. Je crois, en effet, que tous les gens qui s'occupent de réformes y vont plus simplement, et poussent tout droit leur charrue, sans s'occuper de ce qu'ils laissent à droite et à gauche du sillon. Qu'ils fassent ainsi, cela est bien, puisqu'il faut des mobiles simples aux hommes d'action. Seulement, soyons avertis qu'ils ont peu de chances de réussir isolément, et qu'il y a grand intérêt à ce que d'autres hommes d'action labourent aussi les autres parties du champ, en complétant la tâche des premiers. Les progrès de la société ne sont si lents et si laborieux que parce que la concordance est rare entre tous les efforts. Aussi que d'à-coups, que de poussées en avant suivies de brusques reculs ! L'histoire en est toute pleine. Ne nous décourageons pas pour cela, mais sachons être persévérants, et restons fermement persuadés de la solidarité de tous les efforts comme de toutes les fonctions.

### § 7. — La persistance des fonctions et des organes primaires. Conclusion.

J'arrive enfin à une dernière et essentielle observation.

On a remarqué que les quatre fonctions primaires sont des fonctions autoritaires : point de famille, point de communisme domestique, point d'armée, point de religion, sans l'autorité presque absolue d'un chef et la discipline étroite d'une tradition. En revanche, les quatre fonctions ultimes sont des formes de la liberté : la mutualité est une association libre, l'économie politique repose sur la liberté du travail et de l'échange, le droit peut être défini : l'égalité dans la liberté, la science enfin résulte et du libre examen et de la libre expérimentation.

Les sociétés tendent donc de plus en plus vers un fonctionnement libéral. Est-ce à dire qu'elles repoussent toutes les fonctions autoritaires? L'histoire est là pour démontrer que non.

La civilisation a marché par les impulsions alternatives de la liberté et de l'autorité. La liberté apporte le germe de tous les progrès, mais elle conduit parfois au désordre, et les éléments féconds qu'elle avait mis au jour finissent par se combattre et s'annuler. Survient l'autorité, qui, par elle-même, n'a aucune vertu productive; en éliminant les frondaisons trop touffues, elle met de l'ordre dans toute cette végétation tumultueuse, elle protège et raffermit, malgré elle, les créations de la liberté. Le règne de l'autorité dégénère alors en arbitraire et en stérilité, il se prête à des abus sans nombre, son utilité disparaît, l'on a de nouveau recours à la liberté; et ainsi de suite.

Dans l'histoire, chaque changement de régime est marqué par quelque violence ou quelque révolution, et cette alternance perpétuelle engendre toutes sortes de destructions, de souffrances et de calamités. Le progrès de la politique a consisté à substituer à cette violence périodique une procédure régulière. Tel est l'objet du système parlementaire, dans lequel les deux partis de gouvernement, le libéral et l'autoritaire, non seulement se succèdent l'un à l'autre, mais se contrôlent réciproquement.

Il est bien clair que ce système de balance et de contrôle rend chacun des deux ressorts moins puissant, et complique d'autant le fonctionnement gouvernemental; aussi le parlementarisme ne peut-il s'établir que dans un pays où la sécularisation des fonctions a déjà beaucoup simplifié le rôle du gouvernement; et il tend, en outre, par ses inconvénients mêmes, à développer de plus en plus cette sécularisation.

Ce que je dis là pour la politique, il faudrait le dire pour tout le reste. Dans les fonctions tutoriales, économiques, doctrinales, aussi bien qu'en politique, il y a des systoles autoritaires qui succèdent utilement aux diastoles libérales.

Il faut voir, dans ce fait, l'indication d'une loi sociologique. Cela prouve, à mon avis, que les fonctions ultimes de la société ne sont pas destinées à se substituer totalement aux fonctions primitives. Les dernières se combinent avec les premières, elles les complètent, mais ne les abolissent pas.

C'est ainsi que la mutualité ne fera pas disparaître l'assistance de l'Etat et de la commune, et encore moins la famille[1]. Le progrès du droit ne rendra pas inutile l'action de la politique; il ne supprimera pas les armées. La philosophie la plus scientifique n'empêchera point la survivance, ni même l'utilité, d'une métaphysique et d'un symbolisme.

J'en conclus, par analogie, que, sous le règne le plus complet de l'économie politique, il subsistera encore des institutions socialistes, et même des traces d'économie domestique, c'est-à-dire de production sans échange pour le bien propre de la famille.

Le corps social est semblable à tous les corps vivants : il s'est formé par la spécialisation progressive et la superposition des organes, non par des retranchements et des substitutions radicales.

---

[1] On ne saurait trop insister sur le rôle si nécessaire des familles-souches, telles que les a décrites avec tant de charme et de conviction M. Le Play (Voir nos *Conditions sociales du bonheur et de la force*).

Il en résulte, et c'est ma conclusion finale, que le problème social et économique, qui est déjà bien loin d'être simple, ira toujours en se compliquant davantage. Le champ des études sociales est immense; comment prétendrait-on maintenir l'économie politique ou la physiologie sociale en des systèmes dialectiques bien clos, fondés sur un petit nombre de principes ou d'axiomes? Comme toutes les sciences positives, l'économie politique doit être une méthode de travail et d'observation, plutôt qu'un répertoire de conclusions toutes faites à l'usage des esprits paresseux.

Il n'y a point, en ces matières, de science définitive; il n'y a qu'une direction philosophique pour étudier docilement les faits, pour les interpréter avec intelligence, et tirer de leurs lois fécondes les applications bienfaisantes qu'elles comportent.

FIN

## ERRATUM

—

Page 159, ligne 10 (de bas en haut) : Au lieu de 700 millions, lire 900 millions.

# INDEX

## des faits statistiques et des tableaux figuratifs contenus dans l'ouvrage

# TABLE DES MATIERES

www.ingramcontent.com/pod-product-compliance
Ingram Content Group UK Ltd.
Pitfield, Milton Keynes, MK11 3LW, UK
UKHW020258230726
13925UKWH00001B/106

9 782013 458450